Otto Köhlmeier: Freies Theater

Bibliografische Information der Deutschen Nationalbibliothek: Die Deutsche Nationalbibliothek verzeichnet diese Publikation in der Deutschen Nationalbibliografie; detaillierte bibliografische Daten sind im Internet über dnb.dnb.de abrufbar.

© 2022 Otto Köhlmeier

Herstellung und Verlag: BoD – Books on Demand, Norderstedt

ISBN: 9783754379028

Otto Köhlmeier

Freies Theater
Inhalt. Form. Organisation.

Teil 1: Die historische Entwicklung des Freien Theaters
Teil 2: Beispielhaft die Gruppe „theaterarbeiterkollektiv"

Inhaltsverzeichnis:

EINLEITUNG
Oder: die Erklärung für ein breites und historisch umfassendes Ausholen

Wenn in der folgenden Arbeit vom "Freien Theater" die Rede ist, so muss dieser Begriff komplex gesehen und als Alternative verstanden werden. Als Alternative zum herrschenden, zum klassisch gewachsenen, zum bürgerlichen Theater. Als Alternative zum institutionalisierten Staats- und Stadttheater. Denn allein schon im Begriff "Freies Theater" steckt die Antithese, verbirgt sich der Widerpart: das "unfreie" Theater.

Zwangsläufig muss deshalb eine Arbeit über "Freies Theater" bei den Voraussetzungen dafür beginnen. Also bei jenen Strukturen, die zum "Freien Theater" führten: bei den etablierten Bühnen und der Unzufriedenheit mit den dort herrschenden Arbeitsbedingungen.

Nur so kann die zwingende Notwendigkeit einer anderen Orientierung, das Bemühen um andere Strukturen und Voraussetzungen, das Suchen nach anderen Arbeitsweisen, Inhalten, Formen und Organisationsstrukturen deutlich gemacht werden.

Denn "Freies Theater" versteht sich nicht als Alternative der Alternative wegen, sondern als Bemühen um Alternativen gegenüber dem unbefriedigend Bestehenden, als produktive Weiter- und Neuentwicklung des Erstarrten, als Absage an den etablierten bürgerlichen Theaterbetrieb und den Versuch einer radikalen Neuerung.

Nur so wird auch deutlich, dass unter "Freiem Theater" nicht alles und jedes verstanden werden darf, was sich außerhalb des institutionalisierten Staats- und Stadttheaters bewegt. Dass all die Klein- und Kellerbühnen, die Privattheater und Laienspielgruppen, deren Berechtigung hier keinesfalls in Frage gestellt werden soll, die aber organisatorisch, inhaltlich und formal oft nur ein Abklatsch "großer Häuser" sind und für die Akteure nicht selten nur als Sprungbrett zu eben solch großen Häusern verstanden werden, nichts mit "Freiem Theater" zu tun haben.

Dass eben "Freies Theater" sich als inhaltliche, formale und organisatorische Alternative zum herrschenden bürgerlichen Theater versteht. Radikal. Und nicht als "Notlösung".

Eben weil "Freies Theater" nicht eine Alternative der Alternative wegen ist, weil "Freies Theater" sich nicht in der Negation des Bestehenden erschöpft, sondern stets nach Sinn und Funktion seines Wesens sucht, weil sich "Freies Theater" nicht im luftleeren Raum bewegt, sondern sich aus bestehenden Strukturen heraus entwickelt hat, ist es in seinem historischen Kontext zu sehen und zu verstehen.

Seine Gewordenheit und Bedeutung ist nur dann objektiv einzuschätzen, wenn die Funktion von Theater in der politischen und gesellschaftlichen Entwicklung reflektiert und nicht isoliert betrachtet wird.

Deshalb in der Folge vorerst ein weit zurückgreifendes historisches Ausholen. Vor allem rund um die Frage nach der Funktion des Theaters.

Entscheidende Momente, die sich dem Theater grundsätzlich, dem Freien Theater aber ganz besonders immer wieder stellen, werden im historischen Kontext gesucht und überprüft. Fragen der Parteilichkeit, des politischen Engagements, der Ästhetik. Fragen nach Inhalten, Formen und Organisationsmomenten werden geschichtlich abgeleitet und historisch begründet. Da wird Hegel genauso bemüht wie Lessing, Schiller oder Goethe. Da werden die Befürworter des politischen Theaters ebenso zitiert wie jene, die diesen Bereich negieren und ablehnen.

Eine besonders intensive Auseinandersetzung ist in diesem Zusammenhang den eigentlichen Vorläufern des Freien Theaters gewidmet: der Bühne Piscators, dem epischen Theater Brechts, dem proletarischen Theater der Zwischenkriegszeit.

Wobei all diese Auseinandersetzungen nicht als historisch-chronologische Aufzählungen verstanden werden dürfen, sondern als das Theaterverständnis stets durchdringendes Ferment. War und ist doch eben diese Frage nach der Funktion des Theaters der entscheidende Ansatz bei Neuerungen, sollen sich diese nicht im Belanglosen verlieren.

Schließlich versteht sich "Freies Theater" als untrennbare Einheit von Inhalt, Form und Organisation. Was bedeutet, dass allein die Suche nach neuen Formen, wie dies bei vielen Gruppen in der Folge Artauds und Grotowskis der Fall war, noch lange nicht Theater bzw. Freies Theater ausmacht. Und umgekehrt: dass sich blanke Agitation ohne formal-dramatische Substanz eher lähmend als produktiv auswirkt. Oder: dass nur organisatorische Neuerungen ohne inhaltlich-formale Impulse sich zwangsläufig im Belanglosen verlieren.

Aus diesem Grunde auch die für diese Arbeit gewählte Vorgehensweise:

Eine Gliederung in zwei große Teile. Der erste Teil beginnend mit dem, was die Motivation für "Freies Theater" überhaupt erst ausmacht: das institutionalisierte Staats- und Stadttheater. Seine Entwicklung, seine Strukturen, seine Arbeitsbedingungen, sein Umfeld, seine Aus- und Weiterbildungssituationen … verbunden mit dem zwingenden Rückgriff in die Geschichte des deutschsprachigen Theaters, auf Entwicklungstendenzen, markante Einschnitte, Scheidepunkte.

Sodann die Alternative dazu: das "Freie Theater", sein gesellschaftspolitisches Verständnis, seine Organisationsstrukturen, seine Inhalte, seine Formen, seine Vorläufer und richtungsweisendsten Vertreter.

Im zweiten Teil dann die umfassende Darstellung und Skizzierung einer heimischen "Freien Theatergruppe".

Eines Ensembles, das aus der Grazer Hochschule für Musik und darstellende Kunst hervorgegangen ist und über beinah ein Jahrzehnt geradezu exemplarisch den Begriff "Freies Theater" gelebt und praktiziert hat: die Gruppe "theaterarbeiterkollektiv".

Am Beispiel dieser Gruppe soll all das anschaulich und nachvollziehbar verdeutlicht werden, was zuvor theoretisch beschrieben wurde. Was also im ersten Teil als philosophische Abhandlung zu Papier steht, soll im zweiten Teil durch praktische Beispiele seine Ergänzung, Richtigkeit und Bestätigung erfahren.

Wie gesagt: auf Grund der Notwendigkeit einer komplexen Sichtweise des Gesamtthemas ist diese offensichtlich klare Gliederung nicht als historische Chronologie zu verstehen, sondern muss als Hilfestellung zur Klärung der verschiedensten Fragen rund um den Bereich "Freies Theater" gesehen werden.

Nicht ein geschichtlicher Abriss über die Entstehungsgeschichte des Freien Theaters ist das Thema dieser Arbeit, sondern die Frage nach seinem Anspruch und seinem Wesen. Was bedingt, dass die einzelnen Komplexe sich gegenseitig bedingen und ergänzen, eben komplex gesehen werden müssen.

1. TEIL
A) THEATER UNSERER ZEIT
Ursprung, Entwicklung, Strukturen, Umfeld

Aa) Theater und Politik
*Vom Spieltrieb des Menschen
zur moralischen Anstalt*

Theater ist so alt wie die Menschheit selbst. Schon aus der Zeit der Vorgeschichte lassen sich - auf der Basis ethnologischer Untersuchungen - jene Kräfte belegen, die das Theater bis heute speisen: der schöpferische Liebesdrang, der Verkleidungs- und Verwandlungstrieb, die Nachahmungs- und Bewegungslust. Vor allem in inniger Verbindung zum religiösen Kult.

„Es ist eine müßige Streitfrage, was zuerst da war: der religiöse Kult des Priesters, der sich dieses Spielbedürfnisses (des Menschen) bedient, oder das Spielbedürfnis, das im religiösen Kult Befriedigung findet".[1]

Die Traditionen des Theaters sind also weit zurückreichend. Und wenngleich der Motor für dieses Theater, der Spieltrieb des Menschen, noch ein ähnlicher ist wie in vorgeschichtlichen Urzeiten, so hat sich doch die Funktion, der Inhalt, die Form und die Organisationsstruktur stetig gewandelt. Analog den gesellschaftspolitischen Entwicklungen bzw. den jeweiligen Herrschaftsformen. Eines jedoch ist dem Theater als öffentlichste aller

Künste seit der griechischen Antike geblieben: die Beschäftigung mit politischen Zeitproblemen und Konflikten.

In diesem Zusammenhang spielte Theater in bestimmten Epochen eine nicht unbedeutende gesellschaftliche Rolle. Das Wissen um eben diese Entwicklungen ist eine wesentliche Voraussetzung für die objektive Einschätzung gegenwärtiger wie zukünftiger Bedeutung von Theater. Allein aus solch einer kritischen Reflexion seiner Ursprünge, seiner Wege, seiner Verdienste *und* Versäumnisse lassen sich die heutigen und die zukünftigen Aufgaben des Theaters und seine Wirkungsmöglichkeiten ableiten.

„Die kritische Selbstüberprüfung entscheidet wesentlich darüber mit, was das Theater aus seiner historischen Rolle jenseits allen affirmativen Gebrauchs, den seine Mäzene zu ihren Zeiten davon machten, an Substanz zur Lösung seiner historischen Aufgabe einbringen kann, einer Aufgabe, die darin bestand, Instrumente der Emanzipation zu sein, Emanzipation nicht allein verstanden als auf das einzelne Individuum bezogen, sondern als eine die Gesellschaft insgesamt verändernde Anstrengung. Denn so wie nach Schiller der Mensch nur existiert, indem er sich verändert, hält sich auch die Gesellschaft in der Veränderung lebendig".[2]

Entwickelte sich Theater also ursprünglich aus dem Spieltrieb des Menschen heraus und kam erst dann sein gesellschaftspolitischer Stellenwert im Sinne der Beschäftigung mit Zeitproblemen hinzu, so war die Funktion der Institution Theater in all den Jahrhunderten seit der Antike äußerst zwiespältig und umstritten. Besonders im deutschsprachigen Raum.

Unterschiedlichste Haltungen, Positionen und Stellungnahmen flossen ein. Aus den verschiedensten Richtungen. Von Seiten der politischen Entscheidungsträger ebenso wie von der Philosophie oder - später - von den Medien und damit - indirekt - vom Publikum. Die wesentlichsten Ansätze jedoch lieferten die "Theatermacher" selbst.

Von entscheidender Bedeutung bei all diesen Funktionsfragen war die nach dem Verhältnis von "Politik und Theater". So sprach Kant von der Interesselosigkeit der Kunst: *„Das Schöne ... gefällt ohne alles Interesse"*.[3] Und Goethe warnte die Dichter vor der Politik, weil sie ihrem Wesen nach parteiisch und zweckbezogen sei und den unbefangenen, den freien Blick des Künstlers gefährde: *„Sowie ein Dichter politisch wirken will, muss er sich einer Partei hingeben, und sowie er dieses tut, ist er als Poet verloren; er muss seinem freien Geiste, seinem unbefangenen Überblick Lebewohl sagen und dagegen die Kappe der Borniertheit und des blinden Hasses über die Ohren ziehen"*.[4]

Demgegenüber war für die Dichter der Aufklärung die moralisch-politische, die didaktische Funktion des Dramas und damit des Theaters selbstverständlich.

Lessing und Schiller verteidigten ganz entschieden die Einheit von Ethik und Ästhetik. Lessings "Emilia Galotti" markiert - historisch gesehen - den Wendepunkt des Theaters vom Repräsentations- zum Kulturinstrument. Erstmals erschien auf höfischer Bühne der Bürger. Und zwar als eine gesellschaftlich prägende Kraft.

Theater hat nach Lessing *"Schule der moralischen Welt"*[5] zu sein. Er entwickelt seine "Hamburgische Dramaturgie" auf der Basis der lehrhaften Funktion des Theaters, abzielend auf Besserung des Menschen und der gesellschaftlichen Verhältnisse.

Theater ist für ihn der Ort, an dem die brennenden Zeitprobleme des gesellschaftlich-politischen Lebens offenkundig, die Grundtendenzen der Aufklärungsbewegung ausgetragen und Unmenschlichkeiten, Ungerechtigkeiten verurteilt werden.

Auch für Schiller ist die Bühne "Gerichtsbarkeit" und Theater eine politisch-moralische Instanz: *„Wenn die Gerechtigkeit schweigt, ... übernimmt die Schaubühne Schwert und Waage und reißt die Laster vor einen schrecklichen Richterstuhl".*[6]

Schiller bringt - vor allen in "Kabale und Liebe", das nach Friedrich Engels *"das erste deutsche politische*

Tendenzdrama ist" [7] - die politische Realität auf die Bühne und reflektiert sie kritisch. *„Hier nur (auf der Schaubühne) hören die großen der Welt, was sie nie oder selten hören - Wahrheit; was sie nie oder selten sehen, sehen sie hier — den Menschen".* [8]

Demgegenüber räumt Goethe in seiner Schrift "Dichtung und Wahrheit" zwar ein, dass ein gutes Kunstwerk durchaus moralische Folgen haben werde, verwehrt sich aber dagegen, vom Künstler moralische Zwecke zu verlangen. Und warnt diesen - siehe oben - vor der Politik.

Diese Vorbehalte gegen politische Motive am Theater und in der Kunst allgemein sind im neunzehnten und auch noch im zwanzigsten Jahrhundert stark verbreitet. So urteilt Siegfried Melchinger in seiner "Geschichte des politischen Theaters", dass das Thema Politik am Theater niemals so gründlich verdrängt, ja verabscheut und verteufelt wurde wie im 19. Jahrhundert.

Wie wenig aber auch Goethe an Politik auf dem Theater nicht herumkommt, beweist nicht nur sein "Egmont", in dem er öffentlich die Privilegien der Feudalherren bestreitet und mit wirkungsvollen dramaturgischen Mitteln gegen absolutistisches Machtdenken und für die Freiheit der Bürger und Bauern auftritt. Auch Thomas Mann macht klar, dass Goethe außerstande war, seine theoretischen Ansätze in der Praxis umzusetzen und *„das Unlösliche zu lösen und die Verbindung aufzuheben, die zwischen Kunst und Politik unweigerlich besteht. Hier wirkt* *einfach die Totalität des Menschlichen, die sich auf keine Weise verleugnen läßt".*[10]

Für Thomas Mann war Goethe nicht nur ein hochpolitischer Theatermann. Er wehrt sich auch gegen die Teilung der Begriffe des Ästhetischen, des Moralischen, des Politisch-Gesellschaftlichen in Einzelkategorien, die gesondert berücksichtigt werden sollen: *„Goethes Streitbarkeit gegen die Romantik, gegen Vaterländerei, katholisierende Launen, Kult des Mittelalters, poetische Tartüfferie und raffinierten Obskurantismus aller Art, - was war sie anderes als Politik, - ästhetisch-literarisch verkleidet wohl, aber im Grunde doch Politik pur sang, - schon weil der Gegenstand seiner Abneigung, der Romantizismus, selbst Politik war, nämlich Gegenrevolution? Man suche sich herauszuwinden, indem man von Kulturpolitik, Geistespolitik spricht, in vorgeblichem Gegensatz zur 'eigentlichen' zur Politik im 'engeren Sinn'. Man wird dadurch nur die Unteilbarkeit des Problems der Humanität bestätigen, das nie und nirgends einen 'engeren Sinn' hat, sondern alle Sphären in sich schließt. Das Ästhetische, das Moralische, das Politisch-Gesellschaftliche sind eines in ihm".*[11]

Wie "politisch" Theater war und ist, zeigt sich aber nicht nur im Diskurs, in der theoretischen Auseinandersetzung, sondern auch in der praktischen Tat. Etwa in der Zensur, im Verbot von Aufführungen, in der Verhinderung solcher. An dieser Stelle sei exemplarisch Kleists "Prinz von

Homburg" genannt. Ein Stück, das - sechs Jahre nach des Autors Selbstmord - erstmals aufgeführt, unmittelbar daraufhin verboten wurde. Dieses Beispiel zeigt, welchen politischen Stellenwert von Herrscherseite dem Theater als meinungs- und bewusstseinsbildendes Medium beigemessen wurde.

Ein anderes Beispiel solcher Form der Verhinderung, also politischer Realität am Theater, ist das erzwungene Schweigen Georg Büchners auf der Bühne seiner Zeit.

Wie überhaupt im neunzehnten Jahrhundert, zwischen dem Sturm und Drang eines Schillers und dem sozialkritischen Engagement eines Hauptmanns (zwei herausragenden Exponenten politisch wirksamen Theaters) - wie zuvor schon angedeutet - der politisch-emanzipatorische Moment am Theater Großteils ausgespart blieb. Und das, obwohl gerade dieses Jahrhundert politisch hochbrisant und von wesentlichen gesellschaftlichen Umwälzungen geprägt war.

Aber Politik am Theater lässt sich eben auch daran messen, was zur Verschleierung der Wirklichkeit auf die Bühne kommt bzw. was zur Aufdeckung von Zuständen, was zur Emanzipation des Menschen auf der Bühne verhindert wird. *„Die Freiheit war allmählich bis zu einem Grade untergegangen, von dem niemand, der es nicht selbst miterlebt, einen Begriff hat. Jede Unbefangenheit, ich sage nicht einmal Freiheit der Rede, war unterdrückt. Die Polizei, öffentlich und geheime, angeordnete und* *freiwillige, durchdrang alle Verhältnisse und vergiftete das Vertrauen des geselligen Lebens. Alle Stützen, auf welchen das Dasein eines Volkes beruht, Religiosität, Geselligkeit, Achtung vor der Sitte und dem Gesetz, waren umgestoßen oder gewaltsam erschüttert. Nur eines wurde festgehalten: Jeder Widerspruch gegen den geäußerten Willen, direkt oder indirekt ausgesprochen, sei ein Verbrechen".*[12]

Unter solchen gesellschaftspolitischen Bedingungen, unter derart repressiven Zensur-, Verbots- und Verhinderungsmaßnahmen, war die Funktion der Bühne als Instrument der Aufklärung und des kritischen Engagements faktisch aufgehoben.

Unterstützt wurde dies in jenem Jahrhundert dadurch, dass der Kunststil der Romantik konkrete Seinsweisen verklärerisch entwirklichte und auf der Bühne Unverbindliches a la Kotzebue um sich griff.

Umso intensiver wurde die Debatte um die Funktion des Theaters, um ästhetische Anschauungen, um Politik und Kunst theoretisch geführt. Ob indirekt wie bei Büchner etwa im Kunstgespräch zwischen Danton und Camille im zweiten Akt von "Dantons Tod" (oder auch in den "Anmerkungen übers Theater" in Lenz) oder unmittelbar wie in Hebbels "Wort über das Drama", in Wienbargs "Ästhetischen Feldzügen", in Hegels "Vorlesungen über die

Ästhetik", in Engels "Feuerbach-Kritik" oder in der damals heftig geführten Kontroverse "Schiller oder Shakespeare".

Einen Höhepunkt dieser Auseinandersetzung "Shakespeare oder Schiller" bildet die sogenannte "Sickingen-Debatte", der Briefwechsel zwischen Karl Marx, Friedrich Engels und Ferdinand Lasalle um das von Letztgenanntem geschaffene Schauspiel "Franz von Sickingen" nach Vorbild Schillers. *„Für meine Ansicht vom Drama, die darauf besteht, über dem Ideellen das Realistische, über den Schiller den Shakespeare nicht zu vergessen ... "*[13] Marx und Engels sehen im Theatermann Shakespeare *„den unübertroffenen Meister der künstlerisch-praktischen Aneignung der Welt ... Vor allem aber sahen Marx und Engels in der Lebensfülle des englischen Realisten 'die Zukunft des Dramas' auch in Deutschland".*[14]

„Allein im ersten Akt der merry wives ist mehr Leben und Wirklichkeit als in der gesamten deutschen Literatur, und der einzige Launce mit seinem Hund Crab ist mehr wert als alle deutschen Komödien zusammen".[15] Aber nicht nur Marx und Engels finden in Shakespears Realismus einen neuen Zugang zum Theater. *„Es (gibt) in der deutschen dramatischen Literatur- und Dramentheorie des 19. Jahrhunderts vollends kaum einen Dramatiker und Ästhetiker, der nicht das Problem 'Schiller oder Shakespeare?' in den Mittelpunkt gerückt hätte".*[16]

Dabei ist Schiller, der sich in einem Brief an Goethe von Shakespears Realismus begeistert zeigte und in manchen Stücken Anlehnung bei ihm nahm, nur als Synonym zu verstehen. Als Synonym für den dramatischen Idealismus jener Zeit. Für das Fehlen von gesellschaftlicher Wirklichkeit, von politischem Engagement am Theater.

Ab) Politik und Theater
Verschleierung der Wirklichkeit
oder Veränderung der Zustände

Wenn im letzten Kapitel von Theater und Politik die Rede war und von der ambivalenten Haltung von Theoretikern wie Praktikern des 19. Jahrhunderts dazu, so gilt es das Verständnis von Politik grundsätzlich und die Funktion von Politik am Theater, in der Kunst allgemein zu hinterfragen . *„Auch die Kunst muss in dieser Zeit der Entscheidungen sich entscheiden. Sie kann sich zum Instrument einiger weniger wachen, die für die vielen die Schicksalsgötter spielen und einen Glauben verlangen, der vor allem blind zu sein hat, und sie kann sich auf die Seite der vielen stellen und ihr Schicksal in ihre eigenen Hände legen. Sie kann die Menschen den Rauschzuständen, Illusionen und Wundern ausliefern, und sie kann den Menschen die Welt ausliefern. Sie kann die Unwissenheit vergrößern, und sie kann das Wissen vergrößern. Sie kann an die Gewalten appellieren, die ihre Kraft beim*

Zerstören beweisen, und an die Gewalten, die ihre Kraft beim Helfen beweisen".[17]

Diese Forderung Brechts an die Kunst geht weit über die im letzten Kapitel geäußerten Ängste Goethes an parteipolitische Bindungen und damit verbundene Verluste des Künstlerischen hinaus. Aber auch über den rein moralischen Standpunkt etwa eines Lessings, der die Aufgabe der dramatischen Kunst darin sah, "Menschen, Bürger, Freunde und Patrioten"[18] zu bilden.

Hier wird der Kunst (und damit dem Theater) eine wesentlichere Funktion - nämlich eine klar politische, aber beileibe keine parteipolitische, keine tagespolitische - beigemessen: die Kritik an bestehenden Verhältnissen und die Vision einer anderen, einer besseren Gesellschaftsordnung zum Ausdruck zu bringen, Haltung einzunehmen, zur Veränderung beizutragen. Theater nicht als Ort der Zustimmung sondern der Kritik zu sehen. Widersprüche aufzudecken und bewusst zu machen, statt sie harmonisierend zu verschütten. Die Ursachen solcher Widersprüche sichtbar zu machen. Kurz: Partei zu ergreifen. Nicht für die Sache einer (politischen) Partei, sondern für die Sache des Menschen und der Menschheit.

So gesehen darf unter dem Begriff "Politik und Theater" keinesfalls die Reduzierung auf einen tages- und parteipolitischen Pragmatismus verstanden werden, sondern die kritisch-emanzipatorische Funktion der Bühne. *„Die*

Basis der Politik ist der Kompromiss. Gerade der Kompromiss aber ist der Tod von Kunst. Kunst muss radikal sein. Sie muss den Kompromiss vermeiden und sich so extrem wie möglich artikulieren. In dem unauslöschbaren Widerspruch zwischen Politik und Kunst ist der Konflikt schon vorprogrammiert".[19]

Diese Aussage von Claus Peymann macht deutlich, dass "politisches Theater" nicht nur nichts mit Tages- und Parteipolitik zu tun hat, sondern dass es - ganz im Gegenteil – als Widerpart dazu zu verstehen ist. Als Opposition zum partei- und tagespolitischen Verordnen des populistisch Machbaren.

Peymann an einer anderen Stelle: *„Das Aufgeben von Opposition aber wäre gleichbedeutend mit künstlerischer Aufgabe. So verstehe ich Kunst überhaupt: Kunst ist immer Widerstand, Widerspruch, das Gegenhalten, und in dem Moment, in dem das nicht mehr stattfindet, versiegt die Kunst".*[20]

Die Vorbehalte gegen "das Politische am Theater" rühren vielfach aus der Meinung heraus, dass Kunst - im Unterschied zur Politik - ihrem Wesen nach wert- und tendenzfrei bleiben müsse, und dass "die reine Kunst" Zeit und Geschichte (und damit auch Politik) aufhebe.

Diese Haltung finden wir nicht nur in der weiter zurückliegenden Geschichte, sondern auch in der neueren Zeit. So wurde "das Politische am Theater" vor allem von den

Vertretern des Absurden Theaters abgelehnt. Eugène Ionesco etwa sprach sich mit folgender Begründung dagegen aus: *„Ich glaube, dass das, was uns trennt, eben dieses 'Politische' ist. Es errichtet Schranken zwischen den
Menschen und häuft eine gleichbleibende Summe von
Missverständnissen an".*[21]

Ionesco verneint die Bedeutung sozialer wie politischer
Aspekte und kultiviert dafür "das allgemein Menschliche": *„Die Grundsituation des Menschen ist nicht seine
Situation als Bürger, wohl aber seine Situation als Sterb-
licher ... Was aus meinem Innersten entspringt, meine
tiefe Angst, das ist das Allgemeingültigste ... Das Engagement entfremdet, amputiert den Menschen ... Das
Menschliche steht über dem Sozialen und nicht umgekehrt".*[22]

Anders - nämlich philosophisch konsequenter als Ionesco
- spricht ein anderer "Absurder", Wolfgang Hildesheimer, dem Theater den Anspruch auf Politik und Aussage,
auf politische Aussage ab: *„Absurdes Theater aber bedeutet: Eingeständnis der Ohnmacht des Theaters, den
Menschen läutern zu können und sich dieser Ohnmacht
als Vorwand des Theaterspiels zu bedienen. Der absurde
Dramatiker vertritt die Ansicht, dass kein Kampf der
Welt jemals auf dem Theater ausgefochten worden ist.
Dass das Theater noch keinen Menschen geläutert und
keinen Zustand verbessert hat, und sein Werk zieht ... bit-
tere oder komische Konsequenz aus dieser Tatsache".*[23]

Seiner Meinung nach habe Theater, absurdes Theater, den Zuschauer mit der Unverständlichkeit und Fragwürdigkeit des Lebens zu konfrontieren, habe auf dieser Frage zu beharren und keinesfalls Antworten darauf zu liefern.

Über diese Haltung meint Max Frisch: *„Das Publikum, das sich am Absurden befriedigt, müsste einen Diktator entzücken: es will keine Aufklärung von Ursachen, sondern genießen was es ängstigt, Urlaub in apokalyptischer Gartenlaube".*[24] Für ihn, Max Frisch, wirkt sich die Ignoranz gegenüber sozialen und politischen Belangen im negativen Sinne politisch aus. Auch das Nichts-Sagen - gerade wenn es in theatralisch-poetischer Form gesagt wird - ist eine politische Entscheidung und wird - öffentlich ausgetragen - politische Folgen haben. *„Selbst die Poesie des Absurden, das sich ihm zu entziehen scheint, bestätigt das Politische des Theaters".*[25]

Dass der solipistisch-nihilistische Ansatz der Absurden nicht Unbedingt zu Resignation, Pessimismus und totaler Verweigerung führen muss, beweisen Sartre und Camus, die beide - ohne ihre existentialistische Herkunft zu verleugnen - extrem "politische" Schriftsteller sind. Eben weil sie nicht im Absurden verharren.

„In der Erfahrung des Absurden ist das Leid individuell. Von der Bewegung der Revolte ausgehend, wird ihm bewusst, kollektiver Natur zu sein; es ist das Abenteuer al-

31

ler. Der erste Fortschritt eines von der Befremdung be-
fallenen Geistes ist demnach, zu erkennen, dass er diese
Befremdung mit allen Menschen teilt und dass die
menschliche Realität in ihrer Ganzheit an dieser Distanz
zu sich selbst und zur Welt leidet. Das Übel, welches ein
Einzelner erlitt, wird zur kollektiven Pest".[26]

Was Camus in seiner Abhandlung "Der Mensch in der
Revolte" skizziert, ist *"die Auflehnung des Menschen ge-*
gen seine Lebensbedingungen und die ganze Schöp-
fung"[27], ist von politischer Haltung geprägt, vom Engagement des Künstlers, dessen Aufgabe es ist, *"den Hun-*
ger nach Freiheit und Würde zu stillen, der jedem Men-
schen ins Herz gesenkt ist".[28]

Des Existentialisten Camus' ästhetisch-politischer Anspruch deckt und überschneidet sich hier stark mit den
kunstphilosophischen Auseinandersetzungen eines Hegels oder Lukacs, deren Schriften entscheidend die Frage
nach der Funktion von Kunst geprägt haben. So bleibt
auch für Hegel Kunst *"nicht beim Unbestimmten und*
bloß Innerlichen stehen, sondern muss in seiner Totalität
auch bis zur bestimmten Anschaulichkeit des Äußeren
nach allen Seiten hin herausgehen. Denn der Mensch,
dieser volle Mittelpunkt des Ideals, lebt, er ist wesentlich
jetzt und hier, Gegenwart, individuelle Unendlichkeit".[29]

Hegel bezieht also Kunst inhaltlich auf eine konkrete gesellschaftliche und geschichtliche (also politische) Wirklichkeit. Wobei er nicht das Tages- und Parteipolitische

sieht, sondern die Gesamtheit der *"Wirklichkeit, zurück-genommen aus der Breite der Einzelheiten und Zufällig-keiten".*[30]

„Der Zweck der Kunst aber ist es gerade, sowohl den In-halt als die Erscheinungsweise des Alltäglichen abzu-streifen und nur das an und für sich Vernünftige zu des-sen wahrhafter Außengestalt durch geistige Tätigkeit aus dem Inneren herauszuarbeiten".[31]

Ähnlich sieht - mehr als ein Jahrhundert nach Hegel - der Marxist (später vom offiziellen Sowjetkommunismus als Revisionist verurteilte) Georg Lukács die gesellschafts-politische Wirkung der Kunst, insbesondere des Thea-ters. *„Erst das Vorherrschen der Besonderheit als schaf-fendes und organisierendes Prinzip der im Werk gestal-teten Gegenständlichkeit vermag dieses 'Stück' aus der bloßen Partikularität, aus der Bruchstückhaftigkeit her-auszuheben und ihm den Wirkungscharakter einer in sich abgeschlossenen, die Totalität repräsentierenden 'Welt' zu verleihen. Dieses 'Stück' Wirklichkeit hat nämlich die spezifische Eigenschaft, dass in ihm die wesentlichen Bestimmungen des ganzen Lebens, soweit sie in einem solchen bestimmten Rahmen überhaupt vorhanden sein können, in ihrer wahren Wesenhaftigkeit, in ihrer richti-gen Proportionalität, in ihrer wirklichen Widersprüch-lichkeit, Bewegungsrichtung und Perspektive zum Aus-druck kommen".*[32]

Wobei es Lukács vor allem um die Bedeutung des Ästhetischen bei der Vermittlung gesellschaftspolitischer Inhalte geht, was zu intensiven Auseinandersetzungen mit marxistischen Intellektuellen (zur so genannten "Realismus- bzw. Expressionismusdebatte") führte.

Zwar räumt Lukács ein, dass politische Tages- und Parteienthemen durchaus künstlerisch gestaltet werden können, ja dass sogar das *"unmittelbare Eingreifen in die aktuellsten Kämpfe zum Träger einer hohen Kunst werden kann"*.[33] Allerdings wehrt er sich gegen die Parteidoktrin des "Sozialistischen Realismus" und lehnt alle Tendenzen, *"aus der Kunst eine bloße Dienerin aktuell-praktischer Aufgaben zu machen und dadurch diese vorbehaltslos und restlos in das System der sozialen Tagespraxis eizufügen"*[34] ab.

Und steht damit im krassen Widerspruch zu Vertretern des "Sozialistischen Realismus", die unter Parteilichkeit nicht nur künstlerisches Engagement für die Ideologie des Marxismus-Leninismus verstehen, sondern defacto die Unterwerfung des Künstlers unter die Parteidisziplin fordern: *„Nieder mit den parteilosen Literaten! Nieder mit den literarischen Übermenschen! Die literarische Tätigkeit muss zu einem Teil der allgemeinen proletarischen Sache, zu einem 'Rädchen und Schräubchen' des einen einheitlichen, großen sozialdemokratischen Mechanismus werden, der von dem ganzen politisch bewuss-*

ten Vortrupp der ganzen Arbeiterklasse in Bewegung ge-
setzt wird. Die literarische Bestätigung muss ein Be-
standteil der organisierten, planmäßigen, vereinigten so-
zial-demokratischen Parteiarbeit werden".[35]

Ac) Theater und Sozialismus
Materialistische Dialektik als
politischer Diskurs auf der Bühne

Wenn im nun folgenden Punkt von "Sozialistischem Theater" die Rede ist, so darf dieser Begriff nicht als parteipolitische Doktrin im Sinne des zum Schluss des letzten Abschnittes angeführten Lenin-Zitates verstanden werden, sondern als Versuch, entscheidenden gesellschaftlichen Veränderungen auch in der Kunst, speziell am Theater, gerecht zu werden.

Wie schon in den vorherigen Abschnitten dreht sich der zentrale Moment auch hier um die Frage nach dem Verhältnis von Theater und Politik, nach der Funktion des Theaters grundsätzlich.

Dabei sind im Groben zwei Zugänge, zwei Ausgangspunkte feststellbar. Wobei sich diese zwangsweise immer wieder überschneiden. Der eine ist der eher wissenschaftlich-ästhetische Zugang Brechts, das von ihm so bezeichnete "Epische Theater" oder "Theater des wissenschaftlichen Zeitalters". Der andere Zugang ist der des

"Proletarischen Theaters" eines Piscators, der Agiprop- und Proletkultbühnenbewegung.

Was beiden immanent ist, das ist der Rückhalt beider Gruppierungen in der Ideologie des Marxismus-Leninismus, das Ausrichten und Orientieren kulturell-künstlerischen Tuns an dieser materialistisch-dialektischen Weltanschauung.

Damit reichen aber auch beide Richtungen weit über die in den beiden letzten Abschnitten erhobenen Ansprüche, Theater "nur" als moralisch-idealistische Anstalt, als Spiegel, der der Gesellschaft vorgehalten wird zu sehen, hinaus.

„Es ist nicht genug verlangt, wenn man vom Theater nur Erkenntnisse, aufschlussreiche Abbilder der Wirklichkeit verlangt. Unser Theater muss die Lust am Erkennen erregen, den Spaß an der Veränderung der Wirklichkeit organisieren. Unsere Zuschauer müssen nicht nur hören, wie man den gefesselten Prometheus befreit, sondern auch sich in der Lust schulen, ihn zu befreien".[36]

Brecht will als Stückeschreiber und Theatermann gesellschaftliche Prozesse erkenn- und durchschaubar machen und die Lust auf Veränderung wecken.

„Das Theater, wie wir es vorfinden, zeigt die Struktur der Gesellschaft (abgebildet auf der Bühne) nicht als beeinflussbar durch die Gesellschaft (im Zuschauerraum) ...

Wir brauchen Theater, das nicht nur Empfindungen, Einblicke und Impulse ermöglicht, die das jeweilige historische Feld der menschlichen Beziehungen erlaubt, auf dem die Handlungen jeweils stattfinden, sondern das Gedanken und Gefühle verwendet und erzeugt, die bei der Veränderung des Feldes selbst eine Rolle spielen".[37]

Ähnliches verfolgt Piscator. Er sieht Theater als Mittel zur revolutionären Aktivierung der Arbeiterklasse, zur Umgestaltung der Verhältnisse. Aber nicht wie beim moralisch-idealistischen Theater durch Humanisierung, moralische Besserung, durch Veredelung des Einzelnen, sondern durch Erzeugung eines revolutionären Willens beim Zuschauer. Die gesellschaftliche Diskrepanz soll mittels des Theaters zu einem Element der Anklage, des Umsturzes und der Neuordnung gesteigert werden.

„Wir können weder ideale noch ethische noch moralische Impulse in die Szene einbringen lassen, wenn ihre wirklichen Triebfedern politisch, ökonomisch und sozial sind".[38]

Theater sei nicht zu verstehen als Spiegel der Zeit, sondern als Instrument, die Zeit zu verändern. Nach Piscators Meinung ist es ein wesentlicher Unterschied, ob ein Theater ein Zeitproblem in Kunst verwandle, oder ob es mit künstlerischen Mitteln dazu beitrage, ein politisch entscheidendes Resultat zu erzielen.

Piscator schließt hier nahtlos an die "Feuerbach-These" von Karl Marx an: *„Die Philosophen haben die Welt nur* *verschieden interpretiert; es kommt aber darauf an, sie zu verändern "*.[39]

Marx wie Piscator und Brecht geht es also nicht wie den moralisch-ethischen Theatermachern um ein Aufzeigen und Interpretieren der Wirklichkeit, sondern um die Veränderung dieser.

Um die Entwicklung hin zu einem "Sozialistischen Theater", zu einem "Arbeitertheater" in seiner Komplexität richtig einschätzen zu können, muss der Gesamtbereich im historischen Kontext, unter den konkreten ökonomisch-gesellschaftlichen Bedingungen der Zeit gesehen werden.

Wie diese sich für die Arbeiterschaft gegen Ende des 19. und Beginn des 20. Jahrhunderts zeigten und welchen Einfluss sie auf die Kultur und das Kunstverständnis dieser Schicht hatten, das umreißt Clara Zetkin in ihrem 1911 verfassten Aufsatz "Kunst und Proletariat":

„Es könnte ein Hohn dünken, zugleich von Kunst und Proletariat zu sprechen. Die Lebensbedingungen, welche die kapitalistische Gesellschaftsordnung ihren Lohnsklaven schafft, sind kunstfeindlich, ja kunstmörderisch. Kunstgenießen und noch mehr Kunstschaffen hat zur Voraussetzung einen Spielraum materieller und kultureller Bewegungsfreiheit, einen Überfluss materieller Güter, leiblicher, geistiger und sittlicher Kräfte über das Notwendige, das bloß Materielle hinaus. Aber materielle Not

und damit auch Kulturarmut ist das Geschick der Ausgebeuteten und Beherrschten gewesen, seitdem Klassengegensätze die Gesellschaft zerklüfteten".[40]

Diese Sätze machen nicht nur deutlich, unter welchen
Bedingungen sich die Arbeiterschaft ihren Weg zur
Kunst, ihren Weg zum Theater suchen musste, sie erklä-
ren auch die Notwendigkeit der Suche nach einer neuen
Form des Theaters.

Die fortschreitende Industrialisierung um die Jahrhundertwende proletarisierte riesige Menschenmassen, kon-
zentrierte diese in den Städten und zerstörte all *"die feu-
dalen, patriarchalischen, idyllischen Verhältnisse"*[41], die
zuvor noch herrschten. Diese neue Schicht war - im Unterschied zum frühen Bürgertum, das bereits über wirt-
schaftliche Macht verfügte, als es um die politische zu
kämpfen begann - vom gesellschaftlichen Reichtum ausgeschlossen. Damit auch von der Kunst, vom Theater.

Als die Arbeiterschaft sich zu organisieren begann, bemühte sich das Bürgertum, diese über den Zugang zur
Kultur zu beschwichtigen und in die bestehende Gesellschaftsordnung zu integrieren.

*„Von der 1871 gegründeten 'Gesellschaft für Verbrei-
tung von Volksbildung' über den 'Kunstwart', den Werk-
bund, die Volksbühne, den Amateur-Radio-Clubs und
viele andere Organisationen finden wir Versuche, die jeweils aktuelle bürgerliche Kunst an die arbeitende Bevölkerung zu vermitteln: in 'pädagogischer' Absicht, aber*

immer auch mit dem Wunsche, die Arbeiter durch höhere Bildung und aktivere Beteiligung an der Kultur in die herrschende Gesellschaft zu integrieren. Bürgerliche Arbeiterbildung, Kunstpopularisierung, Arbeiterführungen in Museen, Volksvorlesungen und alle anderen Versuche dieser Art wurden von oben organisiert, um den Einfluss der originären Arbeiterbewegung zurückzudrängen und die Arbeiter wegen der befürchteten Aufklärung im gewerkschaftlichen und politischen Interessenkampf möglichst von ihr fernzuhalten. Wo dies schon unmöglich war, sollten sie auf dem künstlerisch-ästhetischen Sektor von eigenständigen Aktivitäten abgehalten werden. Oder, wenn auch dies schon nicht mehr zu vermeiden war, sollten sie wenigstens dazu bewegt werden, einige Dinge gemeinsam mit bürgerlichen Kräften zu veranstalten, um diesen durch Kontaktaufnahmen ein Minimum an Einflussmöglichkeiten zu sichern".[42]

Die Tendenz der herrschenden Klasse zielte darauf ab, die Arbeiterschaft kulturell und damit ideologisch in Abhängigkeit zu halten. Ein Bemühen, das bis in die jüngste Vergangenheit anhielt.

„Bürgerlich-konservative Politiker glaubten bis in die Mitte unseres Jahrhunderts hinein, es ließen sich die Klassengegensätze in der Harmonisierung durch Kultur aufheben und damit die vermeintliche Bedrohung durch den 'vierten Stand', die Arbeiterklasse, abwehren".[43]

Dieser "Integrationsversuch" erfolgte in vielen Fällen mittels der "Abfallprodukte" der eigenen, der bürgerlichen Kultur. Auf das Theater bezogen: mittels einer harmonisierenden dramatischen Literatur - mit "Volksstücken", Possen, Schwänken. Dargeboten von Wanderschmieren, Pseudovolkstheatern und Vorstadtbühnen.

„Es ist das Verdienst der Arbeiterorganisationen, gegen diesen Einbruch angekämpft zu haben. Sie weckten und lenkten die kulturellen Bedürfnisse und die schöpferischen Fähigkeiten des Proletariats, bildeten die ersten Kader für die Kulturarbeit heran, brachten die Arbeiter mit der revolutionären Intelligenz in Verbindung und förderten so einen fruchtbaren Austausch. Sie verbreiteten durch Vorträge, Schulungszirkel und Publikationen Kenntnisse über Gesellschaft und Kunst, setzten ideologische und ästhetische Maßstäbe, konzentrierten und führten die Kräfte".[44]

Angesichts dieser historischen Entwicklung und der darauf folgenden geschichtlichen Ereignisse – insbesonders des 1. Weltkrieges, der darauf folgenden Novemberrevolution, der Klassenkämpfe in der Zwischenkriegszeit und der Gründung der Sowjetunion – sah sich auch die Kunst vor neue Aufgaben gestellt, deren Bewältigung vom Drama wie vom Theater neue Mittel und Methoden erforderte.

Dem Drama wie dem Theater wurden durch die historischen Entwicklungen völlig neue Perspektiven eröffnet.

Zwar fand der gesellschaftliche Grundkonflikt auch in den dramatischen Werken der Naturalisten (besonders bei Gerhard Hauptmann) seinen Niederschlag. Doch erschöpfte er sich im Hinweis auf soziale Missstände.

„Gerhard Hauptmann hatte mit der auch prompt als klassenkämpferisch gebrandmarkten und deshalb verbotenen Tragödie 'Die Weber' ein soziales Dokument zur Bühnenwirklichkeit erhoben, das statt mit individuellen Helden mit der Masse als Held über Nacht das Interesse der Nation auf sich zog ... Die Darstellung des Elends und der Unterdrückung ... hatte spürbar emanzipatorischen Effekt, der zahlreiche Arbeiter und Arbeitslose für den Eintritt in die Gewerkschaft ... motivierte"[45], schreibt Hilmar Hoffmann, fügt dem aber ungewollt das entscheidende Problem des sozial engagierten Naturalismus hinzu:

„Die Tragödie der verhungernden schlesischen Heimarbeiter, die sich gegen ihre kapitalistischen Ausbeuter zusammenrotten, wurde zum Exempel der Ohnmacht einer Klasse".[46]

Die "Ohnmacht einer Klasse" wurde zwar sichtbar gemacht, das Elend des Proletariats wurde zwar dargestellt - nicht aber der Kampf um eine bessere Welt, nicht die Aufhebbarkeit des Konfliktes.

„Die naturalistische Dramatik wendet sich dem sozialen Elend der Proletarier zu. Das Milieu des Elends und die darin angesiedelten Konflikte verurteilen die Praxis des

Kapitalismus, ohne ... nach einem grundsätzlichen Ausweg zu suchen".[47]

Wesentlich überspitzter formulierte dies Brecht: *"Das Mitleid war die Hauptstärke der Naturalisten in der Dramatik des ausgehenden 19. Jahrhunderts. In unbezahlbaren Smokings saßen ausgepichte Ausbeuter und deren gewissenloseste Zutreiber auf teuren Sitzen und vergossen Tränen über das Schicksal der unehelich schwangeren Rose Bernd. Was war geschehen? Zeigte sich die Kreatur der Kreatur günstig gesonnen? War das Zeitalter der Barbarei zu Ende? Erfand der Mörder das fünfte Gebot? Nahmen die Unterdrücker, wenigstens für fünf Minuten überrumpelt, die Interessen der Unterdrückten wahr? Wenigstens im Geiste? Keineswegs. Man war bei den Naturalisten".*[48]

Entsprechend konsequent Brechts Forderung nach einem "Theater des wissenschaftlichen Zeitalters"[49], das Verhältnisse durchschaubar macht und als veränderlich darstellt, das von produktiver gesellschaftlicher Wirkung ist: *"Die falschen Abbildungen des gesellschaftlichen Lebens auf der Bühne, eingeschlossen die des sogenannten Naturalismus, entlockten ihm* (dem Theater, Anm. d. Verf.) *den Schrei nach wissenschaftlich exakten Abbildungen".*[50]

Wohin sich dieses - sein – Theater entwickelte, wo der Unterschied zu den Naturalisten und Idealisten liegt, beschreibt Brecht 1933 in einem offenen Brief an den

Schauspieler Heinrich George: *„Nunmehr war das Theater daran, die 'verborgenen Kräfte', die den Menschen lenken, mit Namen zu nennen, und zwar menschlichen Namen, und die Verborgenen als nur Versteckte zu zeigen. Das Milieu, die Wirtschaft, das Schicksal, der Krieg, das Recht wurden als vom Menschen ausgeübte Praxis, die von Menschen geändert werden konnte, nachgewiesen. Wie auf dem Felde der Wissenschaft verschwanden auf dem Theater die dunklen Mächte. Die Menschen traten eingreifend, in überblickbaren Situationen auf. Was als Kunst neu und zeitgemäß war, bemühte sich, die große Fessel zu lockern".*[51]

Eine andere Form, den veränderten gesellschaftlichen Bedingungen auf der Bühne entgegenzutreten, findet sich in der Stilrichtung des Expressionismus, der sich als Protest gegen die Beschränkung individueller Freiheit - meist gegen anonyme gesellschaftliche Kräfte und Zwänge - versteht.

Die Ablösung der alten Gesellschaftsordnung durch eine neue Menschengemeinschaft wird gefordert, die grundsätzliche Erneuerung der menschlichen Verhältnisse (eine neue, eine bessere Welt) wird angestrebt.

„Die expressionistische Dramatik setzte ein mit der Forderung nach dem neuen Menschen, der Träger einer neuen Gesellschaftsordnung sein sollte, und sie versuchte, diese Forderung als Inhalt der erhofften Revolution zu definieren. Der Mensch sollte sich auf sich selbst

besinnen, keine außermenschlichen Kräfte mehr aner-
kennen, nach eigenem Gesetz leben und nicht nach einer
Ordnung, die ihm aufgezwungen wurde. Das war die ide-
alistische Grundthese, die die Situation des europäischen
Theaters grundlegend änderte".[52]

So gesehen versteht sich der Expressionismus als eine an-
tibürgerliche, antikapitalistische (und zeitbedingt auch
als eine antimilitaristische) Opposition, allerdings ohne
reale Einschätzung der historischen Prozesse, ohne die
gesellschaftlichen Widersprüchlichkeiten transparent
und durchschaubar zu machen.

Wobei in der dramatischen Entwicklung des Expressionismus wenigstens zwei tendenziöse Strömungen gesehen werden müssen: Einerseits jene Fraktion, die zwar
auch nach der Existenzfrage des Menschen sucht, deren
Stücke jedoch ihren ideellen Inhalt in sich tragen, rein
abstrakte Spielformen darstellen: *"Expressionismus ist*
Kunst. Weiter nichts. Kunst aber ist die sinnliche Gestal-
tung optischer oder akustischer Phänomene. Sie hat kei-
nen Geist, kann daher auch nicht verstanden werden. Sie
wird nur und ausschließlich durch die Sinne aufgenom-
men".[53]

Und andererseits die Gruppe jener, die nach neuen Ideen
und Inhalten suchten, die sich bemühten, die Wechselbe-
ziehung zwischen Individuum und Gesellschaft herzu-
stellen und aktiv auf die Veränderung der Verhältnisse
einzuwirken.

Zwar meint der im vorigen Abschnitt bereits zitierte Georg Lukács über den Expressionismus und die Expressionisten: *„Die wenigen, die sich nicht bloß einbildeten, Revolutionäre zu sein, die - wenn auch damals noch unklar – die proletarische und nicht die 'ewige Menschheitsrevolution' erstrebten, haben mit der Klärung ihrer Stellung zur Revolution auch das expressionistische Gepäck weggeworfen. Die Entwicklung ist über den Expressionismus hinweggeschritten".*[54]

Doch muss zur Klarstellung gesagt werden, dass gerade die produktiven Erscheinungen des Expressionismus, etwa die humanistische Gesinnung und der Wille zur Weltveränderung, wesentlich zur weiteren Entwicklung beigetragen haben. Dass eine Reihe Dramatiker und Theaterschaffender diesen humanistischen Weg weitergegangen sind - allerdings ohne die subjektiv-idealistischen Ansprüche des Expressionismus. Und dass er - der Expressionismus - in vielerlei Hinsicht eine Erneuerung theatralischer Formen brachte.

„Der Expressionismus der Nachkriegsepoche hatte die Welt als Wille und Vorstellung dargestellt und einen eigentümlichen Solipsismus gebracht. Er war die Antwort des Theaters auf die große gesellschaftliche Krise, wie der philosophische Machismus die Antwort der Philosophie auf sie war. Er war eine Revolte der Kunst gegen das Leben, und die Welt existierte bei ihm nur als Vision, seltsam zerstört, eine Ausgeburt geängstigter Gemüter.

*Der Expressionismus, der die Ausdrucksmittel des Thea-
ters sehr bereicherte und eine bisher unausgenutzte ästhetische Ausbeute brachte, zeigte sich ganz außerstande,
die Welt als Objekt menschlicher Praxis zu erklären. Der
Lehrwert des Theaters schrumpfte zusammen".*[55]

Wenngleich Brecht in seinem 1939 gehaltenen Vortrag
"Über experimentelles Theater" zwar die Bereicherung
der Ausdrucksmittel durch den Expressionismus betont,
so polemisiert er doch gegen die Kunstrichtung als solche. Dabei kann man bei Brecht *"einen dem expressio-
nistischen Drama sehr verwandten Ansatzpunkt für die
Abbildung der 'Welt' erkennen: Ausgegangen wird vom
Mechanismus der Objektwelt, dem das expressionistische Drama seine Helden zu entziehen sucht und von dessen partieller Erfassung es seinen Aufruf zur ethischen
Läuterung des Individuums ableitet; Brecht hingegen akzeptiert die Objektwelt als Lebenstatsache und unter-
sucht, wie das Individuum sich verhalten muss, um in dieser Welt bestehen zu können. Der Expressionismus zieht
sich vor der gesellschaftlichen Realität zurück, er 'rebel-
liert' dagegen, Brecht wendet sich ihr zu, indem er ihren
Mechanismus bloßzulegen versucht. Der Expressionist
warnt vor der nichtdurchschauten, entfremdeten Wirklichkeit, Brecht verfremdet sie, um sie durchschaubarer
zu machen".*[56]

Während es also bei Brecht durchaus produktive Ansatz-
punkte zum Expressionismus gibt, lehnt ihn Piscator in

seinem Aufsatz "Über Grundlagen und Aufgaben des proletarischen Theaters" bereits 1920 kategorisch ab. Und mit ihm gleichzeitig den Naturalismus und Dadaismus.

Ausgehend davon, dass es das proletarische Theater nicht versäumen sollte, *"die neuen technischen und stilistischen Möglichkeiten der letzten Kunstepochen zur Anwendung zu bringen "*[57], prüft er diese und kommt zu folgendem Urteil: *"Gemessen an der Dringlichkeit des Erlebens der Gegenwart erscheinen die Produkte des Naturalismus wie schlechte photographische Bilder, von bürgerlichen Amateuren wahllos aufgenommen, wie wenn man mit einem Scheinwerfer aus dem nächtlichen Dunkel irgendeinen Baum oder Kirchturm herausholt und dann weiterhuscht und nichts hinterlässt, als noch tiefere Dunkelheit. Da gibt es Milieuschilderungen. Aber keinerlei Versuche der sozialen Erkenntnis und Wertung . . . Diese Beurteilung des Naturalismus gilt in verstärktem Maße dem Expressionismus. Symbolische Verschwommenheit, absichtlich wahlloses Nebeneinander von Farben, Linien, Gegenständen, Verzerrungen, Worten und Begriffen kennzeichnen das in die Ecke gedrängte Seelenleben von Menschen ... 'Revolutionär in den Farben?!' ... 'Revolutionär in Worten!' Wer lacht da? Dada lacht! Und damit findet die Harlekinade ihre Vollendung. Doch Dada, obwohl erkennend, wohin entwurzelte Kunst führt, ist kein Ausweg. Die bürgerliche Kunst vermag keine In-*

halte mehr zu geben. Das ganze Kunstleben wird zur for-
malen Angelegenheit. Die 'Form' ist alles; die Form al-
lein kann aber niemals revolutionär sein. Der Inhalt
macht sie dazu - und der Inhalt der im Bürgertum veran-
kerten Kunst kann heute nur reaktionär sein".[58]

Ad) Vorläufer des Freien Theaters
Das proletarische Laien- und
revolutionäre Berufstheater

Beim Freien Theater gibt es eine Reihe von Momenten,
von Einflüssen, die es mitbestimmen. Vom Maskenspiel,
dem Zirkus und Jahrmarkt, dem religiösen Kult und Happening, der Pantomime, dem Tanz, den Clowns und Nar-
ren, der Commedia dell'arte, dem Kabarett, der Show bis
zum Futurismus und Dadaismus.

All das sind Momente, die oft - fälschlicherweise - als das
eigentliche Wesen des Freien Theaters gesehen werden.

Doch all das sind - wie Piscator am Ende des letzten Abschnittes recht umfassend ausführte - rein formale Aspekte und Zugänge, die das Bild des Freien Theaters zwar
mitprägen, die aber keinesfalls seine Eigenart ausma-
chen. Denn sonst wäre Freies Theater eine rein formale
Spielerei, ein Suchen nach neuen (alten) Stilmitteln,
"Kunst der Kunst wegen".

Weil aber die Form allein weder Theater noch Freies Theater ausmacht, müssen die eigentlichen Zugänge zum Freien Theater - wie in der Einleitung schon gesagt und in den letzten Abschnitten praktisch ausgeführt - in anderen Bereichen gesucht und wesentlich komplexer gesehen werden: in Haltungen, die bezogen, in Standpunkten, die eingenommen werden, in der Frage nach der Funktion.

Warum und weshalb Freies Theater? Was will Freies Theater? Und wie kann es das Gewollte erreichen? Mit welchen Inhalten? Mit welchen Formen? Mit welchen Organisationsstrukturen?

Womit wir nochmals bei den eigentlichen "Urvätern" des Freien Theaters sind: bei Piscator, bei den Agitprop-Gruppen der 20er-Jahre und bei Bertolt Brecht. Bei jenen Apologeten eines neuen Theaters, die nicht nur das Bühnenschaffen der Zwischenkriegszeit entscheidend geprägt, sondern auch jene komplexe theatralisch-dramaturgische Basis geschaffen haben, auf die sich das Freie Theater auch nach 1968 berufen konnte.

Nach der die Verelendung breiter Schichten zwar zeigenden, aber keinerlei Lösung anbietenden Phase des Naturalismus, nach neuromantisch-idealistischen, neuklassizistischen, impressionistischen Seelenkonflikten und der Flut irrealer Stücke der Expressionisten (die besonders nach 1918 die deutschsprachigen Bühnen überschwemmten), wurde - in Verbindung mit den geänderten gesellschaftlichen Bedingungen - der Ruf nach dem "Zeitstück" und dem "Zeittheater" immer lauter.

Bereits 1905 beklagte Siegfried Jacobsohn in der ersten Nummer seiner Zeitschrift "Die Schaubühne" den Verfall des Theaters und sieht es als seine Aufgabe, *"das Theater wieder zur Würde eines Kunstinstituts zu erheben"*.[59]

Jacobsohn beschreibt darin, in der „Schaubühne", was für die künftige Entwicklung des bürgerlichen Theaters mitbestimmend werden sollte: dass *"... jetzt zumeist Geschäftsleute bemüht sind, dem Theater mit dem geringsten Einsatz an Geist den größten Gewinn zu entlocken"*.[60]

Das Theater war also in eine Krise geraten bzw. in ein für den künftigen Weg entscheidendes Stadium getreten, was konsequenterweise mit den großen gesellschaftlichen Umwälzungen der Zeit zu tun hatte, wie das Franz Mehring mit einem einzigen Satz - bezogen auf die Gesamtkunst - treffend charakterisierte: *"... wenn die absteigende Bürgerklasse keine große Kunst mehr schaffen kann, so kann die aufsteigende Arbeiterklasse noch keine große Kunst schaffen ... "*.[61]

Herbert Jhering, ein bedeutender Theaterkritiker der Zeit, spricht von der fehlenden Substanz des Theaters in jener Übergangszeit und begründet dies folgendermaßen: *„Die Vergangenheit ist eingestürzt, das Neue hat noch kein fertiges Gesicht"*.[62]

Er meint, dass nach 1918 keine Tradition mehr da war, auf die man bauen hätte können und dass dadurch *"das Theater selbst, sowohl praktisch als Institution wie psychologisch im Bewusstsein der Massen, in Frage gestellt (sei)".*[63] Er ist aber überzeugt davon, dass diese Traditionslosigkeit nichts Negatives sein muss, sondern - ganz im Gegenteil - etwas durchaus Fruchtbares sein könne. Dass dadurch *"die alte Betrachtungsweise des Theaters erledigt"* und Platz für das Neue gegeben sei, das er insbesondere im epischen Theater Brechts und im Theaterverständnis Piscators sieht.[64]

Es ist wohl kein Zufall, dass in dieser gesamtgesellschaftlichen Umbruchphase - sich zeigend in der theatralischen Stagnation einerseits, in einem neuen Aufbruch andererseits - es gerade die Theaterpraktiker sind, die entscheidend eingreifen und zukunftsweisende Impulse setzen.

Auch Brecht ist in diesem Zusammenhangprimär als Theatermann und "nur" sekundär als Dramatiker zu sehen. Zeigt sich doch in all seinen theoretischen Schriften, *"dass bei ihm nämlich stets das Theater den übergeordneten und das Drama als literarische Gattung den davon abgeleiteten Gesichtspunkt darstellte".*[65]

Noch stärker ist solch ein Praktiker der Regisseur und Theaterleiter Erwin Piscator. Dieser Moment ist für die Vorbildwirkung der beiden für das Freie Theater nach 1968 deshalb interessant, weil auch der Großteil der

Freien Gruppen sich nicht primär auf die dramatische Literatur stützt, also literarisches Theater macht, sondern im praktischen, gesellschaftspolitischen Tun, in dem das Wort nur ein Mittel von vielen ist, die entscheidenden Aufgaben sieht.

Dieses Reagieren - bzw. viel stärker noch: agieren - auf gesellschaftspolitisch brennende Fragen, auf die grundsätzlich veränderten Bedingungen eines neuen Zeitalters, sind auch die Ausgangspunkte von Brecht und Piscator sowie vom proletarischen Laien- und revolutionären Berufstheater, das sich ebenfalls in dieser Zeit entwickelt.

„Nur darum geht es, ob es uns mit wissenschaftlicher Analyse gelingt, Stoff und Dichtung so durch die Mittel des Theaters zur Wirksamkeit zu bringen, dass sie Geist und somit Weltanschauung im stärksten Maße für den politischen Tageskampf aufrütteln".[66]

Dieser von Piscator als "wissenschaftliche Analyse" bezeichnete Moment ist für Piscator wie für Brecht der entscheidende Ansatz, gegen die herrschenden Theatertendenzen des harmonisierenden Idealismus und der Verwirrung mittels "Realismus" und Wirklichkeit anzukämpfen: *„Realistische Kunst ist kämpfende Kunst. Sie bekämpft falsche Anschauungen der Realität und Impulse, welche den realen Interessen der Menschheit widerstreiten. Sie ermöglicht richtige Anschauungen und stärkt produktive Impulse".*[67]

Die Welt durchschaubar zu machen, Vorgänge zu erklären und den Menschen Handlungskompetenz zuzuweisen, sind denn auch die zentralen Anliegen dieses Theaters. Ähnlich dem der Freien Gruppen nach 1968. Wobei für Brecht wie für Piscator klar ist, dass Theater allein die Welt nicht verändert.

„Denn immer wieder muss gesagt werden, dass das politische Theater ein Mittel, und zwar ein sensibles Mittel innerhalb eines großen Prozesses ist, dem es zwar helfen, den es aber nicht ersetzen kann".[68]

Die Theatersituation, die Brecht und Piscator nach 1918, nach dieser entscheidenden gesellschaftlichen Umwälzung, vorfinden, bewertet H.J. Fiebach in seiner Arbeit über Piscators Inszenierungen folgendermaßen:

„Es gab also in der ersten Hälfte der zwanziger Jahre ... keine konsequenten, das deutsche Theaterleben wirksam beeinflussenden Versuche, die Barrikade zwischen Bürgern und Proletariern und andere wesentliche historische Prozesse der Nachkriegsgeschichte adäquat widerzuspiegeln und damit von der inhaltlichen Seite her eine revolutionäre Erneuerung des deutschen Theaters anzustreben".[69]

Piscator selbst sagt: *„Stücke, die unsere Ideen klar zum Ausdruck brachten und gleichzeitig künstlerisch gestaltet waren, waren nicht vorhanden ... Wir wussten, dass eine dramatische Produktion, die unserer Bühne ideell entsprach, in den Anfängen steckte, dass ihr Entstehen ein* *langwieriger Prozess war, der sich nicht unabhängig von der gesamten politischen und ökonomischen Entwicklung vollziehen konnte".*[70]

Obwohl keine adäquate dramatische Literatur vorhanden war, war aus der gesellschaftspolitischen Situation heraus theatralischer Handlungsbedarf gegeben. Und Piscator handelte. Und räumt ein, dass möglicherweise gerade dadurch sich sein unverwechselbarer Stil - das Aufgreifen und Einsetzen verschiedenster Medien und Produkte, um Vorgänge deutlich zu machen (ein Vorgang, den das Freie Theater nach 1968 wieder aufgriff) - entwickelt hat.

„Vielleicht ist die ganze Art meiner Regie nur entstanden aus einem Manko der dramatischen Produktion".[71]

Die Impulse für das Theater jener Zeit sind also nicht vorrangig vom Drama sondern von der Praxis, vom theatralischen Tun ausgegangen ('Learning by doing' ist dann auch ein zentrales Anliegen des Freien Theaters). Und diese Praxis zeigte Wirkung:

„Es stellte sich heraus, dass Piscators gesellschaftspolitische Auffassung vom Theater, dass seine Politisierung im Vergleich zur bürgerlichen Theaterentwicklung seit der Jahrhundertwende (im Zeitalter des Imperialismus) eine radikale Neuerung bedeutete, dass sein beharrliches Streben nach Darstellung der großen historischen Widersprüche und revolutionären Entwicklungen ein revolutionäres Theater mit sehr großer Ausstrahlungskraft auf das ganze deutsche Theaterleben förderte".[72]

Piscator hat seine Theatervorstellungen in den "Grundlinien der soziologischen Dramaturgie" theoretisch festgehalten:

Nicht mehr das Individuum mit seinem privaten, persönlichen Schicksal, sondern die Zeit selber, das Schicksal der Massen ist der heroische Faktor der neuen Dramatik ... Der Mensch auf der Bühne hat für uns die Bedeutung einer gesellschaftlichen Funktion ... eine Zeit, in der die Beziehungen der Allgemeinheit untereinander, die Revision aller menschlicher Werte, die Umschichtung aller gesellschaftlichen Verhältnisse auf die Tagesordnung gesetzt sind, kann den Menschen nicht anders sehen, als in seiner Stellung zur Gesellschaft und zu den gesellschaftlichen Problemen seiner Zeit, d.h. als politisches Wesen ... die Aufgabe des revolutionären Theaters besteht darin, die Wirklichkeit zum Ausgangspunkt zu nehmen, die gesellschaftliche Diskrepanz zu einem neuen Element der Anklage, des Umsturzes und der Neuordnung zu steigern".[73]

Von dieser "Funktion des Menschen" auf der Bühne kommt er dann auf "die Bedeutung der Technik" zu sprechen. Er führt aus, dass die Technik für ihn nie Selbstzweck war, sondern Mittel, um eine *"Steigerung des Szenischen ins Historische"*[74] herbeizuführen. Durch sie, die Steigerung ins Historische und damit *"ins Politische, Ökonomische, Soziale ... setzen wir die Bühne in Verbindung mit unserem Leben".*[75]

Piscator geht es darum, *"bürgerliche Bühnenformen auf-zuheben und an ihrer Stelle eine Form zu setzen, die den Zuschauer nicht mehr als fiktiven Begriff, sondern als le-bendige Kraft in das Theater einbezieht".*[76]

Diese Aufhebung bürgerlicher Bühnenformen begründet er folgendermaßen: *„Bis auf Drehscheibe und elektri-sches Licht befand sich die Bühne zu Beginn des 20. Jahr-hunderts noch in demselben Zustand, in dem sie Shake-speare zurückgelassen hatte: ein viereckiger Ausschnitt, ein Guckkasten, durch den der Zuschauer den bekannten 'verbotenen Blick' in eine fremde Welt tun durfte. Dieses Indirekte, diese gläserne Mauer zwischen Bühne und Zu-schauerraum hat drei Jahrhunderte internationaler Dra-matik das Gepräge gegeben. Es war eine 'Als-ob-Dra-matik'. Das Theater hat drei Jahrhunderte lang von der Fiktion gelebt, dass sich kein Zuschauer im Theater befnde".*[77]

Auch hier - im Aufheben der Guckkastenbühne, in der radikalen Umgestaltung des Bühnenapparates - bietet Piscator den Freien Gruppen fünfzig Jahre später einen idealen Ansatz. Und ebenso im Aufgreifen und Nutzbar-machen von Stilmitteln, die - nie zum artistischen Selbst-zweck ausartend - seinen theatralisch-politischen Inten-tionen Ausdruck verliehen: Musik, Chanson, revuehafte Momente, Diaprojektionen, Film, Statistiken, Plakate, Reden, Ansprachen …

Auch Brecht wurde - bei aller kritischer Distanz, die er immer wieder einnahm - von Piscators Theaterschaffen entscheidend beeinflusst:

„Der radikalste Versuch, dem Theater einen belehrenden Charakter zu verleihen, wurde von Piscator unternommen. Ich habe an allen seinen Experimenten teilgenommen, und es wurde kein einziges gemacht, das nicht den Zweck gehabt hätte, den Lehrwert der Bühne zu erhöhen ... Für Piscator war das Theater ein Parlament, das Publikum eine gesetzgebende Körperschaft. Diesem Parlament wurden die großen Entscheidung heischenden, öffentlichen Angelegenheiten plastisch vorgeführt ... Die Bühne hatte den Ehrgeiz, ihr Parlament, das Publikum, instand zu setzen, auf Grund ihrer Abbildungen, Statistiken, Parolen, politische Entschlüsse zu fassen. Die Bühne Piscators verzichtete nicht auf Beifall, wünschte aber noch mehr eine Diskussion. Sie wollte ihrem Zuschauer nicht nur ein Erlebnis verschaffen, sondern ihm noch dazu einen praktischen Entschluss abringen, in das Leben tätig einzugreifen. Dies zu erreichen war ihr jedes Mittel recht ... Die Piscatorschen Experimente sprengten nahezu alle Konventionen. Sie griffen ändernd ein in die Schaffensweise der Dramatiker, in den Darstellungsstil der Schauspieler, in das Werk des Bühnenbauers. Sie erstreben eine völlig neue gesellschaftliche Funktion des Theaters überhaupt".[78]

Brecht hat eine Vielzahl von Erfahrungen und Erkenntnissen Piscators in seinem eigenen Schaffen - in seinen Stücken wie in seinen Inszenierungen, die ja stets eine dialektische Einheit bilden - mitverarbeitet. Denn in vielen Bereichen war Brechts Theaterarbeit von ähnlichen Intentionen bestimmt wie die Piscators. Inhaltlich wie formal. So ging es auch Brecht vorrangig mal darum, irreale Inhalte und unrealistische Strukturen und Methoden auf der Bühne und in der Dramatik zu überwinden.

Mittels eines "Theater des wissenschaftlichen Zeitalters" will er gesellschaftliche Prozesse erkennbar machen, durch "episch-verfremdete Darstellungen" Einsichten verschaffen und die Lust auf Veränderung wecken.

„Brecht versuchte als erster, die Methode der Dialektik und die Erkenntnisse des historischen Materialismus bewusst und systematisch für die Arbeit auf der Bühne zu erobern. In scharfer polemischer Frontstellung gegen die Spielarten bürgerlicher Wirklichkeitsvernebelung arbeitete er den gesellschaftlichen Charakter aller Lebenserscheinungen natürlich heraus, unterstrich das Historisch-Bedeutsame und zielte darauf, geschichtliche, politische, ökonomische Zusammenhänge in ihrer Gesetzmäßigkeit für den Zuschauer erlebbar, aufnehmbar zu machen. Inhalt und Methode des Brechtschen Theaters gehen vom Erkenntnisbedürfnis und von der Erkenntnisfä-

*higkeit der Menschen aus, sie haben zum Ziel, diese Fä-
higkeiten mit den Mitteln des Theaters bewusst zu wecken, anzuregen, zu entwickeln".*[79]

Es würde zu weit führen, an dieser Stelle die komplexe
Bedeutung von Brecht als Stückeschreiben, Regisseur,
Theatertheoretiker, Philosoph, etc. - der er in Personal-
union war (Giorgio Strehler: *„Mir ist in meiner langen
Theaterzeit keiner begegnet, der in sich so vollkommen
den Kritiker, den Poeten, den Regisseur der eigenen
Werke und anderer, den Theoretiker und Praktiker der
Bühne vereint hätte. Brecht war der Theatermensch, der
Autor, der Dichter, der in sich selbst eine Einheit reali-
siert hat, die kein Gebiet unberücksichtigt ließ".*[80]) - de-
tailliert zu beschreiben. Wie aber schon in den letzten
Abschnitten immer wieder betont und im Folgenden wei-
ter ausgeführt, sind es ganz besonders seine Mittel und
Methoden, die gerade für das Freie Theater nach 1968
eine entscheidende Gewichtigkeit erhalten.

*„Was Brecht für das Theater getan hat, ist unschätz-
bar"*[81], schreibt die große Regisseurin Ruth Berghaus.
Und meint damit das Theater grundsätzlich. Allerdings
war das bürgerliche Theater - auf Grund seiner Strukturen - nie in der Lage, eine Brecht entsprechende Haltung
einzunehmen und sich seine politisch geprägte Theater-
philosophie anzueignen.

Wohl übernahm das bürgerliche Theater nach 1945 (besonders nach Ende des "Kalten Krieges") isoliert und losgelöst die eine oder andere Brecht'sche These, spielte und spielt seine Stücke. Der Versuch einer wirklich komplexen Aneignung der Philosophie Brechts - inklusive seiner praktischen theaterbezogenen wie politischen Anregungen - blieb jedoch dem Freien Theater vorbehalten.

Neben Brecht und Piscator ist noch eine andere künstlerisch-politische Bewegung aus den 20er-Jahren für das Freie Theater nach 1968 von bestimmender Vorbildwirkung: das proletarische Laien- und revolutionäre Berufstheater. Oder besser: all das, was unter dem Sammelbegriff "Proletkult", proletarische Kultur, sich in der Zwischenkriegszeit entwickelt hat.

Wobei diese Richtung sich nicht geradlinig vollzog und aus keinem klaren ideologischen Kulturstandpunkt sich entwickelte, sondern aus den verschiedensten Haltungen heraus seine Anfänge nahm. Einerseits aus den Arbeitertheatervereinen, einer Art des volkstümlichen Laientheaters. Dann aus den proletarischen Massenspielen und Sprechchören. Und schließlich aus den Theaterexperimenten der linken Intelligenz, also dem - wenn man so will - "Freien Theater" der damaligen Zeit.

Wobei sich diese drei Impulse immer wieder vereinten, es also zur Zusammenarbeit, zum gemeinsamen kulturpolitischen Tun von professionellen Theatermachern und Laien - Arbeitern und Arbeitslosen - kam.

In dieser Zeit *"gründeten fortschrittliche Künstler in verschiedensten deutschen Städten Proletarische Theater ... Sie versuchten, dem bürgerlichen Theater ein neues, proletarisches Theater entgegenzustellen und die sowjetischen Erfahrungen auch in Deutschland zu nutzen.* ("Die Kunst und das Proletariat" von Bogdanow, "Die Kulturaufgaben der Arbeiterklasse" von Lunartscharski und vor allem "Das schöpferische Theater" von Kerschenzew waren damals in Deutschland stark verbreitete Bücher – Anmerkung des Verfassers.) *Diese Unternehmungen stellten die Forderung auf, dass ein proletarisches Theater vor allem ein Theater des Proletariats selbst sein müsse. Damit regten sie die schöpferische Betätigung der Arbeiter an und schlugen die ersten Brücken zwischen Künstlern und Arbeiterspielern, die sich in einigen Fällen zu gemeinsamen Kollektiven zusammenschlossen".* [82]

Eine Reihe namhafter Kunstschaffender - Autoren, Regisseure, Schauspieler, Komponisten, Bühnenbildner, Maler, etc. - arbeitete mit diesen Kollektiven zusammen: Bertolt Brecht, Erwin Piscator, Friedrich Wolf, Gustav von Wangenheim, Béla Balázs, Ernst Busch, Hans Otto, Wolfgang Langhoff, Helene Weigel, Hanns Eisler, John Heartfield ... Und zog daraus durchaus produktive Erkenntnisse:

" Wo sie (die Arbeiter - Anmerkung des Verfassers) *selber dichteten und Theater machten, waren sie hinreißend originell. Die so genannte Agitpropkunst ... war eine*

Fundgrube neuartiger künstlerischer Mittel und Aus-
drucksarten. In ihr tauchten längst vergessene großar-
tige Elemente echt volkstümlicher Kunstepochen auf, den
neuen gesellschaftlichen Zwecken kühn zugeschnitten.
Waghalsige Abkürzungen und Komprimierungen, schöne
Vereinfachungen; da gab es oft eine erstaunliche Ele-
ganz und Prägnanz und einen unerschrockenen Blick für
das Komplexe".[83]

Brecht war von den Laienensembles nicht nur angetan, er
bediente sich auch ihrer. Besonders für die Aufführungen
seiner Lehrstücke. So wurde zum Beispiel sein Stück
"Die Maßnahme" im Großen Schauspielhaus zu Berlin
mit dem Arbeiterchor Groß-Berlin uraufgeführt. Also mit
"Laien", die bei dieser Uraufführung neben so arrivierten
Schauspielern wie Helene Weigel und Ernst Busch auf
der Bühne standen.

Inhaltliches Ziel der verschiedensten Arbeiterensembles
war es, revolutionäre Impulse zu geben. Die Formen, mit
denen das erreicht werden sollte, waren äußerst plakativ,
sehr vereinfacht und verkürzt: die politische Revue - entlehnt dem zuvor schon beschriebenen Theater Piscators.

„Mit der Revueform leistete das revolutionäre Theater ...
seinen wohl wesentlichsten Beitrag zur szenischen Erfas-
sung des gesellschaftlichen Epochenkonfliktes".[84]

Die Revue als solche war - über Amerika und Frankreich
kommend - auch ins deutschsprachige bourgoise Amü-
siertheater eingedrungen.

„Piscator übernahm von der Revue den lockeren Aufbau und ihren raschen Fluss, die Einbeziehung verschiedener Darbietungen und den völlig unliterarischen Charakter ". [85]

Mit publizistischen Mitteln wurden aktuelle Themen behandelt. In einem lockeren Mix aus Unterhaltung, politischer Information und Propaganda. Wobei die Satire - als Mittel zur Entlarvung herrschender Verhältnisse - eine wichtige Rolle spielte, war sie doch ein wirksames Mittel der politischen Agitation.

Aufbauend auf diese politische Revueform, gestützt durch satirische Momente, war das revolutionäre Arbeitertheater in der Zwischenkriegszeit zu einer bedeutenden und hochpolitischen künstlerischen Institution geworden. Ähnlich wie Brecht und Piscator wollten die Spieltruppen der Zwischenkriegszeit *"nicht zerstreuen, sondern organisieren, nicht trösten, sondern schulen, kein Ventil, sondern Motor sein. Sie wollten die Welt als erkennbar und veränderbar darstellen "*. [86]

Insofern kann diese Art des Theaters weder als künstlerische Selbstbetätigung noch als "dilletantische Bühnenliebhaberei" abqualifiziert werden, sondern kommt den Intentionen des Freien Theaters fünfzig Jahre später sehr nah, das sich als Alternative zum herrschenden, zum bürgerlichen Theaterbetrieb versteht.

Diese Alternative zum Bestehenden formuliert Erwin Piscator ziemlich exakt in seinem Artikel "Über die Aufgaben der Arbeiterbühne": *„Niemals dürfen sie sich auffassen als eine Abart des bürgerlichen Theaters, niemals in ihren Leistungen oder in ihrem Spielplan nach dem bürgerlichen Theater schielen, niemals wird ihre Stärke in irgendeiner Kopie sein. Bewusst sollten sich die Arbeiter-Theater auch mit ihren szenischen Mitteln loslösen vom bürgerlichen Apparat der Bühne".*[87]

Einen anderen wesentlichen Aspekt dieser Gruppen - der auch für das Freie Theater nach 1968 von entscheidender Bedeutung wird – nämlich der des Abbaus von hierarchischen Strukturen, von kollektiver Arbeitsweise, von "Mitbestimmung" am Theater, formuliert Piscator an einer anderen Stelle.

Er spricht von den kommenden Aufgaben des proletarischen Theaters und meint: *„... eine bezieht sich darauf, dass es als Betrieb mit den kapitalistischen Traditionen bricht und zwischen Leitung, Darstellern, Dekorateuren, all den übrigen technisch und geschäftlich Angestellten sowie zwischen dieser Gesamtheit und den Konsumenten (d.h. den Theaterbesuchern) ein ebenbürtiges Verhältnis, ein gemeinsames Interesse und einen kollektiven Arbeitswillen schafft".*[88]

Dieser kollektive Arbeitsprozess war nicht nur dem Arbeitertheater eigen, auch die während der Weltwirt-

schaftskrise entstandenen professionellen Schau-
spieltruppen - als Beispiele seien die "Truppe 31", der
"Spieltrupp Südwest", die "Gruppe junger Schauspieler"
oder die "Truppe im Westen" genannt - waren diesem
Arbeitsstil verpflichtet.

Und nach 1968 war es wiederum vor allem die Vernei-
nung der hierarchischen Theaterstrukturen, das Suchen
nach kollektiven Entscheidungs- und Arbeitsprozessen,
was zur Gründung vieler freier Theatergruppen führte.

Zum Schluss dieses Abschnittes über die Vorläufer des
Freien Theaters, über die produktiven Bühnenentwick-
lungen im Verlaufe der 20er-Jahre, die fünfzig Jahre danach wieder aufgegriffen wurden, sei als Einschub ein
knapper Exkurs gestattet, der gegenüber dieser vorwärts-
treibenden Tendenzen deren entgegensetzte Entwicklung
zeigt - der Verfall der "Volksbühne", von der Herbert
Jhering berichtet: *"Aus dem Theater einer lebendigen
Massenbewegung ist eine muffige Philisterbühne geworden".*[89]

Dieser Exkurs vor allem deshalb, um deutlich zu machen,
dass anderes Theater, engagiertes Theater, freies Theater
sich nicht im Hinterherlaufen eines bildungsbürgerlichen
Ideals erschöpfen und zum Abklatsch herrschender Formen verkommen darf, wie dies eben bei der Volksbühne
geschah, über die Jhering weiters schreibt:

„Die Volksbühne, eine Bewegung (der Arbeiterschaft - Anmerkung des Verfassers), *wurde zur Abonnentenorganisation, der man etwas bieten musste. Eine Gemeinschaft, im Ursprung gebunden durch Arbeit, Weltbild und Gesinnung, wurde eine Abnehmerschar, für die 'das Beste gerade gut genug war'. Das Beste einer Schicht* (des Bürgertums – Anmerkung des Verfassers)*, die unter anderen Voraussetzungen Kunst sah. Das Beste eines schmackhaften, überfeinerten, lukullischen Theaters".*[90]

Ursprünglich als Bühne des organisierten Proletariats geschaffen und mit revolutionär—kühnen Ideen ausgestattet, wurde dieses Theater durch die reformistisch-opportunistische (Kultur)Politik der rechten SP-Führung künstlerisch ausgehöhlt und fügte sich letztendlich in den herrschenden bürgerlichen Theaterbetrieb, *„ ... zwar mit einem spezifischen Profil und als Genossenschaftsunternehmen auch nicht auf kapitalistische Rentabilität abgestellt und somit nicht auf die Stufe eines Geschäftstheaters herabgesunken, aber doch insofern, als sie sich je länger je mehr vom Leitbild eines Arbeitertheaters entfernte".*[91]

Diese Entwicklung wird verständlich, wenn man die Ideologie der Volksbühnenleitung, ihr künstlerisches Verständnis, ihr Programm kennt:

„Gewiss, auch an der Wirksamkeit einzelner Volksbühnen lässt sich noch manches aussetzen. Aber ihre Prinzi-

pien sind gut, sind das einzig Richtige: feste Verpflich-
tung einer möglichst großen Zahl von Interessenten zu
geregeltem Theaterbesuch, Selbstverwaltung der Orga-
nisation auf demokratischer Grundlage. Richtig ist auch,
wenn die deutschen Volksbühnenvereine bei deutlicher
Betonung ihrer freiheitlichen, auf Herausbildung eines
neuen Gemeinschaftsgefühls gerichteten Grundtendenz
jede politische Festlegung und überhaupt jede Engher-
zigkeit ablehnen. Wenn die Masse dem Theater gegen-
über ein Machtfaktor werden soll, so darf sie sich nicht
nach Parteiauffassung zersplittern. Hinzu kommt, dass
gerade auch vom Standpunkt der Arbeiterkulturinteres-
sen ... die Bühne die Aufgabe hat, über Parteidogmen
hinweg das Wesen der Menschen und der menschlichen
Beziehungen zueinander aufzuzeigen, dass aber eine ein-
seitige politische Tendenzbühne nur einen Teil der gro-
ßen sozialen und der Bildungsaufgabe erfüllen würde,
die dem Theater seinen Wesen nach zukommt".[92]

Da wird also jede 'politische Festlegung' abgelehnt und
vorrangig auf die organisatorische Form wert gelegt.
Welche Funktion bzw. Auswirkungen dies hat, wurde im
vorigen Kapitel (Zitat 42) bereits ausführlich dargestellt.

Herbert Jhering polemisiert gegen diese Entwicklung der
Volksbühne und bezeichnet sie abschätzig als *"Verein, ...*
der alle Ideen verleugnet, die die Volksbühne groß ge-
macht haben. Aus einer Bewegung, die mit den politisch

unruhigen Elementen einer ruhigen Zeit hochkam (Vorkriegszeit - Anmerkung des Verfassers), *wurde in einer unruhigen Zeit ein beruhigendes Sonntagsnachmittagskränzchen. Aus einer geistig politischen Agitation wurde ein Kosumverein".*[93]

Am deutlichsten lässt sich der (politische) Verfall der Volksbühne am Beispiel Piscators ablesen, der ab 1924 *"zufällig, denn zufällig war kein Regisseur da"*[94] einige Stücke an diesem Theater inszenierte, mit seinem revolutionären, historisch eingreifenden Stil an dieser bürgerlich gewordenen Bühne aber scheiterte bzw. scheitern musste. Seine letzte Inszenierung wurde von der Leitung der Volksbühne derart zensiert, dass es zum öffentlichen Eklat (und in der Folge zum Bruch mit Piscator) kam. In einer Stellungnahme der Volksbühne heißt es: *"Das Stück ... fand durch die Inszenierung Erwin Piscators, deren künstlerische Bedeutung anerkannt wird, eine tendenziös-politische Um- und Ausgestaltung, zu der keinerlei innere Notwendigkeit vorhanden war. Der Vorstand der Volksbühne e.V. stellt ausdrücklich fest, dass die Auswertung des Werkes zu einer einseitigen politischen Propaganda ohne sein Wissen und Willen erfolgt ist und dass diese Art der Inszenierung im Widerspruch mit der grundsätzlichen politischen Neutralität der Volksbühne steht, die zu wahren er verpflichtet ist. Er hat bereits Maßnahmen getroffen, um seiner Auffassung von den Aufgaben der Volksbühne die notwendige Geltung zu sichern".*[95]

Zum Schluss dieses Exkurses sei nochmals Herbert Jhering zitiert, der das Dilemma der Volksbühne in einem Satz zusammen fasst: *"Als die Volksbühne ihre Anfänge und den Zusammenhang mit der Klasse, mit der sie hochkam, verleugnete, musste sie auch künstlerisch versagen".*[96]

Hier wird einmal mehr deutlich, dass sich Theater entscheiden muss: ob es Experimentierfeld und Forum für die produktive Umgestaltung und Vorantreibung der Gesellschaft sein will oder nur zur Unterhaltung allgemein und damit zur Verschleierung (zur Beibehaltung) bestehender Verhältnisse beitragen will. Eine Entscheidungsfrage, die wesentlicher Ausgangspunkt für die Entwicklung des Freien Theaters nach 1968 war.

Die vor diesem Volksbühnenexkurs geschilderten produktiven Theaterentwicklungen in der kurzen Phase der Zwischenkriegszeit endeten recht bald. Schon vor Hitlers Machtergreifung kam es in Deutschland - etwa mit den Notverordnungen vom März 1931 – zu Zensur und Verbot. Und mit Beginn des Hitler-Faschismus setzte ein beispielloser Terror gegen jegliches fortschrittliche Theaterschaffen ein. Bühnen wurden aufgelöst, Künstler in die Emigration gedrängt, verhaftet oder gar ermordet.

Besonders verfolgt und terrorisiert wurden konsequenterweise jene Bühnen und Theaterschaffenden, deren Verständnis ein politisches war, die Theater als Beitrag zur Veränderung gesellschaftlicher Verhältnisse begriffen.

Was einmal mehr die Wirksamkeit und Bedeutung des Theaters beweist, wenn es mehr ist als billiges Amüsement.

Mit der Machtübernahme durch die Faschisten wurde eine kurze, aber äußerst fruchtbare Entwicklungsphase beendet. Was folgte, waren zwölf Jahre theatralisches Niemandsland.

Ae) Theater nach 1945
Von der Restauration zu neuen kritischen Ansätzen

Während des zwölfjährigen Nationalsozialistischen Regimes war Deutschland (und - eingerechnet der autoritären Herrschaftsform des Ständestaates - beinah ebenso lang Österreich) kulturell abgekapselt. Damit auch literarisch und theatralisch.

In dieser "kulturlosen" Zeit entstand eine Art Vakuum, das nach 1945 einen entsprechenden Nachholbedarf mit sich brachte.

Auf Grund der politischen Situation stand aber nicht das Anschließen an die produktive Entwicklung der Zwischenkriegszeit (die 1933 so abrupt beendet wurde) im Vordergrund, sondern ein breites, pluralistisches

Angebot. Theater hatte, nach Hilmar Hoffmann, die Funktion, Angebote zur Neuorientierung zu liefern in dem Sinne, *"dass der Zuschauer an der im Spiel behaupteten Pluralität von Positionen seine eigene Position überprüfen, reflektieren oder überhaupt erst eine finden konnte".*[97]

So wurde in dieses Vakuum hinein all das produziert, was kunst- und kulturbeflissene Bürger wenigstens zwölf Jahre hindurch "versäumten": Neben einem verstärkten Angebot an Klassikern waren es vor allem die beiden Schweizer Frisch und Dürrenmatt und Autoren aus dem französischen und angelsächsischen Kulturraum (Camus, Sartre, Anouilh, Giraudoux, Miller, Williams, O'Neill, Fry ...), die das deutschsprachige Theater beherrschten.

Abgesehen von Borcherts Heimkehrerstück "Draußen vor der Tür" und Zuckmayers bereits im Exil entstandenem Drama "Des Teufels General" gab es kaum Theaterliteratur, die sich ernsthaft mit dem Krieg und seinen Ursachen, mit dem Hitlerfaschismus und seiner ökonomischen Bedingtheit auseinandersetzte.

Umso auffälliger ist der formale Pluralismus jener Zeit: naturalistische bzw. 'realistische' Zeit- und Milieustücke, dokumentarische Montagen, Parabeln - episch verfremdet, grotesk oder illusionistisch, klassische und bewusstseinsanalytische Dramen, Diskussionsstücke, Mysterienspiele, poetisches Theater, absurdes Spiel ...

Nach dem Krieg, besonders in den 50er-Jahren, entwickelte sich eine breite Form von "Spielweisen". Der Hunger nach dem Neuen, die Sehnsucht nach dem, was zwölf Jahre hindurch nicht zu sehen war, provozierte geradezu diesen Drang nach Vielfalt.

Theater hatte in dieser Phase der Restauration insofern "Erfolg", als es volle Häuser hatte. Was dabei allerdings auf der Strecke blieb, das war das Experiment, die Frage nach der Funktion des Theaters ... damit die produktive Unruhe, die Weiterentwicklung, die Qualität:

„Als wir nach Beendigung des Hitlerkrieges wieder darangingen, Theater zu machen, Theater im Geist des Fortschritts und der Versuche, gerichtet auf die Veränderung der Gesellschaft, die so sehr dringend war, waren die Kunstmittel des Theaters, welche so lange Zeit zu ihrer Ausbildung brauchen, so gut wie zerstört durch den Geist des Rückschritts und der Abenteuer. Das Poetische war ins Deklamatorische entartet, das Artistische ins Künstliche, Trumpf war Äußerlichkeit und falsche Innigkeit. Anstatt des Beispielhaften gab es das Repräsentative, anstatt der Leidenschaft das Temperament. Eine ganze Generation von Schauspielern war ausgewählt nach falschen Gesichtspunkten, ausgebildet nach falschen Doktrinen".[98]

Dieser Qualitätsverlust, von dem Brecht spricht, ging einher mit einer organisatorisch-strukturellen Restauration, d.h. einem Wiedereinsetzen jener Theaterkräfte, die

73

schon während des Hitlerfaschismus für inhaltliche Belanglosigkeit und den erwähnten Qualitätsverlust verantwortlich zeichneten.

Der österreichische Schauspieler Fritz Lehmann schreibt in einem Brief im Juli 1945 an seine emigrierten Kollegen in der Schweiz (Karl Paryla, Wolfgang Heinz, Hortense Raky, etc.) über die Theatersituation in Wien:

„Der Geschäftsgeist der neueingesetzten Direktionen steht im Vordergrund, man erkennt nichts weiter als ein Hinüberwurstelnwollen - eine Konjunkturhascherei. Kein neuer Versuch - kein umwälzendes Programm - kein revolutionärer Geist ... Ich fürchte, Ihr werdet bald mit Heimweh an Euer 'Exil' denken. Denn für den Antifaschisten in Österreich ist es gar nicht so leicht und manche sind bei Euch draußen besser bekannt als in der Heimat. Die ehemaligen Nazis erscheinen in Tarnungskappen immer wieder auf Posten und Sessel, schaffen sich Beziehungen und 'gute Freunde' und verstehen es viel besser als wir, sich auch jetzt wieder in den Vordergrund zu spielen".[99]

Von den am 1. Mai 1945 - nach langer Theatersperre - wiedereröffneten Wiener Bühnen, war kaum ein Anknüpfen an die produktiven Entwicklungen der Zwischenkriegszeit zu erwarten.

Ebenso wenig von den verschiedensten anderen deutschsprachigen Theatern, die ja organisatorisch-strukturell ähnlich weitergeführt wurden wie unter der faschistischen Diktatur.

Die fortschrittlichen Theatermacher waren – sofern sie das Nazi-Regime überlebten - im Exil, verloren so in vielen Fällen den Bezug zu ihrer Herkunft, vor allem zum Publikum. Und jene die blieben, hatten während der zwölfjährigen faschistischen Herrschaft keinerlei Möglichkeit des Experimentes.

Dazu kam, dass sich nach fünfundvierzig die Gesellschaft in existenziellen Umbrüchen befand. In dieser Zeit des Mangels war Restauration angesagt, war Harmonisierung gefragt. Die alliierte Kulturpolitik war vorrangig diesbezüglich ausgerichtet.

„In einer solchen Situation hat das Theater keine Fragen zu stellen, sind gedankliche und formale Wagnisse kaum möglich. Und so war denn auch die importierte Dramatik im Wesentlichen konventionell".[100]

Wie schwierig in jener Zeit des Wiederaufbaus und des "kalten Krieges" der Versuch kritisch-engagierter Theaterarbeit war, zeigt das Beispiel der Wiener "Scala", einer Bühne, die zwischen 1948 und 1956 andere Wege als die der zuvor skizzierten institutionalisierten Theater gehen wollte. Und die - besonders was die kollektive Arbeitsweise und den Ensemblegeist anbelangt - durchaus als Vorbild für das Freie Theater nach 1968 gesehen werden kann.

Der Grundstein für die Scala wurde während des Faschismus im Züricher Schauspielhaus gelegt, in dessen Emigrantenensemble auch einige österreichische Antifaschisten vertreten waren. Karl Paryla, dessen Frau Hortense Raky, Wolfgang Heinz, Emil Stöhr und andere entwickelten in ihrem Exil *"die Idee für neue Theaterstrukturen, die man nach dem Krieg in Österreich einführen wollte - mit Direktionskollegium, Mitbestimmungsrecht und Besucherorganisation. Kurzum: Kein Wiederaufbau sondern ein Neuaufbau der österreichischen Kunst wurde angestrebt"*.[101]

Im September 1948 wurde die Scala eröffnet, die von Wolfgang Heinz, Karl Paryla, Emil Stöhr, Friedrich Neubauer und Günther Haenel gemeinschaftlich in Form einer "Sozietät" geleitet wurde. *„Das Theater verstand sich als Volksbühne, die den sozialen und kulturellen Bedürfnissen der arbeitenden Menschen Rechnung tragen und mit künstlerischen Mitteln die grundlegenden Ideen der Demokratie verwirklichen wollte"*.[102]

Obwohl die Scala weit über die Grenzen Österreichs hinaus einen ausgezeichneten künstlerischen Ruf hatte, Brecht dieses Theater zu den besten Europas zählte, neben einem großartigen Ensemble Gäste wie John Heartfield, Teo Otto, Manfred Wekwerth, Helene Weigel, Ernst Busch, Benno Besson, Therese Giehse, Hanns Eisler, Marcel Rubin oder Bertolt Brecht hier wirkten, stellte die Scala 1956 ihren Spielbetrieb ein. Gezwungenermaßen. Denn kritisches, zeitgenössisches Theaterschaffen wurde damals – in der Zeit des kalten Krieges - als kommunistisches Agitieren eingeschätzt, die Protagonisten als 'Ulbricht-Agenten' eingestuft.

„Franz Kreuzer beschimpfte 1955 die Scala-Künstler in einem Leitartikel der 'Arbeiter-Zeitung' als 'Kommunokomödianten' und als 'Lumpen'".[103]

Zwei Jahre nach dem Ende der Scala - im Jahre 1958 - fand im Wiener Landesgericht eine Verleumdungsklage gegen Hans Weigl statt, der die Künstler der Scala beschuldigte, mit ihrem Tun *"Spionage für den Geheimdienst der DDR"*[104] betrieben zu haben.

Der Scala - diesem ungeliebten, heiß verehrten Wiener Theater - wurde mit der Streichung des Kulturgroschens (den selbst die kommerziellsten Wiener Bühnen der damaligen Zeit erhielten) und den Schwierigkeiten mit der Konzessionserteilung das Wasser abgegraben.

Eine politische, engagierte, kritische Bühne wurde ausgehungert, weil sie - als "kommunistisch" verschrien - in der Zeit des kalten Krieges nicht ins Bild der Restaurierung und Harmonisierung passte.

Kritisches Theaterschaffen war also nach 1945 (und das rund zwanzig Jahre hindurch) im (nun geteilten) "westlichen" deutschen und österreichischen Raum schwer nur zu realisieren.

Dies hängt zwangsläufig damit zusammen, dass die allgemeinen Sozialisationsbedingungen und Kommunikationsstrukturen - die entscheidend für die ethische wie politische Wirkungsmöglichkeit des Theaters sind, denn nur wo *"intensivste Kommunikation zwischen Bühne und Publikum erreicht wird, findet großes Theater statt"*[105] - in jener Zeit dem Experiment kaum Spielraum ließen.

Dass - wie zuvor schon erwähnt - die Restauration mit der Befriedigung des Nachholbedarfes zwar einen gewaltigen Pluralismus auf die Bühne zauberte, gleichzeitig aber auch eine *"Dürre und Direktionslosigkeit"*[106] der dramatischen und theatralischen Produktion, eine "Theaterlethargie" und "Dramenleere".[107]

Eine Änderung setzte (nach der eigentlichen "Wiederaufbauzeit" und mit einer "neuen Generation") etwa 1963/64 (mit den Frühboten der 68er-Bewegung) ein. Einerseits literarisch, etwa mit den Stücken Walsers, Kipphardts, Hochhuths oder Weiß'. Andererseits aber auch theaterpolitisch, indem die gesellschaftliche Funktion des Theaters neu und kritisch hinterfragt wurde. Von den Theatermachern selbst, also den Dramatikern, den Regisseuren und Schauspielern, aber auch von der Kritik und einem Teil des Publikums.

Eine Entwicklung, die 1968 - und in den Folgejahren - ihren Höhepunkt erreichte. Im Sinne punktueller Neuerungsversuche (besonders im Bereich der Mitbestimmung) innerhalb des bestehenden institutionalisierten Betriebes.

Vor allem aber in der neuerlichen Hinwendung zu einem experimentellen, freien Theaterschaffen außerhalb der klassischen Institution "Theater".

B) FREIES THEATER
Versuch einer Begriffsdefinition, basierend auf dem ersten Teil dieser Arbeit

Wie in der Einleitung dieser Arbeit bereits ausführlich skizziert, ist der Begriff "Freies Theater" äußerst komplex zu sehen und darf keinesfalls auf einzelne Erscheinungsmerkmale reduziert werden.

Ausgehend von der in den letzten Abschnitten erläuterten – von Lessing bis Lukács, von Hegel bis Brecht begründeten - Grundthese, dass die spezifische Wirkung des Theaters, als öffentlichste aller Künste, darin beruht, ethische Bewusstseinsveränderungen herbeizuführen, indem es seine künstlerischen Mittel voll zur Entfaltung bringt, kann diese These wohl als die zusammenfassende Orientierungshilfe für die Definition des Begriffes "Freies Theater" verstanden werden.

Zwar ist diese Grundthese dem Theater allgemein immanent. Doch zeigen bereits diverse Beispiele in den letzten

Abschnitten, dass das institutionalisierte Theater analog seiner warenproduzierenden, Konsumentenbedürfnisse befriedigenden Rolle diese Aufgabe schwer nur wahrnehmen kann.

Dass es – wie ebenfalls Beispiele in den letzten Abschnitten belegen - stets abseits und außerhalb der festgefahrenen und fixierten Normen arbeitende Theaterschaffende waren, die diesen Anspruch einforderten und ihm entsprechend wirkten.

Orientiert an dieser Grundthese, mittels des Theaters Beiträge zur Veränderung, zur Verbesserung der gesellschaftlichen Verhältnisse zu liefern, ist der Anspruch des Freien Theaters also grundsätzlich mal zu messen.

Wobei die Frage nach den Inhalten, Formen und Organisationsstrukturen sich zwangsläufig an dieser These auszurichten hat.

Diese Grundorientierung schließt einerseits eine Reihe sogenannter "freier Gruppen" von der Begriffsdefinition aus, weil sie das Spiel nur des Spieles willens betreiben, weil sie den etablierten Bühnen in Stil und hierarchischer Gliederung vielfach nur nacheifern, weil sie keinerlei politische Ansprüche mit ihrer Arbeit erheben, etc.

Andererseits erstrecken sich manche grundsätzliche Forderungsmomente des Freien Theaters in quasi institutionalisierte Häuser (etwa die Berliner Schaubühne, das

Frankfurter Theater am Turm), weil dort ähnliche Ansprüche an das Theater gestellt werden und folglich auch
andere Organisations- und Produktionsstrukturen vorherrschen wie am klassischen Staats- und Stadttheater.

Wollen wir also den Begriff "Freies Theater" in seiner
historisch-politischen Bedingtheit verstehen, dann müssen wir ihn komplex sehen und dürfen ihn nicht isoliert
auf einzelne Gegebenheiten, auf bestimmte formalisti-
sche Momente, auf einzelne "Ideologen und Ideologien"
reduzieren und beschränken.

Deshalb auch die relativ breite Ausholung zum Thema
im vorigen Teil, die für eben dieses umfassende Verständnis unabdingbar erscheint.

Denn wenn wir den Begriff "Freies Theater" wissenschaftlich - und nicht nur gefühlsmäßig - fassen wollen,
dann müssen wir ihn in seinem gesellschaftspolitischen,
historisch-ökonomischen Kontext sehen und hinterfragen.

Dann dürfen wir unter "Freiem Theater" nicht – wie es
leider nur allzu oft geschieht - allein nur einen bestimmten Spielstil sehen, nicht das Experiment des Experimentes wegen, dann müssen wir erkennen, dass "Freies Theater" mehr ist als nur das Theaterschaffen abseits institu-
tionalisierter Betriebe, mehr als nur der allen Beteiligten
gemeinsame kollektive Arbeitsprozess, dass es auch
mehr ist als nur das "andere" Verhältnis zum Zuschauer

bzw. überhaupt die Forderung nach "dem anderen Zuschauer".

Den Begriff "Freies Theater" ernsthaft zu definieren, impliziert aber auch, ihn nicht allein mit Protagonisten wie Brecht oder Piscator, Artaud oder Grotowski, Peter Brook oder Robert Wilson, mit Dario Fo oder der Mnouchkine, mit Boal oder La Mama gleichzusetzen.

Oder ihn mit formalen Ausprägungen wie Straßentheater, Mitmachtheater, Frauentheater, Anti-Atomtheater, Kinder- und Jugendtheater, Schwulentheater, Clowntheater, etc. allein zu erklären.

All das sind zwar für das "Freie Theater" entscheidende Momente, doch sind sie formaler, organisatorischer oder programmatischer Natur und erklären keinesfalls das grundsätzliche Verständnis, die eigentliche Funktion, die gesellschafts- und kulturpolitische Orientierung des Freien Theaters.

Wer mit Schlagworten wie den zuvor genannten versucht, den Begriff zu definieren, der setzt sich der Gefahr aus, sich im Belanglosen zu verlieren und "Freies Theater" letztendlich als "zufällig zustande kommendes Spiel einiger Avantgardisten" zu interpretieren, Freies Theater als Sammelsurium neuer Formen darzustellen.

Um dem zu entgehen, ist es wichtig, "Freies Theater" als einen Begriff zu verstehen, der sich nicht formal auf einen bestimmten Stil festlegen lässt, sich nicht allein in der organisatorischen Struktur im Sinne von "außerhalb bestehender Betriebe" erschöpft, sich nicht primär auf einzelne Macher beruft, etc.

Entscheidend ist vielmehr die politische Haltung, die eingenommen wird, das Verständnis von Theater und Kunst grundsätzlich in der gesellschaftlichen Wirklichkeit: nämlich die Welt, die Gesellschaft, die Verhältnisse und die menschliche Natur als veränderbar zu sehen und Theater als Kunstmittel zu begreifen, das produktiv zu dieser Veränderung beiträgt.

Oder: die praktische und experimentelle Erforschung dessen, was zwischen einzelnen Menschen und was zwischen Menschengruppen unter bestimmten Bedingungen vorgeht, sowie gleichzeitig die Forschung und Erforschung der Darstellungsmöglichkeiten, das heißt: der sinnlichen Verdeutlichung dieser Vorgänge.

Wie in den vorangegangenen Abschnitten deutlich gemacht, ist Theater im Endeffekt immer politisch. So oder so.

"Freies Theater" kann an eben dieser Art des Politischen gemessen werden. Denn es ergreift Partei, zeigt Haltung, bezieht Stellung, greif ein. Es engagiert sich. Über die "reine" Kunst hinaus.

"Freies Theater" nimmt einen über die Kunst hinausgehenden, progressiven Standpunkt innerhalb der gesellschaftlichen Seinsweise ein, der es allen Beteiligten ermöglicht, sich das Wissen der Zeit über das menschliche Zusammenleben anzueignen, der ausschließt, Kunst als etwas "Losgelöstes", "Himmlisches", "über den Wolken Schwebendes" zu betrachten.

„Das Theater muss sich in der Wirklichkeit engagieren, um wirkungsvolle Abbilder der Wirklichkeit herstellen zu können. Ohne Ansichten und Absichten kann man keine Abbildungen machen. Ohne Wissen kann man nichts zeigen; wie soll man da wissen, was wissenswert ist? Will der Schauspieler nicht Papagei oder Affe sein, so muss er sich das Wissen der Zeit aneignen". [108]

Natürlich kann Theater - als Teil des gesellschaftlichen Überbaues – die Welt allein nicht verändern. Aber es kann die Lust auf Veränderung wecken. Und eben darin muss die eigentliche Aufgabe des Freien Theaters gesehen werden.

In dieser eigentlichen Funktion des Freien Theaters zeigt sich aber auch sein großes Problem: weil es gegen die grundsätzlichen Tendenzen der Gesellschaft, gegen die verschiedensten Sozialisationsinstanzen keine fundamentalen Veränderungen des politischen Systems bewirken kann, erlebt es seine Hochblüte dann, wenn das gesellschaftliche Bewusstsein ein relativ ausgeprägtes ist, wenn die Bereitschaft zur gesellschaftlichen Veränderung ohnehin gegeben ist - wie etwa in der Zwischenkriegszeit oder in Folge des "Revolutionsjahres" 1968.

Und tritt auf der Stelle in Phasen der gesellschaftlichen Sattheit und Ruhe, des Rückzuges ins Private, wie wir das - seit den 80er-Jahren - in der Gegenwart erleben.

Ba) Der Pariser Mai 1968
Ein historisches Datum (auch für
die theatralische Neuentwicklung)

Die Kulturrevolution des Pariser Mai 1968 - die weit über die Grenzen Frankreichs hinaus Wirkung zeigt - ist zweifelsohne das entscheidende historische Ereignis für den Neubeginn eines experimentellen Theaterschaffens.

Zwar erfolgt in Deutschland bereits im Krisenjahr 1966/67 in Folge der Notstandsgesetzgebung und Protestbewegung eine Hinwendung zur sozioökonomischen, soziokulturellen Wirklichkeit, doch spiegelt sich dieser politische Bewusstseinswandel vorerst "nur" in der dramatischen Produktion wider: Im verstärkten Aufgreifen von Stücken der zuvor genannten Autoren Weiß, Hochhuth, Walser, Kipphardt und in der "Entdeckung' von Stückeschreibern wie Faßbinder, Kroetz, Henkel, Sperr, etc.

Erst in der Folge des Pariser Mai 1968 kommt es auch in der theatralischen Produktion zum Bruch mit bisher gepflegten Konventionen des Betriebes.

Im institutionalisierten Theater äußert sich dieser Bruch in den zaghaften Versuchen, Mitbestimmungsmodelle zu installieren, den Schauspielern Mitspracherecht einzuräumen.

Deutlicher wird dieser Bruch jedoch in der grundsätzlichen Distanzierung vom "bürgerlichen" Theater, in der Entgegensetzung eines anderen, des „freien" Theaters.

Die Unzufriedenheit vieler (vor allem junger) Theatermacher mit dem "herrschenden" Betrieb ist selbstverständlich schon längere Zeit vor dieser Kulturrevolution vorhanden, wird also nicht erst mit dem Mai 1968 geweckt.

Im Sog der studentischen Proteste, der gesamtgesellschaftlichen Aufbruchstimmung erfährt sie jedoch ihre Kanalisation. Insofern ist dieses Datum auch für das Theater von historischer Bedeutung.

Zwar führt die 68er-Bewegung im Bereich des Theaters nicht zu einer einheitlichen Konzeption und einem klar umrissenen neuen Theatermodell. Doch sind sich viele Theatermacher des Nach-Mai einig in ihrem radikalen Bruch mit den Konventionen des bestehenden, hierarchisch geführten bürgerlichen Theaterbetriebes.

„Dem 'bürgerlichen' Theater des Vor-Mai setzten sie das 'andere Theater' der Kulturrevolution entgegen, das wiederum deutlich die Handschrift sowohl Brechts als auch Artauds erkennen läßt".[109]

Von Brecht war in den letzten Abschnitten bereits ausführlich die Rede. Auf den anderen "Urvater" des Freien Theater nach 1968, auf Antonin Artaud, wird in der Folge noch eingegangen. Ebenso auf Ariane Mnouchkine und ihr Théàtre du Soleil, der es wohl am stärksten gelungen ist, den Geist des Mai 1968 in eine adäquate Theaterform zu bringen und deren Vorbildwirkung für viele Freie Gruppen unbestritten ist.

Wenn es also - wie zuvor ausgeführt - in der Folge des Mai 1968 für viele Theatermacher zum "Bruch" mit dem bürgerlichen Bühnenbetrieb kommt, so muss dieser Begriff durchaus differenziert gesehen werden.

Denn während die einen den institutionalisierten Betrieb grundsätzlich ablehnen und - so wie Klaus Völker - *"Chancen für ein qualitativ verändertes Theater nur in einem radikalen Neuanfang einzelner Bühnen"*[110] sehen, plädieren andere dafür, die bestehende Institution "Theater" zu nutzen und dort *"den Kampf aufzunehmen"*.[111]

Peter Weiß schlägt vor, wie an solch bürgerlichen Bühnen vorgegangen werden soll: *„Auf Schleichwegen muss in diesen Häusern gearbeitet werden, mit List und mitaußerordentlicher Geduld"*.[112]

Auch bei vielen Schauspielern weckt die Auseinandersetzung um das Theater das politische Interesse und das Nachdenken über die eigene soziale Stellung: *„Wie kann das Theater Diskussionspartner der Gesellschaft sein, wenn die Diskussion innerhalb jener Gesellschaft, die* *das Theater selbst ist, nicht stattfindet? Auch ein genialer Intendant kann nicht ersetzen, was das Theater braucht, um lebendige, interessante Produkte hervorzubringen: den Dialog der am Arbeitsprozess Beteiligten".*[113]

Demokratisierung nicht nur im Sinne einer engen, begrenzten Mitbestimmung wird gefordert, sondern kollektive Führung des Theaters und die gemeinsame Erarbeitung von Inszenierungen in einem offenen Diskussionsprozess ohne Bevormundung.

Claus Bremer fasst die Kritik am bürgerlichen Theatersystem in vier Sätzen zusammen: Der Schauspieler *„muss sich als Material zur Verfügung stellen, das der Regisseur benutzt, um seine Einfälle zu verwirklichen. Die Einfälle des Regisseurs werden von der Theaterleitung kontrolliert. Die Maßstäbe für die Kontrolle werden vom Geldgeber gesetzt. Der Geldgeber erwartet von der Theaterleitung, dass die Bedürfnisse der Theaterbesucher, Besucherorganisationen, Interessenverbände und der Institutionen wie Schule, Presse, Funk und Fernsehen befriedigt sind".*[114]

Allein diese wenigen Zitate rund um eine intensivst geführte Auseinandersetzung zeigen, dass sich bestimmte Intentionen nicht im Sinne von "hie bürgerliches - hie freies Theater" trennen lassen, dass sich - wie in der Einleitung zu diesem B-Teil erörtert – manch grundsätzliche Forderungen des Freien Theaters sich durchaus auch in institutionalisierte Häuser erstrecken bzw. mit der Meinung der dort Beschäftigten decken.

Allerdings wird in der Folge noch zu klären sein, inwiefern sich solche Intentionen und Forderungen unter den hierarchisch gegliederten, abonnentenorientierten Staats- und Stadttheatern realisieren lassen.

Als Folge des Mai 68 und der außerparlamentarischen Protestbewegung tauchte aber nicht nur die Meinung auf, dass durch grundsätzliche Änderungen der Theaterstrukturen die Bühne ihre kritische, gesellschaftspolitisch bedeutsame Funktion zurückerobern könne.

Gleichzeitig wurde auch - ausgehend von den Schriften Herbert Marcuses - die These vertreten (besonders von Hamm, Enzensberger, Boehlich und anderen), dass Kunst grundsätzlich, also auch das Theater, nur helfe, das System zu stabilisieren und deshalb auf sie zu verzichten, das Theater *"zu zerschlagen"*[115] sei.

"Kunst ist a priori Ersatzbefriedigung. Kunst versöhnt mit der unversöhnlichen Realität. Kunst verträgt sich mit jeglicher Barbarei bestens,"[116] schreibt Peter Hamm und fordert ihre Aufhebung.

Diese These findet ihr politisches Handeln darin, dass besonders die Aufführungen kritischer Stücke (etwa Weiß' ,Vietnam-Diskurs' oder ,Trotzki im Asyl') von (linken) Demonstranten gestört wurden mit der Begründung, dass solche Stücke auf dem "bürgerlichen"

Theater in ihrer Wirkung verharmlost, in ein unverbindliches Spektakel umfunktioniert würden.

Trotz dieser Proklamierung vom "Ende der Kunst" installierte die "Neue Linke" in der BRD am Höhepunkt der außerparlamentarischen Oppositionsbewegung Straßentheater-Gruppen mit folgender Begründung:

„Die Straße ist nach wie vor die einzige zensurfreie Tageszeitung der Opposition und bietet Raum für Kundgebungen und Demonstrationen aller Art, für Plakate, Wandzeitungen und Mauerinschriften, für improvisierte Szenen, Dokumentarfilme und Agitprop. Wenn die Herrschenden dem Volk die Ohren dicht halten wollen, bleiben die öffentlichen Straßen und Plätze die letzte Schule der Nation".[117]

Diese Straßentheater-Gruppen orientierten sich zwar an der Agitprop-Bewegung der Zwischenkriegszeit, übernahmen teilweise deren plakative Darstellungsformen, konnten jedoch keinerlei Breitenwirkung erzielen, da die neuen politischen Voraussetzungen nun völlig andere waren und eben darauf nicht reagiert wurde.

Außerdem erschöpfte sich das westdeutsche Straßentheater von 1968 - analog der generellen Ablehnung der Kunst - in blanker Agitation und in politischen Sprechblasen, während szenische und sinnliche Ausdrucksmittel kaum oder nur zögernd angewendet wurden.

Peter Handke schreibt dazu in seinem Plädoyer "Für das Straßentheater gegen die Straßentheater", dass die Einbringung theatralischer Phantasie fehle und meint, *„ihr Informationswert ist zweifelhaft, ihr Provokationswert gleich Null".*[118]

Und erkennt Entscheidendes, nämlich das, was ernsthaft arbeitende freie Gruppen von pseudopluralistischen Formationen unterscheidet: dass der Verzicht auf künstlerischen Reichtum (die Beschränkung auf blanke Agitation), diese Art des Theaters nicht wirkungsvoller sondern nur schlechter mache.

Ähnlich argumentieren andere, kritische Geister der Zeit, etwa Yaak Karsunke, der der Meinung ist, dass die Möglichkeiten des Straßentheaters in Deutschland kaum genutzt wurden:

„Da sich gezeigt hat, dass wir bei unserer verbalen Agitation auf große Schwierigkeiten und Widerstände stoßen, sollte man versuchen, die szenischen Möglichkeiten mehr zu nutzen, die sinnlichen Möglichkeiten, die das Theater der Rede und dem Flugblatt voraus hat, stärker einzusetzen".[119]

Ähnlich reagiert auf die ideologisch begründete Missachtung der Ästhetik in einer kritischen Selbstanalyse die Gruppe "Sozialistisches Straßentheater Berlin (West)": *„Eine Diskussion der ästhetischen Mittel unserer Darstellung war nie erfolgt. Stattdessen waren wir in undi-*

alektische Negation verfallen: 'Weg mit der Kunst', 'äs-
thetische Formen sind nur kulinarisch', etc. Das Resultat
war ein dürres Sprechtheater, das dem Zuschauer keiner-
lei sinnliche Identifikation mehr erlaubte und damit den
gesprochenen Text um seine Wirkung brachte. Anstatt
Aggressionen gegen den Kapitalismus zu mobilisieren,
mobilisierten wir Aggression gegen die Darstellung des
Kapitalismus, d.h. gegen uns selbst".[120]

In dieser Zeit des "Puritanismus" des deutschsprachigen
Straßentheaters – das längstens zwei Jahre lang von Bedeutung war, bis mit dem Abebben der außerparlamentarischen Protestbewegung die Straße ihre Wirkung als
Vermittlungsmedium verlor - verwiesen Kritiker darauf,
dass sinnlicher Reichtum und szenische Komplexität diesem Medium durchaus immanent seien und verwiesen -
in der Fortführung des Agitprop der Weimarer Republik
- vor allem auf das New Yorker "Bread and Puppet Theater", das in äußerst fantasievoller Weise sein Publikum
anzusprechen vermag. Also auf eine Gruppierung, die die
Zukunft freier Gruppen im deutschsprachigen Raum entscheidend beeinflusste und von der in der Folge noch die
Rede sein wird.

Insgesamt kann zweifelsohne gesagt werden, dass die Pariser Kulturrevolution vom Mai 1968 eine gesellschafts-
und theaterpolitisch unbefriedigende Situation kanali-
sierte und schwelende (bis dahin oft nur gefühlsmäßig
empfundene) Konflikte zur Austragung brachte.

Die unbefriedigende Situation der "Nachkriegs- und Wiederaufbaugeneration" mit der Reglementierung durch die Restauration im Sinne von Harmonisierung der gesellschaftlichen Verhältnisse, fand in der Folge des Mai 1968 ihren politischen Niederschlag und – auf die Situation des Theaters übertragen - die entsprechende kritische Reflexion.

Bb) Kultureller Bewusstseinswandel
Der Bruch mit konventionellen Theaterstrukturen und Produktionsbedingungen

Ist der "Pariser Mai 1968" der Auslöser für eine Neuorientierung des Theaters, so darf darob nicht übersehen werden, dass die Voraussetzungen für diese Neuorientierung - wie schon mehrfach betont - doch weiter zurückreichen und mit mehreren Faktoren unmittelbar zusammenhängen:

Einerseits wuchs in der Phase des Wiederaufbaus eine neue Generation heran, die völlig andere Zukunftsvorstellungen hatte als ihre Väter und politischen wie kulturpolitischen Erscheinungen wesentlich kritischer gegenüberstand als diese.

Und andererseits entwickelten sich die gesellschaftlichen Verhältnisse (Aufrüstung, Blockkonfrontation NATO -

Warschauer Pakt, Ausbeutung der Dritten Welt, Vietnam-Konflikt, etc.) derart, dass ein systemkritischer Bewusstseinswandel in relativ breiten (vor allem jüngeren) Schichten der Bevölkerung sich bemerkbar machte.

Diese gesellschaftspolitische Entwicklung wirkte sich zwangsläufig auch auf die theaterpolitische Situation aus.

Im deutschsprachigen Raum äußerten sich diese Entwicklungen vorerst in der dramatischen Produktion. Der dramatischen Literatur der 50er- und ersten 60er-Jahre fehlte vielfach die ethisch-politische Verantwortlichkeit und hatte so - mit den Worten Martin Walsers - die Funktion einer "Seelenbadeanstalt".[121]

Zwar wurden in den Stücken Frischs, Dürrenmatts, Hochhuths oder eben Walsers politische Tabus "allgemein" in Frage gestellt, bestimmte antidemokratische Haltungen "gegeißelt", doch lassen die Stücke bis Mitte der 60er-Jahre vielfach eine ideologische Intention fehlen. Die Orientierung am Utopischen, an Zukünftigem blieb weitestgehend ausgespart. Deshalb plädiert Walser für ein "Bewusstseinstheater", das Hoffnung freisetzt und Zukunft sichtbar macht.[122]

Schon 1965 erhebt Henning Rischbieter als Theaterkritiker - animiert durch Blochs "Prinzip Hoffnung" - den Anspruch, dass im Theater der "Horizont Zukunft" sichtbar werden müsse.[123]

Diese Intentionen, die der Tendenz des politischen Theaters im Sinne gesellschaftsverändernder Impulse immanent sind, werden vor allem von Peter Weiß und Rolf
Hochhuth verfolgt. So meint Letztgenannter über die
Funktion des Theaters:

*„Politisches Theater kann nicht die Aufgabe haben, die
Wirklichkeit - die ja stets politisch ist – zu reproduzieren,
sondern hat ihr entgegenzutreten durch Projektion einer
neuen".*[124]

So erfolgt etwa Mitte der 60er-Jahre in der dramatischen
deutschsprachigen Literatur eine konkrete Hinwendung
zur sozioökonomischen politischen Wirklichkeit, die
sich in der Themenwahl im Aufgreifen der Revolutions-
problematik einerseits und der kritischen Behandlung
von Sozialstrukturen andererseits äußert und in der Form
sich als Dokumentartheater, als dokumentarische Collage sowie als sozialkritisches Volksstück (im Sinne eines Horváths oder einer Fleißer) darstellt.

Auch wenn sich das Freie Theater in seinem Verständnis
nicht unbedingt auf die dramatische Literatur stützt, so
muss doch die Anregung, die Stimulanz gesehen werden,
die von dieser Art der neuen deutschsprachigen Dramatik
auf die kritischen Geister am Theater ausgeht. Inhaltlich
wie formal.

Einerseits tauchen Stücke auf, die klare systemverän-
dernde Intentionen zum Ausdruck bringen (und so auch
die eigene Situation, die Situation als lohnabhängiger

Theatermacher im institutionalisierten Betrieb ins Bewusstsein bringen). Und andererseits werden neue Theaterformen erkennbar, die weit über das psychologisierende Moment des bürgerlichen Bildungstheaters hinausgehen.

Wenngleich also die um die Mitte der 60er-Jahre entstandenen Stücke nicht vorrangig das eigentliche Material waren, auf das sich eine Neuorientierung des Theaters stützte, so trug die Erschließung neuer Themenbereiche und Fragestellungen und die Eröffnung neuer (alter) Formen doch wesentlich zu dieser Neuorientierung bei. Vor allem in Verbindung mit der gesamtgesellschaftlichen Bewusstseinsveränderung. Auch deshalb, weil eine Vielzahl der "neuen" dramatischen Autoren die Kunst des Schreibens nicht isoliert sah, sondern sich gesellschaftspolitisch äußerte und engagierte und auch die gesellschaftspolitische Funktion des Theaters, seine Arbeitsstrukturen und Wirkungsmöglichkeiten kritisch hinterfragte.

In solch produktivem, Veränderungen aufgeschlossenem Klima äußerte sich zwangsläufig auch die Unzufriedenheit vieler Theatermacher mit den sie bestimmenden und beherrschenden Strukturen des Betriebes, der - wie schon erwähnt - seit 45 kaum Änderungen erfuhr, ja teilweise noch immer von Kräften geführt und geleitet wurde, die schon in der Zeit der nationalsozialistischen Diktatur für das Geschehen verantwortlich zeichneten.

So setzt denn Mitte der 60er-Jahre erst zaghaft, dann - 1968, am Höhepunkt der außerparlamentarischen Protestbewegung - eine sich intensivierende Diskussion rund um die Notwendigkeiten und Möglichkeiten einer Demokratisierung des Theatersystems ein. Eine Diskussion, die mehr als zehn Jahre anhält und einerseits zu punktuellen Strukturänderungen des institutionalisierten Betriebes führte, andererseits viele Theatermacher auf die "Sicherheit" des bürgerlichen Apparates, des beamteten Schauspielerdaseins verzichten ließ und zur Mitarbeit in einer Freien Theatergruppe brachte.

In der Anfangsphase dieser Diskussion dominierte die antiautoritäre Kritik an der Machtstellung der Regisseure und - vor allem - der Intendanten, in denen manche Kritiker nichts anderes als die subventionierten Verteidiger des Status quo sahen.

Allmählich floss in diese Kritik aber Grundsätzlicheres ein: die Hinterfragung der Organisationsstruktur, der Produktionsbedingungen, der hierarchischen Ordnung am institutionalisierten Theater, die Entfremdung des künstlerischen Personals der Arbeit, den Inhalten, den Formen, den Kollegen gegenüber.

Was zuvor gefühlsmäßig an Unzufriedenheit vorhanden war, wurde nun - in der Folge des Pariser Mai 68 – materialistisch-dialektisch interpretiert und aufbereitet.

In diesem Zusammenhang spielten nicht nur die theoretischen Schriften Bertolt Brechts eine bedeutende Rolle.

Auch die kulturpolitische Philosophie des Marxismus wurde nach rund fünfunddreißigjähriger "Verbannung" in Folge des Hitlerfaschismus und der Zeit des Kalten Krieges wieder aktuell.

Das Theater konnte sich in diesen Jahren dem struktur- und bewusstseinsverändernden Prozess nicht mehr entziehen und war gezwungen, sich den Fragen der sozialen und politischen Wirklichkeit zu stellen.

Insofern bestätigt sich einmal mehr die in der Einleitung zu diesem Teil erhobene Forderung, Bemühungen um Theatererneuerungen (deren Folge z. B. die Gründung "Freier Gruppen" sind) nicht isoliert als Formfrage zu verstehen, sondern als Orientierung an den gesamtgesellschaftlichen Verhältnissen und der entsprechenden Reaktion darauf.

So gesehen entspringt zwar die Entwicklung des Freien Theaters nach 1968 einer gefühlsmäßigen Unzufriedenheit vieler Theatermacher mit den Arbeitsbedingungen an den institutionalisierten Bühnen, mit den Traditionen des Betriebes, der hierarchischen Struktur und der Fremdbestimmung (und damit Einengung) ihrer eigenen künstlerischen Ausdrucksmöglichkeiten. Doch muss die Entscheidung für eine Reform des bestehenden Bühnenbetriebes, für eine andere Art des Theaters insgesamt als eine radikal-politische gesehen werden, deren Beweggründe primär im Aufklärungs- und Vermittlungswillen der außerparlamentarischen Opposition, in der Pariser

Kulturrevolution vom Mai 1968 liegen, also in der Hinwendung zur gesellschaftlichen Wirklichkeit und ihren Anforderungen.

So stehen denn auch in der Neuorientierung des Theaters nach 1968, in der Hinterfragung des bestehenden Betriebes zwangsläufig nicht formale Fragen, Fragen nach einem neuen Spielstil im Vordergrund (wie dies bei manchen Arbeiten über das Freie Theater zu lesen ist), sondern die Frage nach der grundsätzlichen Funktion des Theaters.

Die Frage nach dem Wesen des Theaters und seinen Möglichkeiten, emanzipierend und verändernd eingreifen zu können. Also nach jenen Momenten, die im ersten Teil dieser Arbeit ausführlich diskutiert wurden und die bei kritischen Theaterschaffenden das zentrale Orientierungsproblem auch nach 1968 darstellten.

Erst in der Folge kam die Formfrage hinzu, also die Suche nach jenen sinnlichen Transportmitteln, nach jenen ästhetischen Stilen, in denen der erhobene Anspruch sichtbar, mit denen die Inhalte vermittelt werden sollten.

Bei dieser Auseinandersetzung um die Sinnfrage des Theaters konnte auf keine gewachsene, sich kontinuierlich entwickelte theaterpolitische Theorie zurückgegriffen werden, denn seit mehr als dreißig Jahren, seit der Machtergreifung der Faschisten, war das Experiment an deutschsprachigen Bühnen so gut wie nicht mehr präsent.

Folglich war man gezwungen - im Kontext mit der gesamtgesellschaftlichen Entwicklung und im Einklang mit jenen politisch-philosophischen Schriften, die für die sozialökonomischen Veränderungsprozesse herangezogen wurden - teilweise in der Geschichte und teilweise im Ausland nach komplexen Theorien zu suchen.

Bc) Vorbilder und Anreger
Die unterschiedlichsten Konzepte
und Theorien für das Freie Theater

Auf der Suche nach entsprechend komplexen Theorien, die das gefühlsmäßige Unbehagen an der restaurativen Theatersituation im deutschsprachigen Raum inhaltlich erklär- und nutzbar machen sollten, stieß man 1967/68, in dieser allgemeinen Situation der politischen Unruhe und Hinwendung zu materialistisch-dialektischen Denkweisen, beinah zwangsläufig auf das "wissenschaftliche Theater" Bertolt Brechts, der zwar als Dramatiker (bis zu einem gewissen Grade) präsent war, dessen theaterphilosophische und kulturpolitische Ansätze im westdeutschen (wie im österreichischen) Raum - aufgrund des Kalten Krieges und Brechts Verteufelung als "Marxist" einerseits und der Harmonisierungsbestrebungen in Richtung "Status quo" andererseits - bis dahin jedoch von nur geringer Bedeutung waren.

Weder am Theater selbst noch in der Ausbildungssituation spielte in der Vor-Mai-68-Situation der Praktiker Brecht eine dominierende Rolle. Das änderte sich beinah schlagartig mit der zuvor skizzierten Hinterfragung kritischer Theatermacher ihrer eigenen Situation und der des Theaters.

In dieser Phase des Suchens nach der Sinnfrage des Theaters wurde der Theaterphilosoph und -macher Brecht da facto „neu" entdeckt.

„Brechts Entwurf wurde ... zum immensen Erfolg wegen der genialen Verkoppelung von Theorie und Praxis, von Produktions-, Darstellungs- und Rezeptionsästhetik".[125]

Wobei weder Brechts Dramatik noch seine Modellinszenierungen oder sein epischer Stil in Form der Verfremdung von primärer Bedeutung waren, sondern sein grundsätzliches Verständnis von Theater als Medium zur Veränderung der Verhältnisse, seine Methode des "eingreifenden Denkens".[126]

Oder, wie Ernst Schumacher in seiner Interpretation der Frage nach Brechts Bedeutung für die 70er-Jahre meint, *„dass er den Menschen bei einer solchen Wahrheitsfindung und einem entsprechenden Entscheidungstreff Spezifisches zu sagen hat".*[127]

Brechts Theaterverständnis und seine Bedeutung für das Freie Theater nach 1968 wurden im ersten Teil dieser Arbeit ausführlich dokumentiert.

Ein anderer Theaterpraktiker, der - seine Experimente so wie die Brechts in den 20er- und 30er-Jahren angesiedelt - für des Freie Theater nach 1968 von bedeutender Vorbildwirkung wurde, war Antonin Artaud.

War es bei Brecht vor allem die Philosophie, das politische Verständnis von Theater, das in Folge der außerparlamentarischen Opposition für kritische Theatermacher von Interesse war, so waren es bei Artaud besonders die formal-aktionistischen Momente seiner Theaterkonzeptionen.

Artaud stammte aus der "Dullin"-Schule, aus der auch die bekannten Pantomimen Decroux und Barrault hervorgingen. Aus diesem Grunde maß er der Sprache des Körpers, der choreographischen Bewegung und Geste, dem Tänzerischen besondere Bedeutung bei.

Zusammen mit den sichtbaren Gegenständen der Bühne sollte der Körper Bilder, Zeichen und Figuren bilden, unterstützt von Musik, Tönen, Geräuschen, unartikulierten Lauten und Schreien sowie von einer neuen Art des Lichteinsatzes, der Lichtstreuung.

Der Erstarrung des Theaters seiner Zeit versuchte Artaud durch eine Revolutionierung der Mittel und Formen zu begegnen. Sein Totaltheater proklamierte die Vitalität der theatralischen Aktion, die Befreiung der Theatermittel aus ihren bisherigen üblichen Funktionen. Realität und Traum sollten auf der Bühne ineinander übergehen, Bewusstes und Unbewusstes sich mischen, Theater sollte zur elementaren Magie werden durch die unbegrenzte Entfesselung der Theatermittel.

Dieses antiliterarische Totaltheater Artauds, das er unter dem vielfach falsch verstandenen Titel "Theater der Grausamkeit" zusammenfasst, ist ein Sammelpunkt von Ideen, die in der Theaterwelt der 20er- und 30er-Jahre vielfach und von verschiedenen Seiten her auftauchen.

Das Theater, als Schnittpunkt verschiedener Künste, nahm damals sowohl von Seiten der modernen Architektur, der modernen Malerei, Dichtung und Musik wie von den revolutionären Bewegungen innerhalb des modernen Tanzes Anregungen auf.

So ging zum Beispiel Adolphe Appia gegen die statische Theaterkulisse an und versuchte der Bühne die Bedeutung eines Raumes für die theatralische Bewegung zu geben. In ähnlicher Weise wie bei Artaud gab es bei Appia Entwürfe für eine spezielle Aktivität des Lichts, auf deren Partitur man 'wie auf einer Orgel' spielen müsse.

Auch Appia polemisierte gegen die einseitige Bindung des Theaters an die Literatur und plädierte für die Durchorchestrierung aller theatralischen Mittel.

Ähnlich bildete Gordon Craig - neben Appia einer der wichtigsten Reformer der modernen Szene seiner Zeit – die Bühne zu einer Architektur für die theatralische Bewegung um.

Auch die futuristischen Theatermanifeste forderten anstelle von Dialog und Argument Akrobatik und Artistik, Bewegung im Raum.

Marinetti entwarf, gleichzeitig mit Kurt Schwitters, ein "Drama der Gegenstände". Die Bauhaus-Künstler Kandinsky und Moholy-Nagy konzipierten ein Theater aus Farbe, Form, Bewegung und Licht. Von Kiesler, einem anderen Bauhaus-Aktivisten, stammen Entwürfe zu einem Universal- und Totaltheater, worin die Zuschauer nicht einer Aktion gegenübergestellt, sondern von ihr umgeben würden.

Tairoffs "entfesseltes Theater" und Mayerholds "Biomechanik" führten die Ausdehnung der Bühnenhandlung in alle Raumdimensionen konkret ein und forderten die artistische, tänzerische und pantomimische "Entfesselung" des Schauspielers von der literarischen Vorlage.

Von Piscators Bemühungen um eine Revolutionierung der Bühne war im ersten Teil dieser Arbeit bereits ausführlich die Rede.

Wenngleich durch die Schwerfälligkeit und konventionelle Gebundenheit des institutionalisierten Theaters vielfach verhindert wurde, dass die Entwürfe und Experimente der damaligen Zeit in einer breiten Öffentlichkeit zur Wirkung kamen, so bildeten diese Ansätze doch entscheidende Hilfestellungen für kritisch-suchende

Theatermacher nach 1968, als diese "die Erneuerung der Bühne" erprobten.

Von Artaud wurde dabei vor allem die Ablehnung der Orientierung an der Literatur und die Aufwertung der mimischen und körperlichen Ausdrucksmittel entlehnt, sein 'magisch-elementares' Theater.[128]

Der wesentlichste Verfechter einer Theaterkonzeption in diesem Sinne wurde in den 60er-Jahren der Pole Jerzy Grotowski, dessen Einfluss auf die Theatererneuerer der 68er-Jahre von großer Bedeutung wurde.

Andrzej Wirth teilt Grotowskis Theatertheorie in vier wesentliche Punkte: *1. der Raum als Funktion der Dramaturgie, eine spezifische Raumgestaltung des Spieler-Zuschauer-Bezuges für jede Inszenierung. 2. Das Exponieren des Spielers in direkter Nähe zum Zuschauer, wobei sein ganzer Körper zu einer Ausdrucksmaske von kondensierter Akribie wird. 3. Der Spieler schafft einen Sprech- und Klangraum durch den Einsatz aller seiner Körperteile. 4. Die Zuschauerzahl wird auf eine sehr kleine Gruppe von Erwählten beschränkt.*[129]

Zum Unterschied von Artaud ist Grotowskis Theaterkonzeption jedoch völlig frei von sozialkritischen Elementen, ist faktisch ein Rückzug ins rein Formale. Das Dialogisch-Dialektische wird bewusst einer magisch-mystischen, vernunftfeindlichen Spontanität geopfert und vielfach werden nur die irrationalen Kräfte unbewusster Triebhaftigkeit in Bewegung gesetzt.

Viele fortschrittliche Theatermacher erkannten denn auch, dass derartige Formen als Sozial- und Therapieverfahren, als formaler Akt durchaus interessant sind, dass für Vermittlungszwecke ihr kommunikativer Effekt jedoch keinesfalls ausreicht.

Strehlers Kritik an den italienischen Freien Gruppen drückt dieses Problem am Beispiel der Verwendung Brechts, Artauds und Grotowskis aus und bringt es - gültig für viele sich selbst als fortschrittlich bezeichnende Ensembles - auf den Punkt:

„Wir attestieren der Theater-Praxis der jungen 'Off'-Gruppen eine wichtige Rolle im Bereich des modernen italienischen Theaters, wenn auch ihre Experimente oft nicht funktionieren oder ein politisches Missverständnis sind. Wenn sie uns Brechts 'Maßnahme' vorführen, wissen wir, dass die thematische Linie nicht in Richtung Brecht läuft, sondern zum Absurden tendiert, zum körperlich-mimischen Theater der Grausamkeit, inspiriert von Artaud, nicht von Brechts Theater der Vernunft. Es gibt keine starke, revolutionäre jugendliche Gruppe, die Brechts Theater als Basis hat und es neu durchdenken, diskutieren, erneuern, kontradiktorisch behandeln will; lieber macht man Grotowskys 'Standhaften Prinzen' oder ähnliches nach. Das ist eines der Phänomene des Widerstandes gegen das soziale Establishment. Natürlich wird das Theater der Vernunft, eine vernunftgemäße

Deutung, immer stärkeren Widerstand finden als typische Phänomene negativer Art, die auf dem Absurden, auf der Auflösung der Vernunft basieren, weil es viel verführerischer und anscheinend revolutionärer ist, wenn man körperlich agiert, tanzt, sich verrenkt, Artaud nachäfft. Tragisch ist dabei nur eines: dass da nicht einmal Artaud realisiert wird. Denn Artaud war bei aller Verrücktheit ein außergewöhnlich genau Arbeitender und machte viele wichtige Aussagen über seine Arbeit. Theater in seinem Sinn zu machen ist ebenso schwierig wie episches Theater gut zu machen".[130]

Was von Artauds "Theater des Grausamen" nach 1968 von manchen Schauspiel-Gruppen und -Ensembles entlehnt wurde, war nicht mehr als der Mythos von Gewalt und Brutalität. Was einer humanen Kapitulation gleichkommt, weil Sinnlichkeit, Gestus und Handlung nicht mehr der Aussagekraft dienen, sondern zum eruptiven Selbstzweck verkommen.

Sartre fragt diesbezüglich in "Mythos und Wirklichkeit des Theaters", ob die "echten tiefen Kräfte" sich "durch die reale Brutalität" vermitteln bzw. diese zu wenden in der Lage sind.[131]

Und André Müller meint - am Beispiel von Bonds Lear-Aufführungen - "über die Fortschrittlichkeit des Grässlichen", diese Art Theater sei "in seiner unendlichen Dürftigkeit lediglich geeignet, von der Bühne herab philosophischen Unsinn, Pessimismus über den Gang der Geschichte, Dunkelheit über die Beziehungen der Menschen untereinander sowie die Aufforderung zu verkünden, jedes Streben nach gesellschaftlicher Veränderung als sinnlos zu unterlassen, dafür gewürzt mit einer überreichlichen Zutat sadistischer Grausamkeit, die sowohl den Bedürfnissen gescheiterter Weltverbesserer wie denen des herrschenden Kulturbetriebes auf das genaueste entspricht".[132]

Und kritisiert, dass "diese reaktionäre Weltanschauung als Ausdruck 'linker' Überzeugung" gepriesen wird, dass es die wahnwitzige Anhäufung von Brutalität ist, die diese Art des Theaters "den Pseudolinken so lieb und teuer macht: die Darstellung des Grausamen im Theater soll nämlich fortschrittlich sein, links, und ... die wirklich revolutionäre Theaterkunst".[133]

Auch Peter Weiß distanziert sich von der nach 1968, nach der "Wiederentdeckung" von Artaud und der Anlehnung bei "Guru" Grotowski von manchen Gruppen praktizierten Spielweise einer magisch-mystischen Spontanität des Grausamen.

„Allzu oft ... verdecken diese Arbeiten, in denen das Emotionale überwiegt, die Arbeit des Bewusstseins, man begnügt sich mit den gewonnenen Effekten, die manchmal mitreißend sind, die letzten Endes aber doch alles beim alten lassen. Die Ausbrüche von Gewalt und Sexualität,

wie sie notwendigerweise in ein Gesellschaftsbild gehö-
ren, in dem Unterdrückung, Zwang, Bedrohung, Brutalität dominant sind, können ihre absolute dramatische
Funktion haben, doch muss dabei deutlich gemacht werden, wo die Wurzeln dieser Reaktionen liegen, und was
sie bezwecken sollen. Wird dies nicht geleistet, so werden
Gewalt und Sexualität zum Selbstzweck, zur bloßen Unterhaltung. Gelingt es, das Grausame, Wilde und Beses-
sene als eine Kraft darzustellen, die urwüchsig und ver-
zweifelt ist und die, unter andern Bedingungen, zu positiven Zwecken gebraucht werden kann, dann ist solch ein
dramatischer Vorgang unter Umständen als ein 'Reini-
gungsprozess' zu bewerten. Persönlich ziehe ich jedoch
die Brechtsche Ablehnung einer Katharsis vor. Für uns,
die wir im Zeitalter der faschistischen Menschenausrot-
tung und der Terrortaten des USA-Imperialismus leben,
ist es wichtiger, bei der Theaterarbeit (wie bei unsrer gesamten künstlerischen Arbeit), ständig die Vernunft wal-
ten zu lassen, uns nie dem blinden und fatalistischen Ge-
dankenstrom hinzugeben, sondern bei jedem Handlungs-
verlauf, dem wir Form geben, an seine direkte Verwend-
barkeit im politischen Kampf zu denken. Das heißt: ohne
dass wir dabei propagandistisch zu sein brauchen, müssen wir im Auge behalten, dass unsere Arbeit zur Klärung
und nicht zur weiteren Verdunklung der Verhältnisse beizutragen hat".[134]

Die Kritik von Peter Weiß richtet sich also primär gegen
die Verselbständigung von Formelementen, gegen den

Rückzug aus der Wirklichkeit im Sinne des l'art pour l'art, gegen das Antikommunikative, das Antiemanzipatorische dieses Theaters, wie es eben bei manchen Ensembles, die Artauds "Theater des Grausamen" falsch interpretieren und Grotowski blind vertrauen, der Fall ist.

Dem obigen Zitat fügt Weiß aber hinzu: *„In besonderen Fällen, zum Beispiel in einigen Stücken von Arrabal oder in ein paar Aufführungen des Living Theatre, können solche Entladungen einem Befreiungsversuch dienen, da ist manchmal eine Raserei notwendiger Bestandteil des Themas".*[135]

Weiß drückt das eigentlich Entscheidende aus, nämlich dass die Formsuche und -anwendung eine Sache ist, die sich dem zu transportierenden Inhalt unterordnen muss. Oder umgekehrt: dass es zuerst darum gehen muss, analog der gesellschaftlichen Wirklichkeit emanzipatorische Inhalte zu erstellen, für die dann die entsprechenden Vermittlungsformen zu suchen sind.

„Wie weit wir dabei auch Momente des Traumes, des Irrationalen, der Utopie benutzen, ist Sache jedes einzelnen - ich will von all diesen nichts ablehnen - das wesentliche ist nur immer die Gesamthaltung des Herstellers, und der Grad, in dem er seine Tätigkeit den Kräften zur Verfügung stellt, die sich mit der sozialen und politischen Veränderung der Welt befassen".[136]

Diese Aussage von Peter Weiß - die sich in etwa mit der Definition des Anspruchs an das Freie Theater in der Einleitung zu diesem B-Teil der Arbeit deckt - ist der eigentliche Maßstab, mit dem sich die Qualität und Produktivität des Freien Theaters messen lässt.

So ist es wohl kein Zufall, dass Weiß in diesem Zusammenhang des 'Living Theatre' nennt. Denn eben dieses Ensemble rund um Judith Malina und Julian Beck - von dem starke Impulse für das Freie Theater nach 1968 ausgingen - verstand es, die magisch-mystischen Theaterformen (auch eines Artauds und Grotowskis) mit einem realen Horizont zu versehen.

Ähnliches gilt für das 'La Mama'-Theatre und – ganz besonders - für das "Bread and Puppet Theatre", die "San Francisco Mime Troupe" und das "New York Street Theatre Caravan". Von all diesen Gruppen gingen gegen Ende der 60er-Jahre bedeutende Anregungen für das "andere" Theater, für "freie Ensembles", die sich nun auch in Europa gründeten, aus.

Alle diese amerikanischen Gruppen hatten für sich einen politischen Hintergrund, ein aufklärerisches, emanzipatorisches Ziel.

So versteht sich "Bread and Puppet" als 'antiimperialistisches Theater', das mit seinen Riesenpuppen 'Politik in sinnlicher Form auf der Straße' macht.

Die zentralen inhaltlichen Themen der "San Francisco Mime Troupe" stellen Armut und Reichtum, Korruption und Rassendiskriminierung dar. Ursprünglich im Stile des Volkstheaters, angelehnt an die Commedia dell'arte, später dann in einer Mischung aus Show, Sprech- und Musiktheater und Clowneske, war die Gruppe stets derart politisch, dass es immer wieder Auftrittsverbote, Prozesse und Inhaftierungen gab.

Ein äußerst starkes soziales Engagement, das in höchst sinnlicher, farbenfroher Form sich vermittelt, zeichnet auch das "New York Street Theatre Caravan" aus, das vorwiegend dort auftritt, wo die Benachteiligten der amerikanischen Gesellschaft zu finden sind: in ärmeren Stadtvierteln, in Fabrikshallen, Gefängnissen oder auf Baumwollfeldern.

All diesen Formationen ist eigen, dass ihre Haltung, ihre Absicht relativ klar umrissen feststeht. Nämlich aufklärerisches, emanzipatorisches, politisch engagiertes Theater machen zu wollen.

Bei der Wahl jener Formen, die diese Anliegen sinnlich zum Ausdruck bringen sollen, gibt es kein Dogma. Entwickelt und angewendet wird das, was dem Inhalt zum Durchbruch verhilft.

Zwar greifen auch das Living Theatre und - besonders - La Mama stark auf die Theaterkonzeptionen Grotowskis zurück, doch vorrangig im Sinne von gruppendynamischen Prozessen innerhalb des Ensembles, faktisch als Übungsgrundlage und Trainingsmethode.

Ein anderer Anreger für die in den 60er-Jahren in Europa einsetzenden Bestrebungen für eine Erneuerung des Theaters ist der Brasilianer Augusto Boal mit seinem "Theater der Unterdrückten".[137]

Boal leitete von 1956 bis 1971 in Sao Paolo das kleine 'Teatro de Arena', in dem er mit einer zwölfköpfigen Gruppe experimentierte und das Fundament seiner Theatertechnik erarbeitete.

Boal sieht sich stark von der Theaterkonzeption Brechts beeinflusst, negiert jedoch Brechts Forderung nach der kritischen Distanz des Zuschauers und baut diesen aktiv ins Geschehen ein. Besonders stark im Bereich des 'Unsichtbaren Theaters', einer besonderen Art des Straßentheaters.

Boal artikuliert sein von Brecht und dem Zirkus inspiriertes Theaterkonzept folgendermaßen:

"Brecht half uns, Ordnung in unsere Gedanken zu bringen. Besonders wichtig wurde er für uns an dem Punkt, wo er die Gesellschaft, wo er die Wirklichkeit als veränderungsfähig, als veränderbar sieht. Brecht half uns als Theoretiker, der Zirkus gab uns ein spielerisches Element und verschaffte uns gleichzeitig den Zugang zum Zuschauer. Brecht wurde in Brasilien (und nicht nur dort -

Anmerkung des Verfassers) *oft missverstanden. Um es überspitzt zu sagen: der Verfremdungseffekt vieler brasilianischer Brechtaufführungen bestand in der Entfremdung der Zuschauer. Die Zuschauer waren so befremdet, dass sie nicht mehr ins Theater kamen. Brechts Stücke galten beim Publikum als kühl, langweilig. Für uns war Brecht genau das Gegenteil. Wir fanden seine Stücke sehr spielerisch, im guten Sinne komisch und unterhaltsam, verwandt mit dem Zirkus. Brecht und der Zirkus. Überlegung und Spiel eng nebeneinander. Das gab uns Brecht, das gab uns der Zirkus. Die Inhalte, die Problematik, die Probleme gab uns die brasilianische Wirklichkeit. Mehr als genug".*[137a]

Insgesamt sei zu den Anregern und Vorläufern des "neuen" Theaters Folgendes festgehalten:

Als sich in der Folge der Kulturrevolution des Pariser Mai 1968 auch in Europa ein Suchen nach einem "anderen" Theater abzeichnete, wurden im Endeffekt zwei "historische" Theaterkonzeptionen herangezogen. Diejenige von Brecht, die vor allem was die politische Haltung anbelangt von Bedeutung wurde und die bei amerikanischen Gruppen ebenso ihre Ausgestaltung erfuhr wie im Theater Boals. Und diejenige Artauds, von Grotowski und gleichfalls den amerikanischen Ensembles weiterentwickelt, die sich vor allem in der körperlichen Sinnlichkeit vermittelt.

„Von dem ersteren (Brecht) übernahm es das politische Engagement und die gesellschaftliche Utopie … von dem letzteren (Artaud) entlehnte es seinen Fest- und Spielcharakter, seine antiintellektuelle Sinnlichkeit und Körperlichkeit, seinen Charakter als Happening und revolutionäre Aktion, seine spezifische Theatralität".[138]

Wobei das Neue an der Sache ist, dass sich bei den verschiedensten Versuchen die beiden Konzeptionen nicht dogmatisch ausschließen, sondern sich durchaus gegenseitig befruchten, ergänzen und fortführen.

Am deutlichsten zeigt sich dies im Theaterschaffen von Peter Brook. *„Man könnte vielleicht sagen, dass sich für Brook das Theater immer auf der Suche nach eigener Sendung befindet. Brook bleibt unübertroffen im Artikulieren der widersprüchlichsten Hoffnungen mit gleichbleibender Kraft der Überzeugung. Die ideale Theaterkommunikation war für ihn einst der emotionelle Exzess à la Artaud, dann der kalkulierte Aktivismus im Stil von Brechts Lehrstücken und schließlich die Offenbarung à la Grotowski bis hin zu der Suche nach dem universellen Mythos/Ritus im Sinne neuer Theateranthropologie".*[139]

Bd) Europäische Tendenzen
Von Ariane Mnouchkines "Théâtre du Soleil" zu Dario Fos Revuetheater

Während sich die im letzten Abschnitt erwähnten freien amerikanischen Gruppen teilweise schon in den 50er-Jahren (als Off-Broadway- und später als Off-Off-Broadway-Theater) gründeten, eröffnete sich in Europa - teilweise angeregt durch eben diese amerikanischen Gruppen - erst ab Mitte der 60er-Jahre eine vorerst zaghafte Entwicklung freier Ensembles.

Die "People Show", die "Traverse Workshop Company" oder "Pip Simmons Group" in England, das "Odin Teatret" in Dänemark, das "Mickery Theater" in Holland.

In England nennen sich diese Gruppierungen "fringe theatre" (Rand) und im französischsprachigen Raum "parallèle" oder "alternativ théâtre", was allein vom Begriff her schon wesentlich mehr über die Haltung dieser Gruppierungen aussagt als die deutsche Bezeichnung "Freies Theater". Nämlich das, was ihnen allein gemeinsam ist: ihre Grundhaltung; ihr Anspruch, anders zu sein und mittels des Theaters aufzuklären und zu entlarven.

Während also die ersten Entwicklungen eines "anderen" Theaters auf unserem Kontinent stark geprägt von amerikanischen Ensembles waren, kommt es einige Jahre später - in der Folge des Pariser Mai 1968 - auch zu einer eigenständigen Ausprägung eines "neuen europäischen" Theaters, das seine entscheidensten Vertreter einerseits im sozialkritischen Revuetheater Dario Fos und andererseits im politischen Volkstheater von Ariane Mnouchkines "Théâtre du Soleil" hat.

Auch hier ist beiden Gruppierungen die theaterkonzeptionelle Orientierung und Ausrichtung an Bertolt Brecht gemein, doch wird auch hier in der Formenwahl weit über den epischen Darstellungsstil Brechts hinausgegangen, fließen etwa bei Mnouchkine Elemente Artauds ebenso ein wie solche der Commedia dell' arte, des Zirkus, des Jahrmarktes oder bei Dario Fo die Show, dieRevue, des Kabarett.

Wenngleich beide Ensembles bereits vor dem Mai 68 tätig sind - Mnouchkines "Théâtre du Soleil" wurde 1964 gegründet, die Theatergruppe Dario Fo - Franca Rame tritt mit Produktionen bereits 1957/58 an die Öffentlichkeit - erreichen sie den Höhepunkt ihrer Wirkung in der Folge der Kulturrevolution des Pariser Mai 1968.

Einerseits in der Ansprache ihres Zielgruppenpublikums, andererseits in ihrer Vorbildwirkung für andere Ensembles, für das Theater insgesamt, die weit über Frankreich bzw. Italien hinausreicht.

Das "Phänomen Fo" beschreibt Ulrich Schulz-Buschhaus so: *„Sich als Literaturwissenschaftler mit Dario Fo zu beschäftigen, heißt nicht zuletzt, nach Gründen für einen außerordentlichen Erfolg zu suchen. Dieser Erfolg hat vor allem eine bemerkenswerte Breitenwirkung erzielt: er entstand innerhalb wie außerhalb Italiens und* *sowohl bei einem Publikum der Massen als auch bei einem Publikum der professionalisierten Intellektuellen. In dem letztgenannten Aspekt der sozialen Breite ist wohl überhaupt die wesentliche Dimension von Fos Erfolg auszumachen. Besonders während der siebziger Jahre musste seine theatralische Aktivität wie ein Ideal, ja wie ein Mythos wirken. Sie verwirklichte das Wunschbild des politisch engagierten Künstlers, der wahrhaftig die Massen zu interessieren und zu bewegen verstand. Eine Wiedergeburt Brechts nunmehr aus dem Volke selbst, war Dario Fo nicht mehr der Lehrmeister, der einer zurückgebliebenen Basis den Katechismus liest, sondern der Mime, der mit der Basis eins wird und im spontanen Dialog nicht nur Theatervorstellungen, sondern zugleich Happenings, ja revolutionäre Aktionen gestaltet".*[140]

Fos Revuetheater ist im besten Sinne "politisch", weil es mit den Mitteln des Spaßes, des Witzes und der Sinnlichkeit "die Mächtigen" entlarvt und bloßstellt und so eine breite Schicht der Solidarität "an der Basis" schafft, diese faktisch "politisiert".

Zahlreiche politische Prozesse gegen Fo in Italien zeugen ebenso davon wie die breite Solidarität mit dem Inhaftierten Fo, die schließlich seine Freilassung erzwang.

Seinen eigenen Stil, der ein eigentümlicher Mix aus verschiedensten revueartigen Elementen ist, beschreibt

Dario Fo folgendermaßen:

„ Wir machen episches Theater, das auf der Provokation und der Improvisation beruht, einer Art von Improvisation, die sehr diszipliniert ist, die wie im Jazz mit den Themen spielt, aber immer wieder auf den Knotenpunkt zurückkommt. Die Improvisation ist für uns fundamental, sie hilft uns, die Vierte Wand zu durchbrechen, mit dem Publikum in einen Dialog zu treten. Unsere Art zu spielen ist aus vielen Erfahrungen entstanden, aus einer langen Entwicklung. Da war die Arbeit mit Lecoq, mit Franco Parenti, die Arbeit am Piccolo Theater ... die Auseinandersetzung mit Brecht, die Beschäftigung mit dem Volkstheater der Spielleute und fahrenden Sänger, mit dem Volkslied, mit der Tradition des giullare (der mittelalterlichen Spielleute), das Studium der Commedia dell'Arte, das Ruzante und der sogenannten 'zweitklassigen' Volksautoren wie Pompesin' della Riva, Rugiero da Pugliese usw. Wir haben diese alten unbekannten Volksdichter erforscht, die heute vergessen sind, weil man sie für schlechte Autoren hält, dabei waren sie es, die das Fundament für das europäische Theater gelegt haben. Das ist ganz großes Volkstheater, voller Schätze und Reichtümer; man muss sich nur die Mühe machen, sie zu finden".[141]

Entscheidend für Fos Theater ist auch der Verzicht auf die große Maschinerie des klassischen bürgerlichen Theaters. *„Die Bourgeoisie sagt: um Theater zu machen, braucht man sechzig Scheinwerfer, ein Dutzend techni-*

sche Fachleute, eine Bühne, einen Vorhang, eine Deko-
ration, man braucht Schauspieler mit einer wohltönen-
den Stimme, mit einer guten Diktion, einer umfassenden
Ausbildung und einem Papier, auf dem steht, dass sie
diese Ausbildung haben. Wir haben gesagt: nein! Man
kann Theater auch machen gegen diese Bedingungen.
Man kann eine neue Art der Professionalitätfinden".[142]

Eben hier - im Ansatz zu einem "armen" Theater, das
aber "reich" ist an Witz und Sarkasmus, an politischer
Aufklärung und emanzipatorischer Lust, an greller, spiel-
freudiger Aktion und Darstellung - liegt die Vorbildwirkung von Fos Theater für Freie Gruppen in Italien wie
später auch im deutschsprachigen Raum.

„Denn wahr ist auch, dass wir das italienische Theater
verändert haben. Es gibt heute (1978 - Anmerkung des
Verfassers) *in Italien zweihundert 'gruppi di base', die*
politisch engagiertes Theater machen, und die hat es vor
zehn Jahren eben noch nicht gegeben. Die gibt es durch
uns, das kann man ohne Anmaßung behaupten, die gibt
es, weil wir für sie ein Beispiel waren, Theater zu machen
ohne Bühnenbild, ohne Kostüme, ohne alles".[143]

Eine ähnliche, wenn nicht noch bedeutendere Vorbildwirkung auf das "Freie Theater", auf das "andere" Theater nach 1968 hat das Pariser "Théâtre du Soleil" von A-
riane Mnouchkine, dem es wohl am stärksten gelingt, den
revolutionären Geist des Mai 68 in eine adäquate Theaterform zu bringen.

Dies vor allem deswegen, weil es diesem Ensemble am stärksten gelingt, seine inhaltlich sozialkritischen bis revolutionären Ansprüche mit den entsprechend sinnlich-ansprechenden Formen zu versehen und dafür Organisationsstrukturen zu schaffen, die ein Erreichen der Massen - bis zu 300.000 Besucher pro Inszenierung - ermöglichen.

Weil es ihm also gelingt, das politische Engagement mit ästhetischer Innovation zu verbinden. Und auch, weil es dieses Theater, trotz der dominierenden Persönlichkeit von Ariane Mnouchkine, am überzeugendsten schafft, einen der entscheidensten Ansätze für ein anderes Theater - nämlich ein demokratisches Arbeitsprinzip, ein kollektives, von allen Beteiligten gemeinsam getragenes und verantwortetes Tun - in der Praxis umzusetzen.

„Wir fragen uns, was Ariane Mnouchkine dem Theater Neues zugeführt hat und müssen antworten: die Entdeckung des Kollektivtheaters".[144]

Zwar ist dieser Ansatz – wie wir im Absatz über die Vorläufer des Freien Theaters bei Piscator nachlesen können - nicht ganz so neu, doch müssen wir diese

Aussage von Georges Schlocker in ihrem historischen Kontext sehen und berücksichtigen, dass entscheidende Neuerungen am Theater bis zum Mai 68 über mehr als drei Jahrzehnte ausblieben. Dass derart die Bestrebungen

um einen gemeinsamen, demokratischen Schaffenspro-
zess von Theaterarbeitern in jener Zeit einen entscheidenden Vorstoß bedeuteten.

*„Ihren Kristallisationspunkt aber erlebte das aus der
Kulturrevolution des Mai 1968 heraus geborene Theater
zweifellos in dem Gedanken der 'création collective', für
das Ariane Mnouchkine und ihr Sonnentheater wiederum
die überzeugendsten Resultate lieferten ... In der Ver-
schmelzung von Textproduktion, Regie- und Schauspie-
lerarbeit in den Theaterkooperativen der siebziger Jahre
fanden die radikaldemokratischen Utopien der Mai-Re-
volution ihren gültigsten Niederschlag".*[145]

Mnouchkine fühlt sich - ähnlich wie Dario Fo - einer Tradition des Volkstheaters verpflichtet. Ihr Widerstand gegen, ihre Abgrenzung gegenüber dem bürgerlichen Theater äußert sich vorrangig in dem Wunsch, neue - über
des Bildungsbürgertum hinausreichende – Publikums-
schichten zu erreichen und anzusprechen.

Analog der gesamtpolitischen Bestrebungen jener Zeit in
Folge des Mai 1968 ist diese Publikumsschicht, die
Mnouchkine zu erreichen versucht, vor allem die Arbei-
terklasse, die breite Volksmasse.

Unter diesem Aspekt ist auch die Hinwendung zu alten
Formen des Volkstheaters zu sehen, das Zurückgreifen
auf produktive Traditionen.

Mnouchkines Schaffen ist zwar stark von der Theater-konzeption Brechts bestimmt, doch geht auch sie weit über seine verfremdende Spielweise hinaus, ist eher vom Ideologen und Theatertheoretiker Brecht denn vom Praktiker angetan.[146]

Ihre Theaterpraxis lehnt sich einerseits stärker an bei Artauds Totaltheater, in dem literarische Sprache und Körpersprache, visuelle und musikalische Gestaltungsmomente, Wort, Gestik, Mimik, Bewegung, Bühne, Raum, Kostüme und Dekors eine untrennbare Einheit bilden. Und andererseits bei Jean Vilar und seinem Bemühen um eine neue Volkstheaterbewegung.

Bereits vor dem Mai 1968 erarbeitet die Truppe vier Inszenierungen, die - wenngleich noch nach literarischen Textvorlagen – bereits deutlich den Anspruch und die Positionierung des "Théàtre du Soleil" vermitteln.

„Die Wahl des 'Capitaine Fracasse' (nach Théophile Gautier, Anmerkung des Verfassers) mit seinen eingebauten Jahrmarktsszenen zeigt Mnouchkines Vorliebe für Theater im Theater, für die vielfältigen Formen des ursprünglichen Volkstheaters, für die Improvisation der Commedia dell'arte. Die Wahl von Weskers 'Küche', einem 1959 entstandenen Stück über die entwürdigenden und enthumanisierenden Folgen menschlicher Fließbandarbeit in der Großküche eines Londoner Restaurants, zeugt dagegen von Mnouchkines sozialkritischem Engagement".[147]

Nach 1968 wendet sich die Gruppe endgültig der Gemeinschaftsproduktion zu, dem kollektiven Arbeitsprozess einschließlich der gemeinsamen Textfindung. In
monatelanger Arbeit widmet sich das Ensemble einem
Thema, studiert dieses, schafft sich kritisches Wissen an,
reflektiert dieses, findet über die Improvisation zu Texten
und Vermittlungsformen, überprüft diese ... und gelangt
schließlich zu einer von allen Beteiligten getragenen, von
ihrem Wissen und Engagement geprägten Inszenierung.

Ein herausragender Höhepunkt dieses neuen Theaterschaffens wird mit dem Revolutionsstück "1789" erreicht, das nicht nur massenhaft die Zuschauer begeistert,
sondern für zahlreiche Ensembles weit über Europa hinaus enorme Vorbildwirkung hat.

*„Die Innovationen des Théâtre du Soleil gipfeln im Kon-
zept der 'création collective', die das Rollenspiel von Regisseur, Schauspieler und Zuschauer auf eine völlig neue
Grundlage gestellt hat. Unter dem Eindruck des Erfolgs
von Mnouchkines Revolutionsstück '1789' schießen in
Paris die Theaterkollektive wie Pilze aus dem Boden. Die
Munitionshallen im Bois de Vincennes mit ihren mittler-
weile fünf Theatern haben sich in den siebziger Jahren
zum Mekka eines jungen, experimentierfreudigen, politisch engagierten, aber seine spezifischen Belange und
Ausdrucksmittel nie verratenden Theaters entwickelt.
Die 'création collective' wurde zum Mythos eines neuen*

Kultur- und Gesellschaftsverständnisses, in dem sich die Utopien des Mai 1968 auslebten".[148]

Ariane Mnouchkine und ihr "Théâtre du Soleil" hat auf die Entwicklung des "Freien Theater" nach 1968 einen prägenden, ja bestimmenden Einfluss. Wohl deswegen, weil es diesem Ensemble am entscheidensten gelungen ist, die politischen Bestrebungen, den Geist des Mai 1968, die Unzufriedenheit mit den gesellschaftlichen Verhältnissen in jene künstlerische Form zu bringen, die "anderes", "freies" Theaterschaffen ausmacht. Nämlich all das einfließen zu lassen, was im ersten Teil dieser Arbeit theoretisch an Ansätzen skizziert und aufgezeigt wurde.

Be) Theater und Demokratie
Die Entwicklung des Freien Theaters im deutschsprachigen Raum

Wie in den Eingangskapiteln zum B-Teil dieser Arbeit bereits angerissen, kam es nach der gewaltsam erzwungenen Unterbrechung des Experimentes durch den Faschismus im Jahre 1933 erst Mitte der 60er-Jahre in Deutschland wieder zu Neuerungsversuchen am Theater.

Diese gingen einerseits von dramatischen Autoren wie Weiß, Hochhuth oder Kipphardt aus, die in der thematischen Hinwendung zur politischen Utopie und im Aufgreifen der dokumentarischen Form für Impulse sorgten.

Und andererseits von den Theatermachern selbst, deren Unzufriedenheit im hierarchischen System des institutionalisierten Theaters immer stärker sich artikulierte. Doch obwohl sich diese Unzufriedenheit - wie in den vorangegangenen Abschnitten beschrieben - steigerte und 1968 ihren Höhepunkt erreichte, kam es im deutschsprachigen Raum zu keiner Herausbildung einer wirklich bedeutenden und eigenständigen Freien Theaterszene.

Wohl gab es mit Faßbinders "action-theater" (später "antitheater") in München oder mit "Hoffmanns Comic Theater" in Berlin im westdeutschen Raum schon Mitte der 60er-Jahre experimentelle Ansätze, doch in den Unruhejahren 67/68 und unmittelbar darauf entwickelte sich weder in der BRD noch in der deutschsprachigen Schweiz oder in Österreich etwas Neues.

Erst in den siebziger Jahren bildete sich im deutschsprachigen Raum langsam eine recht instabile Freie Theaterszene, die vielfach von sehr naiven Gruppenvorstellungen gekennzeichnet war.

Das dürfte unmittelbar damit zusammenhängen, dass einerseits Leitfiguren wie etwa Fo in Italien oder die Mnouchkine in Frankreich nicht vorhanden waren und andererseits sich auf Grund der zaghaften Entwicklung auch nicht bilden konnten (und gerade bei Fo oder Mnouchkine haben wir gesehen, welche Sogwirkung deren Schaffen herbeiführte).

So blieb denn in jener gesellschaftspolitisch hochbrisanten Zeit die Erneuerung des Theaters in der BRD vorrangig dem institutionalisierten bzw. halbinstitutionalisierten Theaterbetrieb vorbehalten.

Hier sei vor allem auf das Frankfurter "Theater am Turm", auf die Mitbestimmungsbestrebungen am Frankfurter Schauspielhaus und auf die Berliner "Schaubühne" verwiesen, wovon in der Folge die Rede sein wird.

In Österreich selbst tut sich in diesen so "politischen" Jahren so gut wie nichts. An den "verbeamteten" Bundes- und Länderbühnen geht diese Zeit spurlos vorüber. Und auch von außen kommt relativ wenig.

„Die Kellertheater des alten Typus, deren Bestehen seit den fünfziger Jahren datiert, das 'Ateliertheater' etwa ... und das 'Theater der Courage' (Leitung: Stella Kadmon) haben ihr Selbstverständnis nie aus einem ideologischen oder ästhetischen Konfrontationskurs zum bestehenden Theaterbetrieb bezogen“.[149]

Ihre Aufgabe sahen diese Ensembles eher darin, unbekannte, vom herrschenden Theater vernachlässigte Stücke und Stücke junger (österreichischer) Autoren zu spielen. In traditioneller Form, ohne große Experimente.

So waren diese Theater denn auch eher das Reservoire an Nachwuchsschauspielern für die "großen" Bühnen, denn die radikale Alternative zum bürgerlichen Theater. Die Alternative als solche erschöpfte sich im etwas anderen Spielplan.

Erst ab etwa 1973 - also mit fünfjähriger "Verspätung" (wobei dieses österreichische Phänomen der "Entwicklung mit Verzögerung" kein theaterspezifisches ist, sondern sich quer durch alle gesellschaftspolitischen Bereiche durchzieht) - werden die Folgen des Pariser Mai 1968 auch bei uns spürbar.

Im Bereich des Theaters äußern sie sich in der Gründung dreier Wiener Ensembles: der "Komödianten" von Conny Hannes Meyer, dem "Ensemble T." von Dieter Haspel und dem "Schauspielhaus" von Hans Gratzer.

Analog dem "Geist der Zeit" erheben zwar alle drei Gruppierungen den Anspruch auf alternatives Theaterschaffen, doch hat man durch gegenseitige Konkurrenzierung *"eher den Eindruck, dass sich ... eine Art Berührungsangst ausbreitet: Theater in Enklaven mit sektiererischen Merkmalen".*[150]

Was Paul Kruntorad als "Unterscheidung der Unterscheidung wegen" andeutet, begründet er mit dem Fehlen eigenständiger Formen und Techniken, mit der Entwicklung dieser, mit dem fehlenden Mut zur radikal alternativen Theaterarbeit:

„Wenn früher der Kellertheaterstil von der Tugend aus der Not (kleine, schlecht oder gar nicht ausgestattete Bühnen, wenig Geld für Kostüme und Bühnenbild) geprägt wurde, dann ist der neue Stil ... von einem expressiven Überspielen der Defizite bestimmt: es fehlt an Sprechtechnik und Körperbeherrschung bei den Schauspielern und an szenischer Vorstellungskraft bei den Regisseuren. Der Text wird Vorwand für Rituale, die immer nur nachzeichnen, kaum je ausdeuten. Häufig wird die Ohnmacht der Regie von der Aufwendigkeit des Bühnenbildes zugedeckt".[151]

Kruntorad kommt in seinem Essay über die Wiener Off-Szene in Folge des Pariser Mai 1968 zu folgendem Resümee:

„Meyer und Haspel stellen den realistischen Stilkonventionen der großen Wiener Theater allenfalls manieristische entgegen. Gratzer ergänzt das Wiener Spielangebot auf einer pragmatischen Basis. "[152] Und meint, dass man von einer Alternative keinesfalls sprechen könne, höchstens von einer Ergänzung.

Stärkere Impulse auf die Entwicklung einer Freien Theaterszene in Österreich gehen eher vom 1972 gegründeten Wiener "Dramatischen Zentrum" aus, das einerseits Heimstätte von Gruppen wird, die tatsächlich eine Alternative zum gängigen Betrieb anstreben bzw. anzubieten haben. Das andererseits durch eine Vielzahl von Workshops, Seminaren, Trainingskursen den Kontakt mit und

das Kennenlernen von Theaterkonzeptionen und Methoden ermöglicht, die für die Erneuerung und Weiterentwicklung des Theaters von Bedeutung sind.

Den wohl nachhaltigsten österreichischen Beitrag zur
Beeinflussung des Freien Theaters im deutschsprachigen
Raum lieferten die Wiener Schauspieler Otto Zonschitz,
Ilse Scheer und Rudolf Stodola, die – aus Conny Hannes
Meyers ursprünglicher Kellerbühne am Börsenplatz her-
vorgegangen - in Berlin 1972 die "Theatermanufaktur"
gründeten. Ein Ensemble, das wohl zur bedeutendsten
Freien Theatergruppe in der BRD wurde, von dem in der
Folge noch die Rede sein wird.

Auch in der deutschsprachigen Schweiz tat sich in Folge
des Pariser Mai 1968 nicht viel. Einzig das Züricher
"Theater am Neumarkt" kann weitestgehend als Ergebnis
der damaligen Entwicklung gesehen werden.

So gingen denn die wesentlichsten Entwicklungen und
Erneuerungen rund um das deutschsprachige Theater -
wie zuvor schon erwähnt - vom eigentlich institutionalisierten Betrieb aus.

Insbesonders von der 1970 eröffneten "Schaubühne" in
Berlin, die nicht nur zum unumschränkten Vorbild in der
inhaltlichen, ästhetischen, programmatischen und organisatorischen Reformierung des herrschenden Betriebes
wurde, sondern die auch - in der Negation und Aufhe-

bung - am stärksten die Unzufriedenheit der Theatermacher mit den sie bestimmenden Produktionsbedingungen verdeutlicht.

Denn die "Schaubühne" hat durch die Qualität ihrer Arbeit eindrucksvoll bewiesen, dass unter bestimmten Voraussetzungen eine "Demokratisierung" der Theaterkommunikation erhebliche Qualitätssteigerungen bewirken kann.

Wobei vorweg gesagt sei, dass sich der Erfolg der "Schaubühne" nicht so sehr durch bestimmte Organisationsstrukturen ergeben hat, sondern viel mehr durch ein den Gruppenmitgliedern gemeinsamer politischer Bewusstseinsprozess.

Was einmal mehr unterstreicht, dass "andere" Theaterarbeit nicht primär eine Frage formaler Spielereien oder organisatorischer Strukturen ist, sondern vielmehr eine Sache der grundsätzlichen Einstellung, der Haltung und des "Partei-Ergreifens".

Die Entwicklung der "Schaubühne" die Frage nach dem wie und warum die "Schaubühne" funktioniert, schildert Gerd Jäger im Jahresheft von "Theater heute - 1973" in seinen Beobachtungen und Folgerungen. Darin kommt er zu folgenden Schlüssen:

„Das Funktionieren hängt ab von jenem Konsens innerhalb des Ensembles (dessen Stamm zumindest sich sehr

*lange schon kennt), der nie Einigkeit, aber immer Ge-
meinsamkeit bedeutet. Es ist die Lust am streitbaren Miteinander, die ständige Infragestellung der eigenen Methoden und Ziele, die jene Intensität der Arbeit ermöglicht, die in Qualität umschlägt".*[153]

Als entscheidend für die "Qualität" des Schaubühnenthe-
aters wirkt sich - laut Jäger - die Reflexionshöhe aus,
*"der Horizont, den das Ensemble sich gerade auf den
Gebieten, die nicht direkt das Theater betreffen, angeeig-
net hat und fortwährend weiter aneignet, zumeist in Ar-
beitsgruppen".*[153]

Dementsprechend werden Inszenierungen mit beinah
wissenschaftlicher Präzision vorbereitet.

*„Der Unterschied zu 'manchem Theater' liegt darin,
dass diese Vorbereitungen nicht nur von Regie und Dramaturgie, sondern vom gesamten beteiligten (des öfteren
aber auch vom an der Produktion nicht beteiligten) Ensemble getragen wird ... Das Resultat dieser Vorberei-
tungsweise zeigt sich auf den Proben, wo jeder einzelne
Beteiligte den nötigen Background besitzt, seine Rolle,
seine Funktion im Stück verstehen und reflektieren zu
können".*[153]

Zwar gibt es auch an der Schaubühne in der Regel durchaus die Arbeitsteilung zwischen Regie und Darstellern.
Doch drückt sich diese niemals in hierarchischer Bevormundung aus, kommt es kaum vor, *„ dass einem Schauspieler eine Rolleninterpretation aufgedrängt wird, dass*

er etwas spielt, was er nicht versteht oder nicht vertritt".[154]

Ähnlich beurteilt fünf Jahre später - im Dezember 1978 – der Kritiker Peter von Becker den eigentlichen Erfolg der Schaubühne (und stellt sie gleichzeitig - wohl nicht zufällig - in Zusammenhang mit Mnouchkines "Théàtre du Soleil"):

„Die Berliner Schaubühne und, zum Beispiel, das Pariser-Vincenner Théàtre du Soleil unterscheiden sich von Schauspielhaus, Thalia oder Kammerspielen eben nicht wegen der 'besseren' einzelnen Intendanten, Regisseure, Schauspieler, Dramaturgen oder Stücke, sondern wegen vollkommen anderer Arbeitsbedingungen und theatralischer Ziele".[155]

Wenngleich die Schaubühne eine Gesellschaft bürgerlichen Rechtes ist (offiziell also ein "Privatbetrieb", eine "Freie Bühne" – mit einem Fünferdirektorium, das von der Vollversammlung aller Beschäftigten wähl- und abwählbar ist), so ist sie durch die Fixfinanzierung durch den Berliner Senat doch eine defacto institutionalisierte Stadt- bzw. Landesbühne. Ihr Etat entspricht - lt. Zahlenvergleich im "Theater heute" - Jahresheft 1973[156] - dem eines kleineren Stadttheaters. Aus diesem Grunde auch meint Henning Rischbieter, dass die Schaubühne *"als eine Provokation, als eine Herausforderung begriffen"*[157] werden sollte, an der es sich für die anderen institutionalisierten Bühnen zu messen gilt. *„Sie ist ja kein ins* *schöpferische Geheimnis sich verhüllendes, unzugängliches Institut. Ihre Produkte sind der Absicht und Wirkung nach analytisch, gegliedert, überprüfbar, stehen der Diskussion offen . . . Nicht als Agitationsbühne, sondern als politische und historische Materialien und Fragestellungen komplex vermittelndes Kunstinstitut ist die Schaubühne an die Spitze des deutschsprachigen Theaters gelangt. Vergleichbar ist ihre heutige Position am ehesten der des Berliner Ensembles in den fünfziger Jahren: So wie dort in Bertolt Brechts Nachkriegsgründung gehen bei der Schaubühne heute tiefgegründete politische, historische und ästhetische Bewusstheit eine in Theater restlos umgesetzte Verbindung ein".*[157]

Rischbieter vergleicht mit anderen westdeutschen Bühnen mit ähnlichem Etat, fragt sich, warum dieser künstlerische Anspruch dort nicht gestellt wird und kommt zu der Erklärung, dass die (meist relativ geringe) Abonnentenanzahl, auf die sich diese Theater stützen, eine „inflationär hohe Zahl von Produktionen" (durchschnittlich 18 pro Saison - zum Unterschied von 3 bis 4 in der Schaubühne) notwendig macht, dass durch diese hohe Zahl der Inszenierungen Qualität kaum mehr möglich ist, *"gar nicht davon zu reden, wie die Schauspieler zur Routine und zur Oberflächlichkeit gezwungen werden durch die Vielzahl ihrer Rollen und die kurzen Probezeiten".*[157]

Rischbieter meint, die Existenz der Schaubühne dürfe *"nicht der isolierte Ausnahmefall bleiben".* Dass die

Schaubühne uns lehre, *"dass der gesellschaftliche und ästhetische Rang von Aufführungen auch davon abhängt, dass man die materiellen und organisatorischen Bedingungen, unter denen sie zustande kommen, nicht unverändert und ungeprüft weiterschleppt, sondern dass man sie revidiert und verändert"*. Und fordert dies auch in Bezug auf "die innere politische Verfassung der Schaubühne", wenn er meint: *„Mitbestimmung aller Beschäftigten bei den grundlegenden Entscheidungen über Engagements, Gagen, Spielplan, Besetzungen ist nach der Erfahrung Schaubühne kein abenteuerliches Experiment mehr. Diese Mitbestimmung hat vielmehr das ihre zum Rang der Schaubühne beigetragen. Dass und warum ein von allen mitbestimmtes Theater nicht nur möglich ist, sondern unter welchen organisatorischen und personellen Bedingungen es den herkömmlichen hierarchisch verfassten Theatern überlegen ist (durch die Qualität seiner Resultate) - das lehrt das Exempel Schaubühne"*.[157]

Dabei übersieht Rischbieter aber Entscheidendes:

Einerseits, dass Erneuerung kein organisatorisches sondern ein inhaltlich-orientierungsmäßiges Anliegen ist, das sich an Haltungen und grundsätzlichen Einstellungen misst. Dass eine organisatorisch installierte Mitbestimmung allein nicht die "Qualität" eines Theaters ausmacht (wie in der Einleitung über den Abschnitt der Schaubühne festgehalten), sondern erst die gemeinsame Absicht, der gemeinsame Hintergrund, das gemeinsame

Wollen aller Beteiligten in Bezug auf die Funktion, Aussage und Wirkung des Theaters, wie dies in den verschiedensten Gesprächen mit den Mitgliedern der Schaubühne immer wieder vermittelt wird.[158]

Und andererseits, dass am „klassischen bürgerliche Theater", als Überbau-Institution der bürgerlichen Gesellschaft, Mitbestimmung wie sie an der Schaubühne praktiziert wird (nämlich inhaltlich-programmatischer und nicht nur formal-organisatorischer, pseudo-pluralistischer Natur) nicht funktionieren kann, *"denn natürlich muss sich eine im allgemeinen konservative, zumindest furchtsame und schwer abhängige Stadtverwaltung einer Radikalität von der Bühne her widersetzen. Theater als Zellen des Aufrufs, der direkten Beeinflussung, Weckung und Aktivierung können in der bürgerlichen Gesellschaft nur als gefährlich angesehen werden".*[159]

Diese von Peter Weiß getätigte Aussage bestätigte sich auch an der Schaubühne, als nach kaum einem halben Jahr des Bestehens die CDU kommunistische Umtriebe witterte und es zu einer Subventionssperre kam, die erst nach lautstarken Protesten der Öffentlichkeit aufgehoben wurde.[160]

Wie schwierig Mitbestimmung am bürgerlichen Theater zu realisieren ist, wenn nicht alle Beteiligten - wie etwa an der Schaubühne - ähnliche inhaltlich-gesellschaftspolitische Vorstellungen und einen ähnlichen Anspruch an die Funktion der Kunst allgemein, des Theaters im besonderen haben, beweisen die Beispiel "Theater am Turm" (TAT) in Frankfurt und Frankfurter Schauspielhaus, wo in den siebziger Jahren ebenfalls "Mitbestimmungsmodelle" erprobt wurden, die aber frühzeitig scheiterten.[161]

Wohl auch deshalb, weil nicht wie an der Schaubühne eine homogene Gruppe gemeinsame Ziele verfolgte, die weit über den unmittelbaren Arbeitsbereich hinausgingen. Denn ein wesentliches Kriterium für den Erfolg der Schaubühne besteht in der Verbindung von Arbeits- und Lebensstil, von künstlerischer und privater Existenz:

„Doch fußt letztendlich das Miteinander-Können an der Schaubühne im Zusammenleben einer homogenen Gruppe. Zusammenleben: es gibt für die meisten Mitglieder nur einen schmalen 'Privat'-Bereich. Zusammenleben ist identisch mit zusammen arbeiten. Es ist nicht so - und das gilt auch für die Kreise der Technik und Verwaltung -, dass man 'nach getaner Arbeit' ‚nach Hause geht', dass man gar nach abgeliefertem Soll in die wahre Welt der Freizeit drängt. Erst über diesen Zusammenhang ist der andere, der organisatorische Bereich der Mitbestimmung zu verstehen".[162]

Gerade in diesem Bereich kommt die Berliner Schaubühne dem Selbstverständnis des Freien Theaters sehr nahe: Mitbestimmung nicht als pseudopluralistische Or-

ganisationsform zu verstehen, sondern als gesellschaft-
lich-kommunikatives Zusammenwirken einer Gruppe,
die gemeinsame Ziele verfolgt und unter solch einer Gemeinsamkeit des produktiven Miteinanders sich verstärkt
um die Entfaltung individueller, an der Sache gemessener
Fähigkeiten bemüht.

Also Aufhebung der sich widersprechenden Begriffe Arbeit und Freizeit im Sinne von projektbezogenem, kom-
munikativem Miteinander aller, um so umfassende und
kritisch geprüfte Kenntnisse und Fähigkeiten zu erwer-
ben, die es sinnlich weiterzuvermitteln gilt.

Wenn in der BRD die stärksten Impulse für eine Erneuerung des Theaters nach dem Mai 1968 von der Berliner
Schaubühne ausgehen, so muss dieser Entwicklungsas-
pekt natürlich auch unter Berücksichtigung des Einflus-
ses der Massenmedien gesehen werden. Nicht nur, dass
von der Schaubühne in den Tages, Wochen- und Monats-
zeitungen, in den Kultur- und Theaterzeitschriften, in
Funk und Fernsehen intensivst berichtet wurde, dass jede
Premiere zum medialen Ereignis wurde, auch gab es
Schaubühnen-Filme, wurden verschiedenste Projekte
vom Fernsehen aufgezeichnet und ausgestrahlt, war das
Ensemble bei den verschiedensten Festivals vertreten ...

All das wirkte sich natürlich auf die Vorreiterrolle äußerst produktiv aus. Darob sollte aber nicht vergessen
werden, dass etwa zur selben Zeit in der BRD einige
Freie Ensembles ebenfalls Akzente setzten. Ensembles,

die sich ähnlichen Prinzipien verpflichtet fühlten wie die Schaubühne.

Die vielleicht bedeutendste Rolle in diesem Zusammenhang spielt die zuvor schon erwähnte Gruppe "Theatermanufaktur" rund um die drei Wiener "Komödianten" Zonschitz, Scheer und Stodola. Eine Gruppe, die Theater im Sinne Bertolt Brechts als vergnüglich-unterhaltsame politische Agitation versteht, die es mittels der fantasievollen Formen des Volkstheaters zu transportieren gilt.

Dabei gelingt es der Theatermanufaktur Bilder von ungeheurer Dichte und Ausdruckskraft zu zeichnen. Bereits die erste Produktion, das Stück "1848", war in der BRD und im Ausland ein riesiger Erfolg.

Es ist kein Zufall, dass - analog Mnouchkines "1789" – die Gruppe im ersten Stück auf die deutsche "Revolution" von 1848 zurückgreift. Denn nicht nur von der thematischen Nähe und dem Stücktitel her ist die Verwandtschaft mit dem "Théâtre du Soleil" unverkennbar. Auch was die Vielfältigkeit der Formen, das Aufgreifen alter, volkstümlicher Theaterstile, komisch-burlesker und kritisch-satirischer Momente, das Nutzen von Akrobatik und Pantomime, von Maskenspiel, Rhythmus und Musik anbelangt, ist die Anlehnung an das französische Vorbild nicht zu übersehen.

Diese Theaterkonzeption - eine politisch kritische Haltung einzunehmen und diese mittels sinnlich-fantasievoller Formen und Elemente transparent zu machen und zu vermitteln - zieht sich bei der "Theatermanufaktur" konsequent durch alle folgenden Stücke.

Ein anderes bundesdeutsches Ensemble, das sich in Folge der Kulturrevolution des Pariser Mai 1968 zu Freier Theaterarbeit entschloss und überregionale Bedeutung erlangte, war die Münchner Gruppe "Rote Rübe", die 1973 erstmals an die Öffentlichkeit trat.

Ein Kollektiv, das nicht nur gemeinsam arbeitete sondern auch lebte und dessen Anspruch, dessen Haltung ebenfalls klar politisch war.[163]

Von weiterer Bedeutung für die Entwicklung des Freien Theaters in der Bundesrepublik waren die relativ früh gegründeten Gruppen "Hoffman Comic Teater" und "Der wahre Anton"; das später sich entwickelnde "Freie Theater München", das vor allem durch unkonventionelle Formen sich einen Namen machte; der vom bekannten deutschen Schauspieler Martin Lüttge gegründete "Theaterhof Priessenthal", der mit Lastwagen, Bussen und einem riesigen Zelt durch die Lande fuhr und kritisches Volkstheater im besten Sinne machte; und vor allem die Freien Kinder- und Jugendtheatergruppen – allen voran die Gruppe "Rote Grütze" und das "Grips Theater".[164]

Wenngleich diese Gruppen nie die Popularität einer "Schaubühne" erreichten, so waren sie doch für die Erneuerung des Theaters in der Bundesrepublik nach 1968 von enormer Wichtigkeit.

Weil in diesen Ensembles das praktiziert wurde, was am institutionalisierten Theater offenbar nicht machbar war: Haltung und Engagement zu zeigen, politische Stellung zu beziehen, kritisches Wissen zu vermitteln ... in kollektiven, gemeinschaftlichen Arbeitsprozessen ... mittels einer Vielfalt äußerst sinnlicher, ansprechender Formen.

Spätestens seit Mitte der 80er-Jahre hat in unserer Gesellschaft eine starke Entpolitisierung eingesetzt, die mit einem Rückzug ins Private einherging.

Ihren theatralischen Niederschlag erfuhr diese Entwicklung in einer neuen Verinnerlichung, im formalen Spiel und Experiment einerseits und in einer Neubelebung des literarischen Textes, einer neuen Dominanz des Autors andererseits.

Eine gewisse Ernüchterung gegenüber den Erwartungen in die revolutionäre gesellschaftsverändernde Wirkung des Theaters, die 1967/68 aufkam, griff um sich. Ein auffallender Niedergang der kollektiven Arbeitsweise, der Gemeinschaftsproduktion wurde offensichtlich.

Relativ viele Freie Gruppen lösten sich auf. Vor allem solche, deren Verständnis ein politisches war. Was aber nicht gegen das Freie Theater als solches spricht, sondern vielmehr dessen Verständnis bestätigt: nämlich dass es als kritische Instanz nur dann von relevanter Bedeutung ist, wenn das gesellschaftliche Bewusstsein ein ausgeprägtes ist und die Bereitschaft zur produktiven Veränderung vorhanden ist; dass es gegen die grundsätzlichen

Tendenzen der Gesellschaft, gegen gegenlaufende Sozialisationsmaßnahmen und -instanzen keine fundamentale Veränderung des politischen Systems bewirken kann und so seine Funktion verliert.

So ist es denn auch kein Wunder, dass seit Mitte der achtziger Jahre viele der kritisch-engagierten Gruppen nicht mehr "im klassischen Sinne" vor Publikum auftreten, sondern "Arbeit vor Ort" betreiben, mit Randgruppen arbeiten, im Sozialbereich wirken, Kinder und Jugendliche betreuen, etc.

Bf) Anspruch und Wirklichkeit
Zwei knappe Zustandsschilderungen
zur Verdeutlichung des bisher Gesagten

Benjamin Henrichs, ein angesehener deutscher Theaterkritiker, beschreibt in einem Artikel über "Freie Gruppen" seine Eindrücke vom institutionalisierten Bühnenbetrieb. Und leitet aus dieser Sicht sein Verständnis für Freie Gruppen ab:

„Die erschreckende Innenansicht eines Theaters: verdrossene Schauspieler, die ihr Theater betreten, als sei es eine Amtsstube; die pünktlich um 12 Uhr auf der Probe erscheinen, weil der Probenplan es ihnen so befiehlt; Schauspieler, desinteressiert am Stück, an der

Aufführung, in der sie doch mitspielen, die nie den anderen bei der Probe zuschauen und die, braucht der Regisseur sie nicht mehr, sich sofort in die trübsinnige Munterkeit der Theaterkantine zurückziehen, in das verzweifelte Gerede, den Tratsch, das Cliquengetue. Das 'Ensemble': Leute, die kaum ein intensiveres Verhältnis zueinander haben als die zufälligen Mitglieder einer manchmal beschwipsten, meist aber verkaterten Reisegesellschaft. Solche Bilder aus Tristesse, Kumpanei und Vereinzelung habe ich nahezu täglich gesehen, als ich Anfang 1970 zwei Monate lang als Regieassistent an den Münchner Kammerspielen war".[165]

Demgegenüber schildert Gerd Jäger in seinem Bericht über die Berliner "Schaubühne" das Engagement, die Begeisterung, das kritische Interesse des gesamten Ensembles am gemeinsamen Tun und verdeutlicht dies an einem Einzelbeispiel:

"Während der Anfangsproben zu Eugène Labichs Komödie 'Das Sparschwein' ... hielt eine Schauspielerin, die in der Inszenierung eine Nebenrolle hat, ein Referat über 'Paris im 19. Jahrhundert'. Dabei stieß sie aber nicht auf ein Neues begierig aufnehmendes, sondern auf ein sorgfältig vorbereitetes, Zweifelsfälle ausdiskutierendes Ensemble".[166]

Soviel zum Schluss der theoretischen Auseinandersetzung um den Anspruch, das Verständnis, das Tun und die Wirklichkeit des "Freien Theaters". Zwei Beispiele, die für sich sprechen und die die zuvor geschilderten Unterschiede zwischen dem institutionalisierten, 'verbeamteten' Bühnenbetrieb und dem Verständnis des "Freien Theaters" drastisch verdeutlichen sollen.

II. TEIL

C) DIE GRUPPE "THEATERARBEITERKOLLEKTIV"
Entwicklung, Selbstverständnis, Arbeitsweise, Produktionen

Wurde im ersten Teil dieser Arbeit der Versuch unternommen, die Komplexität des Begriffes "Freies Theater" in seiner historischen Bedingtheit theoretisch wie an Hand praktisch-konkreter Beispiele zu definieren, so soll im zweiten Teil diese Ausführung durch die umfassende Darstellung einer einzelnen freien Gruppe - ihrer Gründungsmotivation, ihres Arbeitsverständnisses, ihrer Seinsweise, ihrer Produktionen, ihrer Wirkung und Ressonanz, etc. - ihre gültige Beweisführung erleben bzw. ihre Bestätigung erfahren.

Auch in diesem zweiten Teil gilt es die einzelnen Momente nicht isoliert und gesondert zu betrachten und zu interpretieren, sondern die Dinge als großes Ganzes, als unteilbare Einheit, als sich gegenseitig bedingend und ergänzend zu sehen.

Der Vollständigkeit halber sei noch gesagt, dass der Autor dieser Arbeit das Schaffen der Gruppe "theaterarbeiterkollektiv" von seiner Gründung im Jahre 1977 bis zu seiner Beendigung 1985 durch seine unmittelbare Beteiligung, durch seine Mitwirkung intensivst kennen lernte.

Ca) Unzufriedenheit mit dem Bestehenden
Gründung als konsequente Folge der Auseinandersetzung mit herrschenden Strukturen

Die Freie Gruppe "theaterarbeiterkollektiv" wurde offiziell im Herbst 1977 in Graz gegründet. Diese Gründung war logischerweise keine Laune des Augenblickes, sondern eine konsequente Entwicklung, der zahlreiche gedankliche Auseinandersetzungen vorangingen. Schließlich setzte sich die Gruppe einerseits aus bereits fertig ausgebildeten und andererseits aus noch im Studium befindlichen Schauspielern, Regisseuren und Bühnenbildnern zusammen. Also aus Menschen, die bereits Kontakt mit dem institutionalisierten Theaterbetrieb hatten, die in Produktionen mitwirkten und dort ihre Unzufriedenheit erlebten; und die die Problematik des herrschenden bürgerlichen Theaterbetriebes vor allem in der Ausbildung unmittelbar zu spüren bekamen.

Eben dieser Widerspruch zwischen dem Anspruch ans Theater, den die künftigen Gruppenmitglieder hatten, zwischen ihrem Wollen, ihren Vorstellungen ... und der Wirklichkeit, den herrschenden hierarchischen Strukturen und Produktionsweisen am bürgerlichen Theater, führte schließlich zur Gruppenbildung.

„Das 'theaterarbeiterkollektiv' setzt sich aus jungen Schauspielern und Regisseuren zusammen, die sich im antagonistischen Ganzen des etablierten Kunstbetriebes

unzufrieden fühlten und sich deshalb zu einer inhaltlichen, formalen und organisatorischen Alternative zusammenschlossen".[167]

"Die Funktion des Theaters liegt für die Gruppe vornehmlich im Aufdecken von Widersprüchen innerhalb unserer Gesellschaft, im Kampf gegen die Entfremdung und darüber hinaus in der Ermunterung zur Veränderung, Humanisierung und Rationalisierung".[168]

"Die Arbeit innerhalb der Gruppe wird vom außertheatralischen Standpunkt der Gruppenmitglieder bestimmt, von der gesellschaftlichen Wirklichkeit. Dieser Standpunkt impliziert keine dogmatische Einengung, sondern nichts weiter als die sozial einzig verantwortliche Entscheidung – wie sind die gesellschaftlichen Notwendigkeiten, warum sind sie so und was kann die Gruppe diesbezüglich tun. 'Theatermachen' heißt für die Gruppe somit, sich ständig der zentralen Frage unserer Epoche zu stellen: der Ausbeutung des Menschen durch den Menschen.

'Theater' wird als gesellschaftspolitisch adäquater Vorgang verstanden; als Prozess, mittels welchem jene Widersprüche aufgedeckt werden können, die unserer Gesellschaft immanent sind".[169]

Schon dieses grundsätzliche Verständnis von Theaterarbeit schließt konsequent an jene Momente an, die im ersten Teil dieser Arbeit als entscheidend für das "Freie Theater" skizziert wurden: nämlich die gesellschaftlichen

Verhältnisse und die menschliche Natur als veränderbar zu sehen und mittels des Theaters Beiträge eben zur Veränderung, zur Verbesserung dieser gesellschaftlichen Verhältnisse zu liefern.

So ist denn auch die Entscheidung für die Gründung einer "Freien Gruppe" für die Mitglieder weder "Selbstzweck" (der spielerischen Entfaltung wegen) noch "Notlösung" (weil Engagement-Angebote fehlen), sondern eine radikale, notwendige Sache, um das Eigenverständnis von Theaterarbeit realisieren zu können.

Entsprechend konsequent denn auch die ersten theoretischen Auseinandersetzungen um "herrschende Strukturen und alternative Möglichkeiten" (die stark vom 'Theaterpädagogischen Kongress in Berlin 1973[170] geprägt sind, an dem Gruppenmitglieder teilnahmen und bei dem die Unzufriedenheit mit den bestehenden Theaterstrukturen intensivst diskutiert und formuliert wurde).

In einem mehrseitigen Arbeitspapier wird einerseits das bürgerliche Theater - seine Entwicklung, seine ökonomische Bedingtheit, seine Strukturen und Produktionsweisen ... - seziert. Und wird andererseits die Notwendigkeit einer anderen, alternativen Arbeitsweise skizziert:

„... Das ästhetische Potential des Theaters sollte in der wechselseitigen Wirkung und Ergänzung von Schauspieler- und Zuschauerrolle liegen, weil sich nur in ihrer Gemeinsamkeit die theatralische Aussage verwirklichen

kann. Aber analog den antagonistischen Warenbeziehun-
gen im Kapitalismus, zerfällt der theatralische Kommu-
nikationsprozess in einen Interessensgegensatz: der
Schauspieler als Verkäufer, der Zuschauer als Käufer ei-
nes von dritter Seite (Autor, Regisseur, Kritiker) vor- und
nachbereiteten Produkts. Dadurch bedingt bietet das
Theater, anstatt Beispiele für eine Verbesserung der
Wirklichkeit zu liefern, billigen Wirklichkeitsersatz ...

Als Warenproduzent unterliegt der Schauspieler den
Bestimmungen des freien Marktes, und damit dem Kon-
kurrenzprinzip. Da das Angebot an Schauspielern größer
ist als die Nachfrage, stehen die Schauspieler unterei-
nander in einem Konkurrenzverhalten. Statt um die Ent-
faltung ihrer ästhetischen Mittel sich zu bemühen, geben
sich Schauspieler unter diesem Konkurrenzdruck oft da-
mit zufrieden, warenästhetische Bestimmungen anzuneh-
men. Die Bemühungen um das künstlerische Originale
verkürzen sich zu äußeren unabwägbaren Merkmalen:
'Ausstrahlung' und 'etwas an sich haben' genügen, um
sich von den anderen zu unterscheiden. Die konsequente
Ausbildung von Tausch- oder Marktwertseiten beim
Schauspieler führt innerhalb der Ensembles zu einer
Kommunikationsstruktur, die oft auf künstlerische Bemü-
hungen verzichtet, zugunsten einer hastigen Ausbildung
von Merkmalen ...

Die Abhängigkeit von den Produktionsbedingungen, die
das Theater stellt, und unter denen sich der Schauspieler

objektiv nur realisieren kann, nimmt dem Schauspieler,
obwohl er sich selbst sein eigenes Produktionsmittel ist
(Sprache, Stimme, Körper), die Verfügung über eben
diese Produktionsmittel ...

Innerhalb einer Inszenierung drückt sich die Degradie-
rung mancher Schauspieler zu potentiellen Warenprodu-
zenten so aus, dass sie defacto nur als Material gelten,
deren Formbestimmung der Regisseur vornimmt. Sie
vollziehen als Handelnde die theoretischen Bestimmun-
gen des Regisseurs nach, werden also sekundär zu Wa-
renproduzenten, doch die endgültige praktische Bestim-
mung erfahren ihre Produkte nicht durch sie, sondern
durch das Publikum, das den von der Institution Theater
allabendlich angebotenen Handel mit Beifall oder Miss-
kundgebung vollendet. Der Schauspieler – in seiner un-
begriffenen Entfremdungssituation, durch die erzwun-
gene Reduktion auf reine Spontanität bar jedes Arbeits-
begriffes, der ihm ein Gefühl von Würde gewährleisten
könnte - erfährt den Beifall als Belohnung, die Missfalls-
kundgebung als Bestrafung für etwas, wofür er nichts
kann".[171]

Auch wenn sich die Gruppe "theaterarbeiterkollektiv"
erst im Jahr 1977 gründet, so ist allein in dieser kritischen, auf die ökonomische Bedingtheit zurückführen-
den Analyse des bürgerlichen Theaters deutlich der Geist
der Kulturrevolution von 1968, der Aufklärungs- und

Vermittlungswille der damaligen außerparlamentarischen Opposition zu spüren.

Ebenso im alternativen Ansatz, in der theoretischen Skizzierung einer anderen, einer "freien" Theaterarbeit, die einerseits stark von Brechts Theaterkonzeptionen, andererseits von der Praxis des "Théâtre du Soleil", den amerikanischen Gruppen "Bread and Puppet" und "New York Caravan" sowie der Berliner "Theatermanufaktur" geprägt ist:

„Unser Hauptaugenmerk darf nicht länger auf dem literarisch vorgeprägten Rollenstudium liegen, sondern muss sich auf die historisch-materialistische Gewordenheit des gesellschaftlichen Rollengefüges und den Möglichkeiten seiner adäquaten szenischen Abbildung konzentrieren ...

Die bloße Anschauung – sei sie sinnlich-konkret oder wissenschaftlich vermittelt – reicht dazu nicht aus. Der Theatermacher muss aktiv in der gesellschaftlichen Praxis verankert sein ...

Wir müssen das akademische Getto durchbrechen und uns in Brennpunkten des öffentlichen Lebens bewegen. Dies gilt im räumlichen wie im geistigen Sinn. So wenig für die Gruppe eine Arbeit in einem kommunikationsfeindlichen, kommunal isolierten Kulturpalast produktiv sein kann, so wenig kann sie sich hinter verschlossenen Türen und abseits vom gesellschaftlichen Verkehr entfalten ...

Ein gesellschaftsbezogenes Theater verlangt die Grup-
penarbeit und das Projektstudium. Nur auf diese Weise
kann sich der Theatermacher umfassende und vor allem
kritisch geprüfte Fähigkeiten und Kenntnisse aneignen.
Projektstudium heißt aber immer auch Kommunikation
mit einem Publikum, heißt Analyse der Arbeit und deren
Vorbereitung mit einer Zielgruppe ...

Unser Theater hat einen Standpunkt zu beziehen, statt
(wie das bürgerliche Theater) von allem etwas zu bieten.
Dieser Standpunkt impliziert keine dogmatische Einen-
gung, sondern nichts weiter als die sozial einzig verant-
wortliche Entscheidung: wie sind die gesellschaftlichen
Notwendigkeiten, warum sind sie so und was kann ich als
Theaterschaffender diesbezüglich tun ...

Der Standpunkt muss überprüf- und revidierbar sein; er
muss sich jedoch in der Praxis ausweisen. Er allein bietet
die Gewähr für die Auseinandersetzung mit der Realität
und ihren Anforderungen ...

Die Arbeit der Gruppe muss ganz von der Praxis be-
stimmt sein. Dieser Praxis sollten zwei Entscheidungen
zugrunde liegen: 1. Inhalte und Bilder einem Publikum
mitteilen zu wollen, die auf deren politische Situation
verweisen und zur Veränderung, zur Verbesserung auf-
fordern und beitragen wollen und 2. diese Inhalte theat-
ralisch-sinnlich zu vermitteln ...

Die Gruppe hat also einerseits praktisch und experimen-
tierend zu erforschen, was zwischen einzelnen Menschen

und was zwischen Menschengruppen unter bestimmten Bedingungen vorgeht und andererseits die Forschung und Erforschung der Darstellungsmöglichkeiten, also der sinnlichen Vermittlung solcher Vorgänge ...

Theater kann die Welt nicht verändern, sondern nur die Lust auf Veränderung bereiten. Den Spaß mit kritischer Aufklärung zu verbinden, bleibt die vornehmste Aufgabe des Theaters. Ihr kann man aber nur gerecht werden, wenn man sich permanent der zentralen Frage unserer Epoche stellt: der Ausbeutung des Menschen durch den Menschen und Partei ergreift für die Sache der Ausgebeuteten ...

Diese eingenommene Haltung muss auch in der Ästhetik ihren Niederschlag finden. Der Zuschauer muss in der klaren Durchführung, in der Offenlegung der Mittel, in der Figurenzeichnung den Nachweis für die Tragfähigkeit der bezogenen Position erkennen".[172]

Dieses Eigenverständnis der Gruppe von Theater, dieser Anspruch an ein anderes, ein alternatives Theaterschaffen äußerst sich auch immer wieder in "Streitgesprächen" rund um die Funktion des Theaters, in öffentlichen Stellungnahmen und Diskursen. Also in Äußerungen, die immer wieder die Haltung der Gruppe, ihre Theaterkonzeption, ihr Theaterverständnis zum Ausdruck bringen.

So heißt es in einem Arbeitspapier zum "1. Österreichgespräch", das im Mai 1979 in Wien unter dem Motto "Theater - Freizeitangebot und Experiment" über die Bühne ging:

„Allein der Titel dieses ersten 'Österreich-Gesprächs' zeigt die totale Misere, den permanenten Widerspruch, in dem sich die Kunst grundsätzlich, das Theater speziell innerhalb unserer gegenwärtigen Seinsweise befindet, nämlich im immanenten Widerspruch von Lernen und Vergnügen, von Freizeit und Arbeit, von Wirklichkeit und Wirklichkeitsersatz ...

Bedingt durch die ökonomische Strukturierung des herkömmlichen Theaterbetriebes, seinen warenproduzierenden und warentauschenden Produktionsbedingungen, nehmen die 'kulturellen' Leistungen des Theaters den Charakter von Waren an und unterstehen somit Marktgesetzen. Dadurch hinken die Aussagen der Institution Theater dem gesellschaftlichen Bewusstsein nach bzw. bewegen sich in deren Sog, anstatt von sich aus - als Institution des gesellschaftlichen Überbaus - diesen Sog auf das Seinsbewusstsein herbeizuführen".[173]

Der Anspruch der Gruppe ans Theater wird hier einmal mehr als "verändernd eingreifend", als "produktiver Beitrag zur gesellschaftlichen Weiterentwicklung" definiert. Ganz im Sinne Brechts bzw. der Neuorientierung fortschrittlicher Theatermacher in der Folge des Pariser Mai 1968.

Im selben Arbeitspapier schildert die Gruppe - am Beispiel ihres eigenen Schaffens - die Alternative.

Dabei wird vorangestellt, *"dass der Stamm der Gruppe ein relativ kleiner ist, dass die Gruppenmitglieder auch gemeinsam wohnen - also die Trennung 'hie Arbeit - hie Freizeit' faktisch aufgehoben ist - und dass wir keinem Produktionszwang ausgesetzt sind bzw. uns diesem nicht aussetzen. Allerdings waren dies keine vorgegebenen Realitäten, sondern Folgen einer langwierigen Auseinandersetzung mit der Wirklichkeit und ihren Anforderungen, denn die Gruppenmitglieder stammten alle aus Theater- bzw. Theaterschulbetrieben, deren Produktionsbedingungen alles andere als den von uns dann geschaffenen Vorstellungen entsprachen"*.[174]

Diese Arbeitsalternative der Gruppe hört sich - 1979 - folgendermaßen an: *„Die Gruppe 'theaterarbeiterkollektiv' hat bisher - trotz zweijährigen Bestandes - noch kein 'fertiges' Stück gespielt, sondern sich stets einem bestimmten Themenkreis gewidmet, diesen in monatelanger theoretischer Kleinarbeit aufgearbeitet und dann versucht, das zu dieser Thematik für unsere Zeit den Gruppenmitglieder wichtig Erscheinende mittels sinnlich-theatralischer Formen zu vermitteln, also faktisch im Verlauf des Auf- bzw. Erarbeitungsvorganges selbst 'Stücke' zu konzipieren, zu schreiben. Das Bemühen um den Abbau hierarchischer Strukturen und Entfremdungssituationen zeigt sich darin, dass die Gruppenmitglieder - von*

den ersten gedanklichen Überlegungen, über Literatur-
und Texterarbeitung, Überlegungen und Versuchen be-
züglich Umsetzungsmöglichkeiten, bis hin zur Schaffung
von Plakaten, Programmheften, aber auch Diskussions-
abenden und öffentlichen Arbeitsprogrammen - alles unter einem Dach zu vereinen bestrebt sind. Dass die Gruppenmitglieder bemüht sind, all diese Tätigkeiten innerhalb der Gruppe kollektiv zu bewältigen - wohl unter
ständiger Berücksichtigung gesamtgesellschaftlicher
Vorgänge und der permanenten Auseinandersetzung mit
dem Publikum, aber eben unter Ausschluss von Arbeits-
methoden, die - selbst im kleinsten - Unüberprüfbares,
nicht in der Arbeit Gewachsenes beinhalten. Der große
Gott 'Regisseur' ist an den Nagel gehängt, es gibt de
facto keinen designierten Leiter oder Obermacher - es
gibt nur noch bewusste, zeitgenössische Theaterschaffende. Ober aber, jeder der Gruppenmitglieder ist unter
anderem auch Regisseur, Obermacher, Leiter. Gedankliche Aufbereitung, Texterstellung, Regie, Darstellung,
analytische Vor- und Nachbereitung bilden eine untrennbare Funktionseinheit. Eine Funktionseinheit, die aber
nur durch ein ständiges Miteinander (und damit 'Gegen-
einander' im dialektischen Sinn) aller Gruppenmitglieder gegeben ist. Und erst dieses Miteinander, diese Gemeinsamkeit bietet Gewähr für den Abbau von Konkurrenzverhalten, vom Verkauf künstlerischer Produkte un-

ter den Aspekten gewisser Marktgesetze, vom Wider-
spruch 'Wirklichkeit und Wirklichkeitsersatz, Arbeit und
Freizeit, Freizeitangebot und Experiment'".[175]

Das Verständnis der Gruppe ist also von Beginn an ein klar politisches. Theater hat für die Gruppenmitglieder die Funktion, gesellschaftspolitisch brisante Themen aufzugreifen, Denkanstöße zu liefern, historisch einzugreifen.

Deutlich formuliert hat das ein Gruppenmitglied in einem Interview anlässlich der Premiere des Stückes "Jungfrau, Mutter oder Hure" in Salzburg im Magazin "Stimme der Frau".

Gefragt nach den wesentlichsten Unterschieden zwischen den Stadt- und Staatstheatern und der Arbeit des "theaterarbeiterkollektivs" heißt es da:

„Also, die Unterschiede liegen in der völlig unterschied-
lichen Struktur, in der ökonomischen Bedingtheit. Wäh-
rend die herrschenden Theaterbetriebe das herrschende
Ganze repräsentieren, also ein Teil der bürgerlichen
Seinsweise darstellen, orientieren wir uns an gesamtge-
sellschaftlichen Alternativen zum Bestehenden. Darum
auch glaube ich nicht daran, dass man diese bürgerli-
chen Häuser von innen her verändern kann, wenn nicht
parallel dazu gesamtgesellschaftliche Veränderungen
vor sich gehen. Diese ökonomische Bedingtheit, der sich
das bürgerliche Theater letztendlich immer anzupassen
und unterzuordnen hat, wirkt sich primär mal nach innen

aus. Während zum Beispiel an den Stadttheatern vier bis fünf Wochen Zeit für eine Produktion da ist, der Schauspieler dadurch überhaupt nicht die Möglichkeit hat, sich entsprechendes Wissen anzueignen, dadurch seiner eigenen Arbeit völlig entfremdet gegenübersteht, was natürlich den ganzen klischeehaften Spielweisen, die an Österreichs Bühnen vorhanden sind, Tor und Tür öffnet, arbeiten wir an einer Produktion viele Monate lang, widmen uns der Projektarbeit und arbeiten in einem kollektiven Prozess. Das heißt, dass da niemand ist, der uns irgendetwas vorsetzt, was wir dann umzusetzen hätten. Wir suchen uns unsere Themen selbst bzw. die gesamtgesellschaftliche politische Seinsweise bestimmt das jeweilige Thema, dessen wir uns annehmen. Dann versuchen wir uns möglichst viel Wissen zur jeweiligen Thematik anzueignen, weil wir der Meinung sind, dass man ohne Wissen nichts zeigen kann. Und dann erst gehen wir langsam an die Umsetzung, also an die 'rein theatralische Arbeit'. Auch hier erfolgt der Prozess kollektiv. Von der ersten Konzeptionsüberlegung über das Textfinden und -schreiben bis hin zu konkreten Umsetzungserprobungen. Eben weil das erforderliche Wissen als Voraussetzung für Gespräche und Diskussionen vorhanden ist. Dazu kommt, dass - nach außen hin - bei uns die so genannten 'Sachzwänge' eines verbürokratisierten Apparates und eines zu befriedigenden Abonnementenpublikums und wie das sonst noch so schön heißt, wegfallen; dass die Entwicklung zu unserem Verständnis von Theater eine ziemlich

radikale war und ist, ohne Kompromisse und große An-
passung. Was natürlich noch lange nicht heißt, dass wir
alternativ einzig der Alternative willen sind. Alternatives
Theatermachen, das heißt für uns grundsätzlich mal, un-
sere Arbeit an produktiven, gesamtgesellschaftlichen Al-
ternativen zu orientieren, was dann zwangsläufig zu al-
ternativen Strukturen, Organisationsformen, Inhalten
und Ästhetiken führt".[176]

Dieses grundsätzlich "politische" Verständnis von Theater und die damit zusammenhängenden bzw. danach aus-
gerichteten Vorstellungen von Arbeitsweisen und Organisationsstrukturen waren letztendlich ausschlaggebend
für die Gründung der Gruppe "theaterarbeiterkollektiv".

„Zu Beginn des Jahres 1977 entschloss sich ein Teil der
Schauspiel- und Regiestudenten der Hochschule für Mu-
sik und darstellende Kunst in Graz - unzufrieden mit den
angewandten Lehrmethoden, jedoch wissend um die
Schwierigkeit von Strukturveränderungen innerhalb un-
serer Kulturinstitutionen - zu praktischer Eigeninitiative.
Die geschaffene Arbeitsgruppe setzte sich zum Ziele, das
zu verwirklichen, was innerhalb des herrschenden Hoch-
schulbetriebes (und innerhalb des bürgerlichen Thea-
ters) angeblich nicht möglich ist: Projektstudium und
Gruppenarbeit als kollektiven Prozess".[177]

Zu dieser Arbeitsgruppe von Schauspiel- und Regiestudenten stießen bereits fertig ausgebildete (sich im anta-

gonistischen Ganzen aber unzufrieden fühlende) Schauspieler und im Herbst desselben Jahres – faktisch gleichzeitig mit der ersten Produktion - wurde die Freie Gruppe "theaterarbeiterkollektiv" gegründet.

„Nach monatelangen theoretischen Vorarbeiten, in denen es vor allem um die Funktion der Kunst, speziell des Theaters und um Probleme des Schauspielerdaseins ging, wurde das erste Produkt der Arbeitsgruppe der Öffentlichkeit vorgestellt: die Produktion 'Friede den Hütten, Krieg den Palästen".[178]

Der Entstehungsprozess der Gruppe ist ein ähnlicher wie der des - im ersten Teil dieser Arbeit skizzierten - Ensembles "Rote Rübe", das 1973 aus Studenten der Münchner Otto-Falkenberg-Schule hervorging. Hier wie da waren es politisch kritische junge, vom 68er-Geist inspirierte Studenten, die sich weigerten, den "klassischen Theaterweg" zu gehen, die dem Vorsprech-Ritual absagten, die Ausbildungssituation an der Hochschule in Frage stellten und dadurch für Aufruhr und Aufregung sorgten.

So kam es etwa in Graz im Frühjahr/Sommer 1977 zum Eklat, als sich Studenten, die in der "Vorbereitungsgruppe theaterarbeiterkollektiv" mitwirkten, weigerten, an einer vom Studienrichtungsleiter unzulänglich vorbereiteten, nur halbherzig erprobten Inszenierung weiterhin mitzuarbeiten.

Es folgten öffentliche Diskussionen um die Funktion des Theaters, um die Ausbildungssituation und letztendlich der Rücktritt des Studienrichtungsleiters.[179]

Die Entscheidung zur Gründung der Gruppe "theaterarbeiterkollektiv" war also eine bewusst radikale, vom kulturpolitischen Verständnis der zukünftigen Gruppenmitgliedern geprägte. Analog der im ersten Teil der Arbeit skizzierten Neuentwicklung des Theaters im deutschsprachigen Raum ab Mitte der 60er-Jahre, wurde die grundsätzliche Funktion des Theaters hinterfragt, wurde die pluralistische Haltung, die Organisationsstruktur und der hierarchisch bestimmte Arbeitsstil des bürgerlichen Theaters kritisch negiert.

Nicht die Sehnsucht nach (mehr oder weniger zufälligem, von Glück bestimmtem) Starruhm, das Spiel des Spieles willen, das "Schauspielerdasein um jeden Preis" ... stand im Zentrum der Überlegungen, sondern die Funktion des Theaters als gesellschaftsbeeinflussendes Medium und die Rolle der Beteiligten in diesem.

In einer 1980 erschienenen Broschüre heißt es zusammenfassend über die Motivation der Gruppengründung:

„Ziel der Gruppenbildung war es, sich von herrschenden Grundstrukturen des bürgerlichen Theaters zu lösen und eine inhaltliche, formale und organisatorische Alternative anzustreben, die sich an der gesellschaftlichen Wirklichkeit und ihren Anforderungen orientieren sollte. We-

sentlichster Aspekt dabei war der Versuch des Projekt-
studiums und der Gruppenarbeit, der bewirkte, dass sich
die Gruppenmitglieder kritisch geprüfte Fähigkeiten an-
eigneten, dass die arbeitshemmende Theaterhierarchie
(Führer und Geführte) abgebaut, und dass Entfrem-
dungssituationen innerhalb des Ensembles, als auch Vor-
gängen und Dingen gegenüber, Großteils aufgehoben
wurden".[180]

Cb) Kollektives Miteinander
Der gemeinsame Arbeits- und Lebensprozess
als Bestandteil eines funktionierenden Ganzen

Ist die kultur- und gesellschaftspolitische Haltung der
Gruppenmitglieder, der fixierte Anspruch von der Funktion des Theaters der ursprünglich kleinste, allen Beteiligten gemeinsame Nenner bei der Überlegung zur Gruppenbildung, so kristallisiert sich bereits im weiteren Fin-
dungsprozess heraus, dass eben dieser Moment sich entwickeln und zu einer selbstverständlichen Größe werden
muss, an der sich jegliches weitere Tun messen und orientieren kann.

Aus diesem Grunde kommt es bereits in der Vorberei-
tungsphase zur Schaffung einer Wohngemeinschaft, die
bis zur Auflösung der Gruppe beibehalten wird.

Dadurch sollte der antagonistische Widerspruch der beiden Begriffe Arbeit und Freizeit aufgehoben werden,

sollte das Verständnis von Theater als gesellschaftspolitisches, das ganze Leben durchdringendes Medium im Gruppenalltag seinen Niederschlag finden.

Beim erhobenen Anspruch an die Funktion des Theaters schien es undenkbar, "Arbeit" als etwas zu begreifen, was isoliert und auf einige Stunden am Tag beschränkt abläuft, während dann das Leben, die Freizeit beginnt. Solch eine Trennung widersprach auch der Vorstellung vom Spaß, der Lust, dem Vergnügen an einer Theaterarbeit im von der Gruppe erhobenen Sinne.

Arbeit wird nicht im spätkapitalistischen Verständnis als Zwang des Broterwerbes verstanden, sondern als Möglichkeit zur Selbstverwirklichung des Menschen.

Die Verbindung von Arbeits- und Lebensstil, von künstlerischer und privater Existenz, von individuellem und gesellschaftspolitischem Dasein sollte in der Schaffung einer Arbeits- und Wohngemeinschaft nicht nur ihren Niederschlag finden, sondern sich auch produktiv auf die weitere Entwicklung der Gruppe auswirken.

Diese Konstellation äußerte sich denn auch im selbstverständlichen Spaß an der Arbeit, die nicht mehr als solche im Sinne von "Zwang" verstanden wurde. "Arbeitssituation" war stets (oder aber auch nie) gegeben (ob schon beim Frühstück oder spät abends beim Zusammensitzen mit Außenstehenden), wurde aber nicht als solche im in unserer Gesellschaft üblichen Sinne gesehen.

Da Theater nicht mehr als *"Formgebung durch den Regisseur"* zwischen 10 und 12 und 14 und 18 Uhr verstanden wurde, sondern als *"untrennbare Funktionseinheit von gedanklicher Aufarbeitung, Texterstellung, Umsetzung, Darstellung, analytischer Vor- und Nachbereitung aller Beteiligter"* , war eine klar erkennbare Aufhebung der Entfremdung der Arbeit gegenüber gegeben, wurden Literaturer- und -verarbeitungen, Informationen, Diskussionen, Gespräche ... ebenso als lustvoll-produktives Tun empfunden wie das Suchen nach konkreten künstlerischen Umsetzungsideen.

All dies hängt unmittelbar mit der kollektiven Arbeitsweise, mit dem Abbau hierarchischer Strukturen innerhalb der Gruppe zusammen.

Wobei unter Gruppe und Kollektiv nicht eine Nivellierung verstanden wird, sondern das sinnvolle Zusammenwirken einzelner Qualitäten.

Kollektivismus wird also nicht quantitativ sondern qualitativ gesehen. Die Entfaltung individueller Fähigkeiten innerhalb des kommunikativen Zusammenwirkens der Gruppe – unter ständiger Kontrolle am eingenommenen Standpunkt - ist das eigentlich Entscheidende.

"Die Gruppe versucht einen kollektiven Arbeitsprozess anzustreben, versucht innerhalb der Arbeit jegliche Hierarchie zu beseitigen, die Entfremdung gegenüber Vorgängen und Dingen aufzuheben, versucht ein produktives

Miteinander anzustreben. Wohl ist eine konstruktive Auf-
gabenteilung unumgänglich, wesentlich ist jedoch die
ständig vorhandene kollektive Verantwortung aller
Gruppenmitglieder".[182]

Individuelle Fähigkeiten werden einerseits zu gruppendynamischen, kollektiven Entwicklungen genutzt, fordern dadurch andererseits den Einzelnen aber auch, seine
persönlichen Fähigkeiten ständig zu hinterfragen und voranzutreiben.

Ein Beispiel: Gruppenmitglieder, die körperlich-bewe-
gungstechnisch anderen voraus sind, leiten das tägliche
Training. Da dieses aber nicht als isoliertes, abgehobenes
"Gehüpfe" abläuft, sondern bereits mit der Suche nach
inhaltlichen Formfindungen verbunden ist, sind die
"Trainer" nicht nur gezwungen, ihre Vorgaben genau zu
überlegen und ihre Anregungen zu prüfen. Sie werden in
ihrem Tun auch von den Ausführenden, also den restli-
chen Gruppenmitgliedern, kontrolliert und in Frage gestellt.

Ähnlich verhält es sich auch in anderen Bereichen. Etwa
bei der Texterstellung, bei der kollektiven Inszenierung,
beim Bühnenbau und der Kostümbildung, bei Diskussi-
onsveranstaltungen, etc.

Da eine gemeinsame Haltung der Gruppenmitglieder
vorhanden ist, das Wissen um die jeweilige Thematik bei
allen etwa gleich ist, ist zwar ein gewisses arbeitsteiliges
Prinzip anwendbar, werden besondere Fähigkeiten der

einzelnen Gruppenmitglieder, werden individuelle Fertigkeiten gezielt genutzt, jedoch werden diese stets am jeweiligen Projekt gemessen, wird jegliches Tun am kollektiven Anspruch ausgerichtet und wird jeder gemeinsame Arbeitsschritt kollektiv verantwortet.

Das heißt: trotz der Nutzung, Anwendung und Förderung individueller Fähigkeiten bleibt das Wissen um die Sache bei allen Beteiligten gleich bzw. wird dadurch für alle noch größer.

Dieses Kollektivverständnis (im Zusammenhang mit der zuvor beschriebenen Negierung des Begriffes "Arbeit" im bürgerlichen Sinn) bestimmt denn auch entscheidend die konkrete Arbeitsweise der Gruppe.

Ausgehend vom kultur- und gesellschaftspolitischen Verständnis der Gruppe kristallisiert sich im Gespräch ein Thema heraus, das einerseits gesellschaftspolitisch wichtig und interessant ist, das andererseits aber auch bedeutend und weiterbringend für die Gruppe selbst, für die Gruppenmitglieder ist.

Dieses Thema wird dann von den verschiedensten Seiten her in langwieriger Kleinarbeit kollektiv durchleuchtet. Literatur dazu wird gesucht und studiert, Vorträge und Referate werden gehalten, Diskussionen werden geführt.

Parallel dazu wird aber nicht auf die tägliche Probe, das tägliche "Training" verzichtet. Wobei dieses dazu dient, erste sinnlich-ästhetische Zugänge zum Thema zu finden.

In diesen darstellerischen Improvisationsprozessen zum Thema werden erste Stil- und Haltungselemente erprobt, werden bestimmte Formen und Abläufe gefunden, die dann wieder theoretisch am Thema und an der politischen Gruppenhaltung gemessen werden.

So entstehen - wie dies Klaus Kemetmüller 1979 im "Extrablatt" schreibt - Arbeiten *"ähnlich wie seinerzeit auf Zadeks Bochumer Spielwiese, wo man zunächst dazu überging, nach Spielvorlagen frei zu improvisieren und später eigene Stücke kollektiv innerhalb eines langwierigen Probenprozesses erarbeitete und schrieb ... in einer spannenden, selbst erarbeiteten, die Texte optisch verlebendigenden Spielweise"*.[183]

Ein Themenkreis wird von der Gruppe durchschnittlich ein halbes Jahr lang intensivst behandelt. Auf dieser Basis entsteht allen Beteiligten ein fundiertes und kritisches Wissen, das erst die Basis für das Spiel selbst bietet.

Zu jedem dieser Themenkreise wird in der Regel eine größere Produktion erstellt, wobei es öfters der Fall ist, dass erste Arbeitsergebnisse bereits in einer Art "Vor-Produktion" gezeigt werden oder aber, dass sich an die eigentliche Produktion weitere "Nach-Produktionen" anschließen.

„Bei den Produktionen handelt es sich nicht um szenisch umgesetzte Spielvorlagen, sondern um Themenkreise, die in monatelangen Vorarbeiten entsprechend analysiert und gewertet wurden, ehe die Gruppenmitglieder - ohne

hierarchische Strukturen und daraus resultierenden Ent-
fremdungssituationen - sich 'ihre' Stücke selbst konzi-
pierten, schrieben und erprobten".[184]

Etwa ab 1980 wird das Zielgruppenpublikum direkt in
die Aufbereitung des Themenkreises einbezogen, indem
einerseits Vorträge, Referate, Diskussionen, etc. öffentlich (und nicht mehr nur innerhalb der Gruppe) organisiert und durchgeführt werden und indem andererseits
zum jeweiligen Thema bereits in der Aufbereitungsphase
künstlerisch-kulturelle Momente (wie Lesungen, Filme,
Diavorträge, etc.) gezeigt, vorgetragen und vermittelt
werden.

Cc) Themen und Inhalte
Markante, gesellschaftspolitisch brisante
Historien und relevante Probleme unserer Zeit

Entsprechend seinem kulturpolitischen Selbstverständnis
sind die Themen, die sich die Gruppenmitglieder des
"theaterarbeiterkollektivs" selbst stellen, einerseits markante historische, den Verlauf der Geschichte entscheidend prägende Abschnitte, an denen sich konkretes politisches Verhalten nachzeichnen und interpretieren lässt.
Und andererseits aktuelle, politisch wichtige ("unter den
Nägeln brennende") Themen der Gegenwart.

Wobei sich diese beiden Bereiche nicht selten gegenseitig bedingen bzw. ergänzen und fortführen. Denn einerseits sind die Rückgriff e in die Geschichte ja nur dann gesellschaftspolitisch relevant und sinnvoll, wenn sie für die Gegenwart und Zukunft nutz- und brauchbar sind.

Und andererseits lassen sich Erscheinungen der Gegenwart vielfach historisch erklären und begründen bzw. haben in der Geschichte ihre Wurzeln und Verankerungen.

Von der Gleichzeitigkeit der Ereignisse her ist es zwar eher ein Zufall (nicht jedoch vom politischen Verständnis), dass der erste Themenbereich, dem sich das "tak" (theaterarbeiterkollektiv) widmet, jenen Stoff beinhaltet, den einerseits das "Théàtre du Soleil" und andererseits die Berliner Theatermanufaktur in ihren ersten selbst konzipierten Produktionen aufgriffen: Die Große Französische Revolution von 1789 und die Deutsche Revolution von 1848. Also die Zeit des von den Volksmassen erzwungenen Überganges von feudaler zu bürgerlicher Herrschaftsordnung.

Beim "tak" erfolgt diese Auseinandersetzung rund um die Person von Georg Büchner. Das Thema ist für die Gruppe intern deshalb von relativ großer Bedeutung, weil diese Auseinandersetzung noch in die Zeit der Gruppengründungsvorbereitung fällt, als sich Studenten der Schauspielabteilung - unzufrieden mit der herrschenden Situation - eigene Gedanken über die Funktion des Theaters machten.

Da diese Studenten Großteils aus bürgerlichen Verhältnissen kamen und so zum Großteil auch die bürgerliche Geschichtsschreibung mit sich trugen (und weil andererseits ihr Unbehagen mehr ein gefühlsmäßiges, denn ein kultur- und gesellschaftspolitisches war), schien die Beschäftigung mit einem Bereich wichtig, an dem sich die Historie kritisch analysieren und reflektieren lässt.

Andere wesentliche historische Rückgriffe wurden auf des deutschösterreichische Revolutionsjahr 1918, auf die "goldenen" 20er-Jahre, auf das Bürgerkriegsjahr 1934 in Österreich und vor allem auf die Zeit des Nationalsozialismus getätigt und in monatelanger Kleinarbeit analysiert, gewertet und interpretiert, ehe Produktionen dazu geschaffen wurden.

Noch weiter in der Geschichte zurückgegriffen wurde von der Gruppe bei der Auseinandersetzung rund um die Situation der Frau, wo der Themenkreis von der Urgesellschaft bis zum heute reichte.

Aber auch jene aktuellen Bereiche, denen sich die Gruppe widmete - etwa den Themen "Neofaschismus und Rechtsradikalismus", "Friedenssicherung", "Werbung und Massenmedien" oder "Schwangerschaftsabbruch" - wurden stets in ihrem historischen Kontext aufgearbeitet und verwertet.

Zwar waren manche Produktionen Auftragsarbeiten für Initiativen und Organisationen (Gewerkschaftsbund, Arbeiterkammer, Jugendorganisationen, Antifaschistisches

Komitee, Friedensbewegung, etc.). Doch wurde der Auftrag von der Gruppe stets nur dann kollektiv akzeptiert, wenn das Thema der Auseinandersetzungsphase der Gruppe entsprach.

Analog dem Gruppenverständnis von der Funktion des Theaters und dem gesellschaftspolitischen Standpunkt, den die Gruppenmitglieder einnahmen, engagierten sie sich auch in den verschiedensten "außertheatralischen" Bereichen. So etwa in der Friedensbewegung oder in antifaschistischen Komitees. In Salzburg wurden in den Sommermonaten mit Kindern emanzipatorische Theaterprojekte "von Knirpsen für Knirpse" auf die Beine gestellt. In Bad Ischl arbeitete die Gruppe an einem Langzeitprojekt mit Schülern und Lehrlingen zusammen. Für die Arbeiterkammer und den Gewerkschaftsbund in Salzburg wurden "Arbeiterkulturwochen" konzipiert. Im eigenen Haus, in der "Gnigler Kunstmühle", wurde ein Kultur-, Jugend- und Begegnungszentrum zu installieren versucht, etc.

Vereinzelt und sporadisch arbeiteten Gruppenmitglieder auch in anderen "fortschrittlichen" Ensembles mit, etwa in den Jugendtheatergruppen des Grazer und des Salzburger Schauspielhauses.

Bemerkenswert auch, dass gleich zwei Mitglieder der Gruppe – 1984 und 1986 - den "Georg-Rendl-Literaturpreis" der Salzburger Arbeiterkammer für "ein engagiertes, sozialkritisches, künstlerisch anspruchsvolles und herausragendes literarisches Schaffen" erhielten und dass einem Gruppenmitglied für 1985 das Nachwuchs-Staatsstipendium für Literatur gewährt wurde.

Ein wesentlicher Bestandteil im Transport und der Vermittlung der gewählten Themen und Inhalte bildet das jeweilige Programmheft zu den Produktionen, das die eingenommene Haltung der Gruppe, die künstlerische Umsetzung, durch exakt recherchierte Belege dokumentieren und verständlich machen soll.

Umfangreiche, ausführliche Broschüren, Dokumente-Mappen, historische Schriften, etc., die dem Zuschauer mitgegeben werden, haben - analog dem Verständnis der Gruppe von der Funktion des Theaters - die Aufgabe, den Interessierten über den Kunstmoment hinaus zu beschäftigen, sollen ihm bewusst machen, dass das Anliegen des "theaterarbeiterkollektivs" nicht nach zweistündiger Bühnendarstellung beendet ist.

„Das üblicherweise sonst zur nebensächlichen Begleiterscheinung reduzierte Programmheft gelangt dabei durch seinen teils dokumentarischen Charakter zur wichtigen Ergänzung des szenisch Dargestellten", schreibt etwa Riki Winter in einer Kritik über ein "Neofaschismusprogramm".[185]

Wie überhaupt - neben der künstlerischen Formfindung, von der im nächsten Kapitel die Rede ist - die intensive und genaue Auseinandersetzung mit den aufgegriffenen

Themen ein entscheidendes Kriterium (nicht nur für die Gruppe selbst) bei Publikum und Kritik darstellt.

„Wie ernst das 'theaterarbeiterkollektiv' seine Theaterarbeit nimmt, beweisen die intensiven Vorstudien sowie das permanente Hinterfragen der politisch-sozialen Gegebenheiten".[186]

„Verantwortungsbewusstsein, exakte und gründliche Gedankenarbeit, wacher Sinn für das Heute und seine Erfordernisse, echte Verbundenheit künstlerischer Formung mit den arbeitenden Menschen . . ." sei das, was das "tak" von anderen Bühnenensembles unterscheide.[187]

„Ob es sich um Vergangenes oder Gegenwärtiges handelt: immer steht die Überprüfung und kritische Kommentierung gesellschaftlicher Entwicklungen und Missstände im Blickpunkt".[188]

Als Beispiel dieser umfassenden Auseinandersetzungmit dem jeweiligen Thema sei das "Februar-34-Projekt" genannt, mit dem sich die Gruppe 1983/84 rund eineinhalb Jahre beschäftigte.

Dazu wurde - neben der Hauptproduktion "Der Bürgerkrieg in Österreich, eine multimediale Collage in Szenen, Bildern, Texten und aktionistischen Formen" - einerseits ein breit gefächertes kulturelles Begleitprogramm geschaffen und andererseits eine Vielzahl an Dokumentationsmomenten erstellt.

So kam es beispielsweise zur szenischen Lesung der "Koloman-Wallisch-Kantate" von Bertolt Brecht; zu einer Präsentation von Szenen, Liedern und Texten aus dem Österreich des Jahres 1934 gemeinsam mit der Ostberliner Brecht-Interpretin Sonja Kehler; zur Erstellung einer Text-Dia-Montage; zur Nachfolge-Produktion "Paragraph 144 - Frauen im 34er-Jahr", sowie zur Herausgabe der Broschüre "Der Bürgerkrieg in Österreich" (nach dem Bericht von Ilja Ehrenburg); einem umfangreichen Text- und Szenenheft zur Produktion "Der Bürgerkrieg in Österreich"; einer Broschüre "Augenzeugen berichten", in der ehemalige Schutzbündler zu Wort kommen; einem historischen Abriss unter dem Titel "Vom November 1918 zum Februar 1934", in dem die geschichtliche Entwicklung an Hand von Originaldokumenten belegt wird; zur Mappe "Arbeitsmaterialien" mit 60 Blättern, in denen originalgetreu Plakate, Flugblätter, Zeitungsausschnitte, Statistiken, etc. der Zeit wiedergegeben werden oder zur Ausstellung "Der Weg in den Februar", die an jedem Auftrittsort gezeigt wird und faktisch "Einführungs-, Einstimmungsbestandteil" der jeweiligen Aufführung ist.

Wobei die Ausgabe des Begleitmaterials nicht als simples "in die Hand drücken" vor oder nach dem Spiel gesehen werden darf, sondern vielfach in die Theaterproduktion unmittelbar einfließt. Etwa wenn im Stück "Friede den Hütten, Krieg den Palästen" der hektographierte

"Hessische Landbote" als szenische Aufbereitung "heimlich" (weil verboten) dem Zuschauer zugesteckt wird und dieser unmittelbar die Gefährlichkeit des Lesens dieser Schrift nachvollziehen kann. Oder wenn in der Produktion "November 1918" im Pausenspiel Freibier verteilt wird, mit dem die Zuschauer "gekauft" werden und sich an dieser Bierflasche eine Kleinbroschüre als Anhänger befindet, in der mittels Originaldokumenten der Zeit den Massen von der Teilnahme an den revolutionären Umtrieben abgeraten wird.

Das Verständnis der Gruppe von der Funktion des Theaters und das Aufgreifen gesellschaftspolitisch relevanter Themen erfährt seine Fortführung zwangsläufig auch in der Suche und Ansprache eines anderen Publikums. Eines Publikums, das einerseits von der Problematik unmittelbar betroffen, andererseits aber vom Theater selbst faktisch "ausgesperrt" ist.

„Die Gruppe versucht ... vor allem jene anzusprechen, die vom herrschenden Theater inhaltlich, formal oder organisatorisch ausgeschlossen bleiben bzw. sich auf Grund der Konstellation des herrschenden Theaters (zwangsläufig) selbst ausschließen".[189]

Entsprechend breit gestreut sind denn auch die Auftrittsorte des "theaterarbeiterkollektivs", die von der Straße, von Plätzen, Höfen und öffentlichen Treffpunkten über Jugendzentren, Fabriksräumlichkeiten, Schulen, Arbeiterlokalen, Volksheimen, Bezirkstreffpunkten, Wirtshaussälen, alternativen Kulturtreffs ... bis zu riesigen Veranstaltungshallen reichen.

Das Spiel im kleinen Rahmen vor achtzig bis hundert interessierten Jugendlichen wird ebenso gesucht wie der Auftritt vor einem für eine sinnvolle Sache mobilisierten Massenpublikum. So tritt die Gruppe während ihres mehr als achtjährigen Bestehens in improvisierten Räumlichkeiten in kleinen Dörfern und Gemeinden ebenso auf wie vor tausenden Besuchern etwa in der Wiener Kurhalle Oberlaa, bei Antifaschistischen Kundgebungen oder Friedensfesten in Zelten oder auf öffentlichen Plätzen.

Wobei entscheidend stets die entsprechende Auf- und Nachbereitung mit den Zuschauern ist, die im kleineren Rahmen – neben dem entsprechenden Informationsmaterial - im persönlichen Gespräch, in der Diskussion gesucht wird, während bei Großveranstaltungen diese über entsprechende Medien, über zuvor laufende Straßenaktionen, über den auf- und nachbereitenden Kontakt von der Bühne herunter erfolgt.

Eben durch die klare Haltung der Gruppe, durch das Aufgreifen emanzipatorischer Themen, den kompromisslosen Einsatz für die Sache, die Kritik an bestehenden Verhältnissen, kommt es auch immer wieder zu politischen Auseinandersetzungen, die von Behinderungen, Anzeigen bis zu Aufführungsverboten reichen.

Als etwa ein Ausschnitt aus der Produktion "Interruptus, Szenen zum Mythos vom schwachen Geschlecht" im Fernsehen gezeigt wurde und im Mittagsjournal des ORF-Radios ein Bericht über die Probenarbeit am Stück zu hören war, *"montierte ein beleidigter Seher sein Unbehagen beim Bischof. Der ließ der Gruppe, die bei den Minoriten* (einem Kulturzentrum in einem Grazer Kloster - Anmerkung des Verfassers) *gastweise die Show einstudierte, die frohe Botschaft übermitteln, dass er derlei (und noch vieles mehr) in seinem Hause nicht wünsche".*[190]

Als 1981 die Produktion "Die Haken zusammen - das Kreuz geschlagen" in Bad Ischl aufgeführt wurde, erscheint einige Tage später in der "Wochenrundschau" ein Foto des Stückes mit folgendem Bildtext:

„Ein Szenenfoto vom montägigen 'SPÖ-Theater' im Kongresssaal des Ischler Kurhauses, bei dem gute schauspielerische Leistungen geboten wurden. Von der Auswahl der Texte her muss eine derartige Darstellung jedoch abgelehnt werden, sie strotzte nur so von Anschuldigungen gegen 'den hitlertreuen Kameradschaftsbund', den ÖTB, Kärntner Heimatdienst aber auch Exekutive, Militär und den Klerus. Man kann nur hoffen, dass derartige Kräfte in unserem Staate nicht die Oberhand gewinnen".[191]

Was folgte, war eine heftige Auseinandersetzung um die Aufführung in den Medien.

„... ich möchte Ihnen sicherlich im Namen der großen 'schweigenden' Mehrheit für Ihre negative, mannhafte Beurteilung des anormalen Stückes danken", schreibt ein Leser an den als Sittenmoralisten bekannten Wochenpost-Redakteur Peter Huemer, der meint, *"sieben Jahre Zeitgeschichte können und dürfen nicht einfach ausradiert werden".*[192]

Schließlich kommt es zum außergerichtlichen Vergleich zwischen dem Veranstalter, dem Bildungsreferat der SPÖ Bad Ischl, und den Zeitungsherausgebern.

Relativ harmlos dagegen - aber doch die politische Haltung der Gruppe unterstreichend - was während einer Aufführung von "Wir sind so frei" in Wien geschah:

„Offensichtlich von der Brisanz der dargelegten Probleme konkret betroffen, sprang ein SP-Funktionär laut murrend während der Vorführung auf und verließ unter 'Das ist doch eine kommunistische Propagandaveranstaltung'-Geschimpfe den Saal".[193]

Dasselbe Stück führte zum Abbruch des "4. Gmundner Altstadtfestes".

„Rechte Kreise provozierten mit ihren Missfallensäußerungen die Stadtpolizei, die auch prompt einschritt ... und das Fest beendete".[194]

Am stärksten war der Protest aus konservativ-reaktionären Bürgerschichten gegen die Arbeit des "theaterarbeiterkollektivs" wohl an der Produktion "Jungfrau, Mutter oder Hure" zu verspüren. Wobei es dabei weniger um den Inhalt, also das tatsächlich Gesehene, Gehörte, Dargebotene ging (der Großteil der Kritiker hat das Stück nie gesehen), als vielmehr um den Titel selbst und - vor allem - um das dazugehörige Plakat.

Thema der Produktion war die Fremdbestimmung der Frau durch eine dominante Männergesellschaft, ihre Benutzung durch den Mann grundsätzlich, abgehandelt an der Problematik "Sexualität, Verhütung, Schwangerschaftsabbruch".

Da diese Abhandlung in Form einer satirisch-kabarettistischen Revue erfolgte, wurde auch das Plakat entsprechend gestaltet: Frauenbeine, von personifiziertem Klerus und Gericht (also von Männern, mächtigen) gewaltsam gespreizt. Den beiden "Strichmännchen" in den Mund gelegt ein Ausspruch aus der Frauenbewegung, diesen jedoch in der Umkehrung ins Gegenteil verkehrt: "Ob Kinder oder keine, entscheiden wir alleine".

Auf Grund dieses Plakates gab es Anzeigen in Tirol, Bayern und Oberösterreich, in Salzburg gab es heftige Proteste von ÖVP-Seite gegen eine Aufführung des Stückes durch die "Sozialistische Lehrergewerkschaft" und in Vorarlberg wurde faktisch ein Auftrittsverbot ausgesprochen.

Nachdem es bereits einen Aufführungsvertrag und fixierten Aufführungstermin zwischen dem "tak" und dem Bludenzer Kulturverein "Denk-mal" gab, weigerte sich der "Katholische Volksverein" (der eigentliche Besitzer des Bludenzer Stadtsaales, des geplanten Aufführungsortes), seine Räumlichkeiten für "sittenwidrige Zwecke" zur Verfügung zu stellen. Der Mieter des Saales, die SPÖ-dominierte Stadt Bludenz, beugte sich diesem Diktat und ließ das Stück verbieten, was zu heftigsten Auseinandersetzungen in den Vorarlberger Medien führte.

Zwei Monate lang beherrschte das Thema "Jungfrau, Mutter oder Hure" das "Ländle". In zahlreichen Kolumnen, Stellungnahmen und Leserbriefen prallten die Meinungen um "die Freiheit der Kunst" aufeinander.[195]

Letztendlich wurde das Stück zwei Monate später doch noch aufgeführt. Nicht im Stadtsaal, sondern in einem vom Bludenzer Kulturverein am Stadtrand aufgestellten, riesigen Zelt, das zweimal ausverkauft war.

Politisch motivierte Behinderung der Arbeit des "theaterarbeiterkollektivs" gab es aber auch durch Störversuche rechtsradikaler Personen bei einzelnen Aufführungen, durch telefonische Einschüchterungsversuche, durch Aufrufe zur Zerschlagung der Gruppe in ANR-Flugblättern ... Und natürlich auch durch den Versuch des Aushungerns von Seite politischer Subventionsgeber.

Cd) Form und Ästhetik
Beherrschung des Instrumentariums
als Voraussetzung für Akzeptanz

Von Anfang an steht für die Mitglieder des "theaterarbeiterkollektivs" fest, dass sie bei ihrer politischen Haltung,
ihrem Anspruch und ihrem Wollen, ihrer Kritik an den
Verhältnissen ... eines besonders beherrschen müssen:
ihre Stimmen, ihre Körper, ihre Ausdrucksmittel, kurz:
ihr Instrumentarium.

All ihre Philosophie, ihr theaterpolitisches Denken, ihre
theoretischen Konzeptionen bedingten von Beginn an das
selbstverständliche Funktionieren der entsprechenden
Transportmittel. Nur wenn sie künstlerisch-ästhetisch
unangreifbar sind, haben sie die Chance, ihre Inhalte zu
vermitteln.

Gerade sie, die sich als Alternative zum bestehenden bürgerlichen Theaterbetrieb anboten, mussten von der Qualität her mindestens ebenso gut - wenn nicht besser - sein,
als die Akteure der Staats- und Stadttheater, deren Produktivität ja bezweifelt wird.

So wurde schon in der Phase der Gruppenvorbereitung
größten Wert auf die Aus- und Weiterbildung gelegt.
Tägliches Training war selbstverständlich. Aber eben -
wie schon gesagt - nicht isoliert und losgelöst, sondern
stets in Verbindung mit Inhalten.

Diese Einsicht in die Notwendigkeit, gerade als politisch engagiertes Ensemble höchste darstellerische Qualität auf die Bühne bringen zu müssen, bestätigt sich denn auch immer wieder. In zahlreichen Kritiken wird der gestellte Anspruch der Gruppe an deren theatralischen Leistung gemessen.

So schreibt etwa Horst Ogris nach einer Gastspielserie mit der ersten Produktion in Villach, nachdem er zuerst aus theoretischen Statements der Gruppe zitiert:

„Hat man solche programmatische Prämissen nicht schon des öfteren gelesen - und wurde enttäuscht von dem, was dann als Produktion dabei herausgekommen ist? Nicht so bei der Gruppe Theaterarbeiterkollektiv ... Die Produktion 'Friede den Hütten, Krieg den Palästen' ... stellt eine Überraschung dar, wie man sie höchst selten von Sprücheklopfern obzitierter Art zu Gesicht bekommt ... weil in dieser Gruppe Schauspieler agieren, um die sich jedes mittlere Theater reißen müsste. Denn was einen Abend lang mit den sparsamsten Mitteln theatralischer Möglichkeiten an blendender historischer Revue verkauft wird, sucht in der Dichte und unwiderlegbaren Bildersprache zumindest in der österreichischen Theateravantgarde seinesgleichen".[196]

Diese Qualitätsakzeptanz zieht sich all die Jahre konsequent durch die Kritiken:

„... mit einer gestischen, mimischen und sprachlichen Schärfe, wie sie auf österreichischen Bühnen nur selten zu beobachten ist".[197]

„... darstellerisch von einer Perfektion und Intensität, die man nur selten auf einer Bühne erlebt: schlicht ausgedrückt eine Sensation".[198]

„... wie das die Mitwirkenden beherrschen, ist sehenswert; beispielhaft auch die sprachliche Perfektion jedes einzelnen. So manches Mitglied des Grazer Schauspielhauses könnte in dieser Hinsicht von ihnen lernen".[199]

„... durch die faszinierende Beherrschung ihrer schauspielerischen Mittel: ihres Körpers, ihrer Sprache, ihrer Ausdruckskraft, ihrer Komödiantik".[200]

„... durch die Beherrschung ihrer Mittel einen Abend lang den Zuschauer fesselt und fordert, ihn unterhält und einbezieht ... ".[201]

„... ein in der künstlerischen Umsetzung zutiefst beeindruckender Bühnenabend".[202]

Die darstellerische Qualität, die selbstverständliche Beherrschung des Handwerkes, ist für die Gruppe wesentliche Voraussetzung, um überhaupt bestehen, um sich durchsetzen zu können.

In welchen Formen sich diese Qualitäten dann letztendlich niederschlagen und äußern, ist völlig unterschiedlich und hängt von der jeweils gewählten Problematik, dem selbst gestellten Inhalt ab.

Es gibt kein dominantes Stilmittel, keine vorherrschende Form, kein formal-dogmatisches Anlehnen an Gurus und Vorbilder. Gesucht wird immer wieder aufs Neue nach jenen ästhetischen Ausdrucksmöglichkeiten, die am besten geeignet sind, den gestellten Inhalt, das gewählte Thema zu vermitteln und dem Publikum sinnlich nahe zu bringen.

So reichen denn auch die Darstellungsmomente von der szenischen Collage, die mittels Liedern und Dokumenten unterstrichen wird, über die revuehafte Show unter Nutzung choreographisch-bewegungstechnischer Momente, über kabarettistisch-clowneskes Nummerntheater bis hin zur multimedialen Inszenierung in einer Rundumbühne mit Großbildprojektionen, Lichteffekten, Geräuschkulissen und mehr.

„Damit hat die Gruppe bewiesen, dass sie theatralisch sich in jeglicher Form mit ihrem Gegenstand auseinandersetzen kann".[203]

Erlaubt ist, was nützlich ist und der Vermittlung von Inhalten dient. So ist denn auch die Suche nach der adäquaten, der dem gewählten Thema entsprechenden Form ein wesentlicher Bestandteil der jeweiligen Aufarbeitung und Aufbereitung im theoretischen wie im praktischen, szenisch-improvisatorischen Prozess.

Entscheidend dabei sind zwei Momente: Einerseits die ständige Sicht auf das Ganze, die untrennbare Funktionseinheit aller Erarbeitungselemente, was eine Verselbständigung formaler Aspekte verhindert. Und andererseits der stetige Blick auf das politische, gesellschaftsbeeinflussende Wollen, das ein "Verpsychologisieren" der Darstellungselemente ausschließen soll:

„Die gesellschaftliche Wirklichkeit, der Standpunkt der Gruppe in ihr, die Sicht auf den Inhalt bestimmen die Wahl der Form. Unsere Arbeit will keine Kleinstentwicklungen zeigen, sondern Zusammenfassungen leisten. Kleinstpsychologische Zeichnungen werden durch große, klar erkennbare Bilder ersetzt. Die Klassensituation der dargestellten Personen ist wichtiger als ihre individuelle Ausprägung".[204]

Entsprechend diesem Ansatz - den wir im ersten Teil dieser Arbeit von Brecht und Piscator bis zu Mnouchkine, Boal oder Fo ähnlich vorfinden - ist die Formfindung und -gebung eine konsequente Folge des eingenommenen theaterpolitischen Standpunktes, der gesellschaftspolitischen Haltung, die ja das eigentliche Ermessenskriterium für "anderes' Theater, für das "Freie Theater" ist.

Was einmal mehr deutlich macht, dass formale Aspekte und Stilfragen keinesfalls das entscheidende Kriterium sein können, wenn es um die Definition des Begriffes "Freies Theater" geht.

Einen fixierten, unabänderlichen Spielstil, eine ständig gültige, statische Form zu haben, die zur pragmatischen Größe wird, würde eine Umkehr der Wertigkeiten bedeuten; würde Themen und Inhalte einer vorhandenen Ästhetik unterordnen bzw. diese überhaupt erst auf Grund der fixierten Ästhetik entstehen lassen, was keinesfalls Sinn einer wirklich alternativen Theaterarbeit (die sich an gesellschaftlichen Alternativen, also an Inhalten misst) sein kann.

Wie wenig sich beim "theaterarbeiterkollektiv" - bei aller inhaltlicher Parteilichkeit - ein einheitlicher Aufführungsstil, eine dogmatisch eingeengte Spielweise erkennen lässt, sei an Hand einiger Auszüge aus Zeitungskritiken verdeutlicht.

So sieht Bernd Schmidt in einem einzigen Stück: *„Das theatralische Spektrum reicht vom makaber-grotesken Ritual, über ballettöse und choristische Aktionen bis hin zu abgewandelten Formen des Kabaretts".*[205]

Eva Schäffer meint: *„Um die Aussage möglichst eindringlich zu veranschaulichen, bedienen sich die Spieler des Schock-Effektes: Das Publikum wird zum Lachen verführt, in Sicherheit gewiegt, und plötzlich kippt lächerlich Wirkendes in Traurigkeit um".*[206]

„Historische Quellen werden zitiert, Pantomime und Lieder wechseln mit erklärenden Texten". „Eine szenische Montage ... mit den Mitteln der Ironie, der Groteske, des Spottes".[207]

„Kabarettistische Elemente wechseln mit harten, die his-
torische Wirklichkeit in all ihrer Brutalität zeigenden Bil-
dern. Dichtung und Ästhetik gehen Hand in Hand mit Do-
kumentarischem. Historisches geht direkt in Heutiges
über".[208]

„Machtfaktoren und Faktoren der Ohnmacht werden mit
den Mitteln der Parodie, der Persiflage, des agitativen
Theaters, der Verfremdung, auch unter Einsatz von
(Sprech-)Chor, Song, ballettösen Elementen und akusti-
scher sowie beleuchtungstechnischer Aufbereitung deut-
lich gemacht".[209]

„Die in lebendiger Choreographie umgesetzte Collage
von scharfzüngigen Liedern und Originalreden zeigt das
'theaterarbeiterkollektiv' auf der Höhe seines theatrali-
schen Spektrums. Exakt und beklemmend aggressiv ge-
lingt die szenische Auflösung".[210]

„Eine dynamisch-plakative Schau, deren technische Per-
fektion die Zitate voll zur Wirkung brachte. Mit pantomi-
mischen Elementen in Form 'lebender Bilder', grotesker
Verzerrung, Entfremdungseffekten und bösem Spott".[211]

„Die Darsteller prägen in präziser Ballung das Porträt
des Faschismus, beschwören Unterdrückung, Grauen,
Menschheitsfeindlichkeit herauf - und den grausigen Ju-
bel, den derlei auszulösen wusste, samt gespenstisch na-
hen und gespenstisch heutigen analogen Tönen. Knapps-
ter Text, beredteste Gestik und Mimik dazu, Phrasen von
gestern und heute entlarvend mitsamt jenen, von denen

sie stammen. Theatralisch voll wirksam, werden damit Tatsachen unterbreitet, Sachverhalte bloßgelegt, Gedanken herausgefordert".[212]

„Sie demaskieren, indem sie Masken tragen, sie schaffen Klarheit, indem sie das Unklare deutlich aussprechen ... Das Lachen gefriert gar oft, schlägt in eine Erkenntnis um, die nachdenklich macht".[213]

Diese Zitate verdeutlichen das zuvor Gesagte: es gibt beim "theaterarbeiterkollektiv" all die mehr als acht Jahre hindurch keinesfalls einen einheitlichen Spielstil, keine durchgängig vorherrschende Form. Vielmehr wird diese mit jeder neuen Herausforderung neu gesucht und als solche verstanden.

Was vielleicht für die Formfrage durchgehend mitbestimmend ist, das ist der einerseits freiwillige (um nicht in die Versuchung des Illusionismus zu verfallen) und andererseits der (finanziell-ökonomisch) erzwungene Verzicht auf "große Ausstattung, Pompösität, Prunk und Pracht".

Die Reduktion auf Wesentliches, auf Entscheidendes: auf die Ausdrucksmittel der Schauspieler, deren Körper, Sprache, Stimme, deren Kraft, Rhythmusgefühl, Zeichensprache; auf ein knappes, kompaktes Bühnenbild, das - so wie die eindeutigen (oft grotesk überzeichneten) Requisiten - zum Partner und Mitspieler der Darsteller wird und mithelfen soll, die Inhalte und Aussagen zu vermitteln und transportieren.

Dieser Verzicht auf "große Ausstattung" hängt auch damit zusammen, dass die Gruppe - wie im letzten Abschnitt beschrieben - stets auf der Suche nach "seinem" Publikum ist, also zu diesem kommt, eine Vielzahl von Gastspielen und Tourneen unternimmt und vom Club-Raum bis zum Zirkus-Zelt unterschiedlichst konzipierte Orte bespielt, in denen das Bühnenbild möglichst flexibel zu sein hat.

Ce) Die einzelnen Produktionen
Kurzbeschreibungen, Kritiken, Stellungnahmen, Aufführungen, Gastspiele

Wurde in den letzten Abschnitten die Ausgangsbasis für die Gründung der Gruppe "theaterarbeiterkollektiv", das politische Verständnis, die Arbeitsmethode, die aufgegriffenen Inhalte, die angewandten Formen skizziert, so wird im folgenden Kapitel der Versuch unternommen, die einzelnen Produktionen, ihre Entstehungsgeschichte, ihren Verlauf, ihre Resonanz und Wirkung darzustellen.

Wobei vorweg wieder darauf hingewiesen wird, dass auch dieser Abschnitt im Zusammenhang mit dem zuvor bereits Ausgeführten gesehen werden muss, dass bestimmte Momente auf dem aufbauen, was in den letzten

Abschnitten bereits gesagt wurde, dass also die nun folgenden Produktionsbeschreibungen im Kontext mit dem bisher Beschriebenen zu werten sind.

Cea) Friede den Hütten - Krieg den Palästen
(1789 bis 1848. Georg Büchner und seine Zeit)

Der Beginn der langwierigen Auseinandersetzungen um diese Produktion reicht in die Jahre 1976/1977 zurück, als an der Schauspiel- und Regieabteilung der Hochschule für Musik und darstellende Kunst in Graz (heute: Kunstuniversität) sich Studenten zu Eigeninitiative und praktischem Tun entschlossen.

Mehr als ein halbes Jahr lang beschäftigten sich vierzehn angehende Theatermacher (zu denen in der Folge bereits fertig ausgebildete Kollegen stießen) am Beispiel Georg Büchners und seiner Zeit einerseits mit einer politisch hochbrisanten Epoche und andererseits mit theaterpolitischen Konzeptionen, mit kollektiven, gemeinschaftsverantwortlichen Produktionsweisen.

„In der Geschichte wie in der Natur existieren allgemeine, wesentliche und notwendige Zusammenhänge, die die Wiederholbarkeit und Regelmäßigkeit bestimmter ge-

sellschaftlicher Prozesse ausdrücken. Existenz und Ent-
wicklung der Gesellschaft unterliegen ganz bestimmten
Gesetzmäßigkeiten ... Das Studium der Geschichte kann
und soll uns also zur Erkenntnis bringen, dass unsere Ge-
sellschaft eine Geschichte hat, dass sie nicht immer so
war und dass sie nicht immer so sein wird".[214]

Dieses Zitat aus dem Programmheft zur Produktion ver-
weist bereits auf die eigentliche Bedeutung der Gruppenarbeit, nämlich - wie schon zuvor erwähnt - innerhalb eines gemeinsamen Prozesses das gefühlsmäßig empfundene Unbehagen gegenüber der bürgerlichen Institution
"Theater" bewusst zu fassen und dem eine Alternative
gegenüberzustellen.

Historisches Wissen, das Wissen um die Sache, das Wissen um das eigene Tun gehört da ebenso dazu wie das
Aufheben einer fatalistischen Geschichtsbetrachtung.

In der Arbeit selbst werden die intensiven theoretisch-
historischen Forschungen (die sich in Literaturverarbei-
tungen und Vorträgen, in Gesprächsrunden und Diskussionen niederschlagen) durch die Texte Büchners und anderer kritischer Literatur des deutschen Vormärz, durch
das Liedgut der Zeit und Dokumente bereichert, die als
improvisatorische Spielvorlagen dienen, aus denen heraus sich Darstellungsmomente entwickeln.

So entstehen im Laufe der ersten Projektarbeit lose Szenen, die schließlich zu einem einheitlichen Ganzen, zu

einem geschlossenen Bilderbogen zusammengefügt werden. Parallel dazu entwickeln sich Bühnenbild, Kostüme, Requisiten.

Im Sommer 1977 wird das Ergebnis der Arbeit erstmals der Öffentlichkeit präsentiert - noch als kollektive Arbeit von Schauspiel und Regiestudenten.

Und diese Öffentlichkeit ist vom Arbeitsergebnis äußerst angetan:

„Eine zukunftsweisende Gemeinschaftsarbeit . . . bestechende Umsetzungsideen ... ausgezeichnetes Spiel ... beeindruckende Leistungen ... interessant und spannend ... langanhaltender Beifall".[215]

Von manchen Kritikern wurde aber auch Entscheidenderes erkannt: *„Besser kann man kaum demonstrieren, wie sehr die Begriffe 'Theater' und 'Gesellschaft' zusammenhängen ... Diese Produktion beweist, was wir nicht mehr glauben wollen: dass Theater wichtig ist".*[216]

Zwar entschloss sich die Hälfte der am Arbeitsprozess Beteiligten schon lange vor der ersten Aufführung zur Gründung einer "Freien Gruppe", doch das Sehen, dass die geleistete Arbeit auf Akzeptanz und Erkenntnis stößt, hat diesen Entschluss noch verstärkt.

Den Sommer 1977 über wird einerseits an dieser Produktion weitergearbeitet, wird andererseits aber bereits ein neues Thema aufgegriffen, während gleichzeitig die organisatorischen Vorbereitungen zur Gründung der

Gruppe "theaterarbeiterkollektiv" laufen, die im September 1977 als Verein ihre Fixierung erfährt.

Im Oktober 1977 wird die Produktion "Friede den Hütten, Krieg den Palästen" im Rahmen des Festivals "Steirischer Herbst" zuerst mehrmals in Graz gezeigt und geht dann auf "Herbst"-Tournee durch mehrere steirische Bezirkshauptstädte. Außerdem folgt ein Auftritt an der Uni Graz, eine Gastspielserie in Villach, Auftritte in Wien und neuerlich eine dreitägige Aufführungsserie in Graz, die vom ORF (Fernsehen) aufgezeichnet und ausgestrahlt wird.

Die Reaktionen auf die Produktion sind - auch außerhalb von Graz - durch die Bank positiv.

".... eine ausgezeichnet durchdachte und sehr gut inszenierte Arbeit ... die guten schauspielerischen Leistungen der Gäste aus Graz ließen diesen Theaterabend zu einem nachhaltigen Erlebnis werden".[216a]

Im Anschluss an die Aufführungen gab es (von der Gruppe gewünschte und initiierte) Diskussionen mit dem Publikum. Zwar waren unter den Zuschauern auch - je nach Veranstaltungsort mehr oder weniger - Studenten, Schüler, Lehrlinge und Arbeiter. Doch setzte sich der Großteil des Publikums aus dem so genannten "Bildungsbürgertum" zusammen. Das Erreichen der erhofften Zielgruppe wurde erst in dem Moment verbessert, als die Gruppe intensiver mit Arbeiter- und Jugendorganisationen zusammenarbeitete.

Die Produktion "Friede den Hütten - Krieg den Palästen"
wäre sicherlich noch wesentlich länger im Repertoire der
Gruppe geblieben, wenn nicht ein Teil der Akteure (nämlich jene, die sich aus der ursprünglichen Arbeitsgruppe
nicht dem "theaterarbeiterkollektiv" anschlossen), nicht
ständig als "Gäste" herangezogen werden hätten müssen,
was auf Dauer zum organisatorischen Problem wurde.

Ceb) ... DEM MANNE UNTERTAN
das Frauenbild in seiner historischen
Entwicklung

Wie zuvor schon erwähnt, beschäftigte sich die Gruppe
unmittelbar nach der Premiere von "Friede den Hütten -
Krieg den Palästen" (also ab Mitte Juni 77) mit einer
neuen, von den Beteiligten kollektiv bestimmten Themel-
tik. Und zwar mit der Rolle der Frau in unserer Gesellschaft.

Dies aus mehreren Gründen. Einerseits bestand der harte
Kern des Ensembles mehrheitlich aus weiblichen Akteuren. Und andererseits wurde im Prozess der ersten Produktion - selbst in einer sich demokratisch und gleich-
wertig verstehenden Formierung - die Erfahrung ge-

macht, dass Gleichberechtigung zwischen den Geschlechtern nicht so selbstverständlich ist, wie angenommen wurde.

Dazu kam, dass das Thema gesellschaftspolitisch in jener Zeit äußerst relevant wurde, dass in Folge der 68er-Bewegung, der antiautoritären Auseinandersetzung, Frauen vielfach erst jetzt - zehn Jahre später - sich ihrer "weiblichen" Rolle des "Benutzt-Werdens" bewusst wurden und aufzubegehren begannen.

Das Wissen aller Beteiligter um die Problematik ist auch bei dieser Produktion die logische und konsequente Voraussetzung.

„Um der Thematik gerecht zu werden, galt es vorerst, das Frauenbild nhistorisch aufzurollen; die Prägung unterschiedlichster Frauenbilder innerhalb konkreter gesellschaftlicher und ökonomischer Bedingungen zu sehen; das Benutzen der Frau geschichtlich zu verfolgen. Dadurch konnten Zusammenhänge zwischen der jeweiligen Gesellschaftsordnung und dem entsprechenden Frauenbild erkannt werden, konnte die Gegenwart verständlich werden, wurde die Ursache für die Benutzung der Frau aus ökonomisch-ideologischen Gründen heraus klar. Nur so ist aber auch eine zielgerichtete, zukunftsweisende Beseitigung dieser Ursache möglich, kann der bürgerlich-fatalistischen Weltvorstellung (die Frau ist so-und-so, war es stets, wird es folglich auch immer bleiben) effektiv entgegengearbeitet werden.“[217]

So erfolgte über Monate hinweg eine intensive Auseinandersetzung um historisch-literarische wie wissenschaftlich-dokumentarische Quellen.

Ethnologische Untersuchungen (etwa einer Margaret Mead) flossen ebenso in die "Vorarbeiten" ein wie arbeitsmarktpolitische Entwicklungen an Hand von Tabellen, Statistiken und Diagrammen; historische Dokumente ebenso wie literarische Auseinandersetzungen.

Hand in Hand mit dieser Quellensuche und der entsprechenden Verarbeitung dieser in Form von gruppeninternen Referaten, Vorträgen und Diskussionen, wurden im täglichen Training theoretisch gewonnene Erkenntnisse dem Versuch einer praktischen Umsetzung unterzogen.

Ursprünglich war die Aufführung einer Produktion zum Thema erst für März 1978 geplant. Als jedoch der "Steirische Herbst" von der Beschäftigung des theaterarbeiterkollektivs mit der Problematik erfuhr, wurde die Gruppe gebeten, bereits im Oktober 1977 Einblick in den Stand der Arbeit zu gewähren und einen Beitrag zur Eröffnung des Festival-Literatursymposions "Männersprache-Frauensprache" zu erstellen.

So erarbeitete die Gruppe kurzfristig eine Collage unter dem Titel "... dem Manne untertan", mit der das Literatursymposion im Steirischen Herbst 1977 (mit so prominenten Teilnehmerinnen wie Elfriede Jelinek, Christa Wolf, Erich Fried) im Grazer Forum Stadtpark offiziell eröffnet wurde. Eine Collage in Szenen, Bildern, Liedern und Dokumenten, die das Frauenbild in den verschiedensten historischen Epochen - von der Urgesellschaft bis zur Gegenwart - schildert und analysiert.

"Historische Quellen werden zitiert, Pantomime und Lieder wechseln mit erklärenden Texten".[218]

Die Aufführung findet bei den Zuschauern, den Fachkennern (Ernest Bornemann, dessen Buch "Das Patriarchat" der Gruppe in vielen Momenten als "Vorlage" diente, war bei der Premiere anwesend und zeigte sich äußerst angetan) und der Kritik großes Lob:

„Ein intelligenterer, sinnvollerer Auftakt zum diesjährigen Literatursymposion des 'steirischen herbstes' ist kaum denkbar".[219]

„Auch diesmal ist es gelungen, die Inhalte so umzusetzen, und die Stilmittel so gezielt einzusetzen, dass die zahlreich erschienenen Besucher im Forum Stadtpark ein freilich intellektuelles Vergnügen haben konnten".[220]

„Eine kritische Durchleuchtung der Geschichte des Frauenbildes fand statt und - durch gezielten, intelligenten Einsatz darstellerischer Mittel - eine faszinierende künstlerische Aufbereitung des Themas, des vorhandenen Stoffes. Sorgfältige Recherchen, genaue Probenarbeit, großes Können".[221]

Da die kontinuierliche Weiterarbeit, die Zielorientierung auf die eigentliche, die "große" Produktion den Gruppenmitgliedern wichtig erscheint, kommt es - trotz vieler Anfragen - zu keinen weiteren Aufführungen der Collage.

Dafür wird umso intensiver an den Proben für die nächste Produktion, dem Stück "Interruptus – Szenen zum Mythos vom schwachen Geschlecht" gearbeitet.

Cec) INTERRUPTUS
Szenen zum Mythos vom schwachen Geschlecht

"INTERRUPTUS versucht frauendiskriminierende Erscheinungen aufzuzeigen, diese ins Bewusstsein zu rufen und die Ursachen solcher Erscheinungen sichtbar zu machen. Dabei soll sinnlich vermittelt werden, dass die volle Emanzipation der Frau und ihre Gleichstellung mit dem Mann eines der Ziele unserer Kulturentwicklung sein sollte. Möglich ist dies nur durch eine Umgestaltung, welche die Herrschaft von Menschen über Menschen aufhebt und jene Schranken beseitigt, die den Menschen vom Menschen, also das eine Geschlecht vom anderen, abhängig macht".[222]

Das Stück wurde für die Steirische Kulturinitiative erstellt, deren Anliegen es ist, die Arbeiter- und Lehrlingswelt mit Kultur zu konfrontieren, Kultur über Graz hinaus in die Bezirksstädte zu bringen.

Innerhalb dieser Initiative kommt es zu insgesamt zehn Vorstellungen. Premiere ist anlässlich der Eröffnung der Steirischen Kulturinitiative am 4. April 1978 im Grazer Haus der Jugend unter Anwesenheit des Bundespräsidenten und anderer Politprominenz.

Wurde in der Collage "... dem Manne untertan" das Rollenbild der Frau historisch entwickelt, so dreht sich das Geschehen in der Produktion "Interruptus" - basierend auf der geleisteten Wissensaneignung und -beherrschung - vorrangig um die Frau von heute in der Gesellschaft von heute.

Aus diesem Grunde auch sind die Vermittlungsformen völlig andere als zuletzt. Waren es in der Collage „... dem Manne untertan" kurze, knappe Szenen, historische Quellen, Dokumente, Lieder, Zitate und Erklärungen, die in rascher Folge in revuehafter Brechung mittels Tanz, Pantomime und chorischer Gruppierungen und Bewegungsabläufe zur sinnlichen Vermittlung dienten, so wurde in der Produktion "Interruptus" Wert auf große, plakative, breit ausgespielte Darstellungsmomente von einer höchst sinnlich-ästhetischen Bildersprache gelegt:

Ein mächtiger "anachronistischer", komisch-grotesker Zug von Männern und Frauen (in vertauschten Rollen) bewegt sich (beinah im Zeitlupentempo) auf die Bühne und entlarvt dann in fantasievoll-clownesker Form die verschiedensten Geschlechterklischees, ehe in einem zweiten Teil das Entstehen und die Funktionen dieser Klischees aufgedeckt und kritisch hinterfragt werden.

„Komisch-grotesk der Beginn: Adams und Evas Vertreibung aus dem Paradies. Dann ein trauriger Zug auf Rädern: Eine Frau schiebt einen Herd vor sich her, dahinter posiert eine andere, die eine murmelt Kochrezepte, die andere Nähanleitungen. Dazwischen Szenen mit Männern: Papst, Mönch, Politiker geben ihre Ansichten über die Funktion der Frau in dieser Welt von sich. Man muss lachen, zu komisch klingt das. Das Publikum unterhält sich glänzend. Raffiniert ist das beabsichtigt, wie die nächste Szene zeigt. Eine Frau tritt auf und spricht bezwingend einfach einen Text, der todernst gemeint ist und das Gelächter entlarvt: 'Es trifft euer Lachen stets nur die Schwachen ...'. Die Komik ist umgekippt in Tragik. Und es folgt eine genaue, unerbittliche Auseinandersetzung mit der Geschichte und der Situation der Frau".[223]

Entsprechend euphorisch auch die Kritiken zur Produktion in anderen Medien:

„Interruptus, das Frauenstück des Theaterarbeiterkollektivs Graz ist ein Erlebnis, das keine Vergleiche mit alternativen Theatergruppen des Auslandes zu scheuen braucht".[224]

„Was die Schauspieler in ihrer neuen Collage zur Frau-
enfrage zeigen, ist eine faszinierende Dichte und Homo-
genität von Text und mimischem Ausdruck".[225]

„... eine ausgezeichnete Aufführung ...".[226]

„Ein Abend von einer Perfektion und Intensität, die man
nur selten auf einer Bühne erlebt".[226]

„... eine Sensation!"[227]

Die Produktion dauerte bei ihrer Erstaufführung (im Rahmen der Eröffnung der Steirischen Kulturinitiative 1978)
rund vier Stunden.

Nach Rücksprache und Diskussionen mit dem Zielgruppenpublikum (jungen Arbeitern, betroffenen Frauen,
Frauengruppen ... aber auch mit kulturpolitischen Mei-
nungsbildnern) wurden die szenischen Momente gekürzt,
um bei den bevorstehenden Gastspielen in den verschiedensten Bezirksstädten das Publikum nicht zu über-
fordern.

Ohne wesentliche Inhalte zu verzerren und ohne die Ge-
samtaussage zu zerstören, wurde in der Folge die Auf-
führungsdauer auf zwei Stunden reduziert.

Außer den zehn Auftritten im Rahmen der Kulturinitiative 78 wurde die Produktion anlässlich der Eröffnung
des Wiener Schauspielhauses gezeigt, sorgte sie bei den
Wiener Jugendtheatertagen zweimal für Aufsehen und

wurde dann auch in den einzelnen Bundesländern vorgestellt.

Nach den jeweiligen Aufführungen gab es in der Regel
heftige Diskussionen.

„Als sie (die Gruppenmitglieder - Anmerkung des Ver-
fassers) *mit diesem Programm in dem 1.200-Seelen-Dorf
Neudau gastierten, wurde nach dem Stück bis weit über
Mitternacht hinaus heftig diskutiert - in einem Ort, der
Theater bestenfalls vom Hörensagen kennt, und wo völlig
ungewiss ist, wie viele Patriarchate an diesem Abend ins
Wanken gerieten“.*[228]

Ein Mitglied der Gruppe schildert dies in einem Gespräch
den Redakteuren einer Jugendzeitung:

*„Wir haben sehr viel auch in Bezirksstädten gespielt, in
der Nähe von Fabriken oder im ländlichen Gebiet. Im
steirischen Neudau nahe der burgenländischen Grenze
hatten wir ein interessantes Erfolgserlebnis: Vom 12jäh-
rigen Kind bis zur 80jährigen Oma war alles im Publikum vertreten (Bäuerin, Lehrerin, Fabrikarbeiter). Das
war wie ein Volksfest, es war das erste Mal, dass ein Theater in ihrem Ort gastierte. Nachher haben wir vier Stunden diskutiert. Wir haben 'Interruptus', das Frauenstück,
gespielt. Anfangs waren die Frauen sehr still, haben nur
die Männer geredet, langsam haben durch Einwürfe von
uns auch die Frauen was gesagt, sodass es ein Gegenei-
nander gegeben hat - das dann soweit ging, dass die*

Frauen beschlossen haben, eine Frauengruppe zu grün-
den".[229]

Entsprechend dem politischen Standpunkt der Gruppe
und dem Anspruch an die Funktion des Theaters gab es
aber nicht nur Diskussionen im Anschluss an Vorstellungen.

Bereits in der Aufbereitung gab es einen intensiven Mei-
nungsaustausch mit Frauengruppen. Mit Kindern einer
vierten Volksschulklasse wurde für das Programmheft
eine Hinterfragung von Rollenklischees erarbeitet. Mit
(vorrangig weiblichen) Interessierten wurde der "Frauen-
bericht des Bundeskanzleramtes" gemeinsam analysiert.
Zusammen mit der Steirischen Arbeiterkammer wurden
Erhebungen über Lohn- und Einkommensverhältnisse
von Frauen in Graz und Umgebung durchgeführt. Eine
Fragebogenaktion unter steirischen Frauenärzten zum
Thema Schwangerschaft und Schwangerschaftsabbruch
wurde durchgeführt, etc. All das floss auch in das entsprechende Dokumentationsmaterial zur Produktion
(Programmheft, Ausstellung, Infomappe ...) ein.

Beinah ein Jahr lang beschäftigte sich die Gruppe - in ihrer ganzen Lebensweise (siehe Kapitel Cb) - intensivst
mit der Thematik. Was - bei aller Produktivität - auch zu
Spannungen führte. So verließen während dieses Jahres
zwei Mitglieder die Gruppe, sodass der harte Kern des

Ensembles seit Anfang 1978 nur mehr aus sechs Akteuren besteht (wobei für einzelne Produktionen immer wieder einzelne Interessierte zur Gruppe dazu stoßen).

Ced) Bertolt Brecht und der Faschismus
eine Collage in Szenen, Liedern, Dokumenten

War es in der Anfangsphase (bis Mitte des Jahres 1977) die Auseinandersetzung mit dem historischen Themenbereich "Von der großen Französischen bis zur halbherzigen Deutschen Revolution (1789 - 1848)" und dann (von Sommer 77 bis April 78) das Thema "Frau", so wählte die Gruppe als nächsten Schwerpunkt der Beschäftigung den Themenkomplex "Faschismus, Neofaschismus, Rechtsradikalismus".

Ein Themenkomplex, der wiederum ein Jahr lang das Gruppengeschehen bestimmen sollte. Ein Themenbereich, der konsequenterweise bereits in den ersten Produktionen mitverarbeitet wurde, ist doch die antifaschistische Haltung der Gruppe ident mit ihrem politischen Standpunkt.

Die Wahl des Themenbereiches erfolgte aus zwei bestimmten Gründen:

Einerseits war etwa um 1978 (auch) in Österreich ein deutlicher Rechtsrutsch zu verspüren, der sich darin äußerte, dass die NDP mit Norbert Burger äußerst offensiv auftrat und die Einführung der Todesstrafe forderte, dass es zur Beschmierung jüdischer Friedhöfe kam, dass die ANR an den Hochschulen zugelassen wurde, etc.

Und andererseits, weil es Wunsch der Gruppenmitglieder war, dem Aktivitäten entgegenzusetzen, aber auch selbst mehr Information und Wissen über die ursächlichen Zusammenhänge von ökonomischen Bedingungen, gesellschaftlichen Entwicklungen und radikalen Auswüchsen zum Thema zu haben bzw. zu gewinnen.

Neben einer Vielzahl an Literatur, die ausgewählt, studiert, analysiert und gewertet wurde, spielte bei dieser Auseinandersetzung mit dem Thema ein künstlerisch-ideologisches Vorbild der Gruppe eine entscheidende Rolle: Bertolt Brecht und seine antifaschistischen Texte.

Zahlreiche seiner Gedichte, Balladen, kritischen Anmerkungen zum Thema wurden als Spielvorlagen zu Improvisationszwecken verwendet.

Diese Literatur wurde einer anderen „Literatur" gegenübergestellt: der von Hitlers "Mein Kampf".

Dazu wurden mittels "aggressiver" Computerklänge Bewegungsabläufe und Choreographien erprobt, welche Ängste und Bedrohung hervorrufen sollten.

Aus eben diesen "Übungsmomenten" heraus wurde eine erste Produktion entwickelt: die Collage "Bertolt Brecht und der Faschismus", die (auch anlässlich des 80. Geburtstages Brechts) im Juni 1978 erstmals gezeigt wurde.

Die Collage ist die erste Produktion der Gruppe, in der das Bühnenbild nicht nur eine spiel- und vermittlungsgerechte, sondern auch eine bedeutende dramaturgische Funktion hat. Der Zuschauer muss (begleitet von Wagner-Klängen und Marschmusik, durchdrungen von Heil-Gebrüll) durch ein Spalier von Särgen in eine Rundumbühne, eine Art Getto.

Stacheldrahtbespannte Baugerüste, die mit braunen Tüchern behangen sind, begrenzen Zuschauer- und Spielraum, die eins werden. Türme mit Scheinwerfern sind errichtet. Stege verlaufen rundum. Auf diesen schwarz gekleidete Figuren, die in Wort, Gestus und Bewegungsabläufen die Vernichtungsmaschinerie des Faschismus signalisieren und beklemmend zur Schau stellen.

Unterstützt von vielseitig verwendbaren, zum Raumgeschehen gehörenden Requisiten. Wie etwa einem Ofenrohr, das - über den Arm gesteckt - nach vorne gerichtet zum Symbol für Tötungswaffen, den Arm hochgerissen zum millionenfachen „Heil"-Gruß wird und nach unten hängend die Verkrüppelung, die Amputation signalisiert.

Oder wenn hinter den Tüchern mit einfachsten Gegenständen bedrohliche Schattenbilder entstehen.

Dieser "Horrorszenerie" gegenübergestellt eine fast archaisch anmutende Figur. Barfuss, in schlichtes graues Sack-Leinen gehüllt, mit Maske. Das Geschehen still beobachtend ... und dann erklärend eingreifend.

Vorrangig mit Brechts Texten. Weise, erkennend, vorausahnend, die Argumente der Brutalität und Menschenfeindlichkeit entlarvend und auf den Punkt bringend.

„Das Gebrüll im Raum, der die Zuschauer während des ganzen Spiels mit braunen Tüchern umhüllt, hallt noch lange nach - im Ohr und im Gehirn".[230]

„Engagement, sensibles, höchst konzentriertes und durch Intensität überzeugendes Spiel gewährleisten einen Theaterabend zum Mit-, Nach- und Überdenken".[231]

„Mit wirksamen darstellerischen Mitteln (gelingt) eine Revue, die dem Vergnügen des Zuschauers freilich auch einiges abfordert: nachdenken und Teilnahme".[232]

„Die einzelnen Szenen sind aufeinander abgestimmt inszeniert und beinhalten eine starke dramaturgische Spannung".[233]

„Ein Dichter-Abend, der ein politisch dichter Abend wurde".[234]

Die Produktion wird einige Male in Graz gezeigt. Gastspiele oder Tourneen sind auf Grund des aufwendigen Bühnenbildes nicht möglich.

Umso intensiver wird dafür an der Thematik selbst weitergearbeitet und wird die eigentliche Hauptproduktion, das Stück "Grüß Gott ... mit deutschem Gruß und deutschem Sang" vorbereitet, das fünf Monate später seine Erstaufführung erleben wird.

Cee) Grüß Gott ... mit deutschem Gruß und deutschem Sang
Szenen aus einem Rechts-Staat ... vierzig Jahre danach

Ging es in der Brecht-Collage vorrangig um historische Bezüge, um grundsätzliche Zusammenhänge zwischen Gesellschaft und Faschismus, um ökonomische Hintergründe, um *"die gesellschaftlichen Zustände, die ihn (den Faschismus) mit Naturnotwendigkeit erzeugen"*,[235] wie Brecht dies nennt, oder um das *"Bestreben (der bürgerlichen Welt), sich mit dem Faschismus zu arrangieren"*,[236] wie Thomas Mann sich ausdrückt ... so war der Anspruch der Gruppe an die neue Produktion das Hier und Heute:

Die Auseinandersetzung um gegenwärtige Rechtstendenzen, um die verharmlosenden, menschenverachtenden Sprüche konservativ-militärischer Kreise, um die heimische Blut-und-Boden-Ideologie, die Ausländer-hetze, die Politik der Stärke, den Sozialabbau, aktuelle Rassismen, Menschenverachtung, etc.

Zu diesem Zwecke wurden umfangreiche Studien, Untersuchungen und Befragungen angestellt, eine Vielzahl an Literatur zusammengetragen und verarbeitet, wurden Zeitungsausschnitte, Flugblätter, Briefe, Dokumente der jüngsten Vergangenheit gesammelt ... und in einem ausführlichen Programmheft dokumentiert und in einer Arbeitsmappe nutz- und verwendbar gemacht.

„Vorbildliche gedankliche Vorbereitung im Ensemble ... Verantwortungsbewusstsein, exakte und gründliche Gedankenarbeit, wacher Sinn für das Heute und seine Erfordernisse ... ",[237] schreibt ein Theaterkritiker über die von der Gruppe geleisteten Vorarbeiten.

Das Stück selbst entsteht - stärker noch als die vorangegangenen Produktionen - im unmittelbaren Probenprozess. Vier Monate verbringt die Gruppe fast ausschließlich "auf der Bühne", um an Hand der gewonnenen theoretischen Einsichten praktische Umsetzungsmöglichkeiten zu finden, um einen Gestus, eine ästhetische Form zu entwickeln, die dem Thema gerecht wird.

Dabei spielt einerseits die non-verbale Darstellung, die Sprache der Körper und der Bilder eine wesentliche Rolle, andererseits die Entlarvung und Bewusstmachung mittels der Komik, der Groteske, des lustvollen Spaßes der Aufdeckung und des (Wieder)Erkennens.

Der stilisierte "Berg Österreich" steht mächtig im Zentrum des Geschehens. Er ist nicht nur begeh- und bespielbar, er spielt auch selbst mit, wird zum Partner.

Trachten, Lederhosen, Rucksäcke, Goiserer oder Filzpantoffeln bilden nicht nur Kostüme und Requisiten, sie werden auch zu Mit- und Gegenspielern der Akteure.

Schloßberg, Goldenes Dachel oder Riesenrad marschieren im wahrsten Sinne des Wortes über die Bühne und agieren ebenso aktiv mit wie Moped, Traktor und Ford-GTI.

Mit unwahrscheinlicher Sinneslust wird - ohne viel erklärender Worte - das bieder-brave Bürgerdasein, das sich gegen jegliche Veränderung zur Wehr setzt und an tradierten, menschenverachtenden Lebensweisheiten festhält, demontiert und der Lächerlichkeit preisgegeben.

Dazwischen kippen Szenen aber immer wieder in Tragik um, wird durch Brechungen knapp angerissen, wohin derlei Entwicklungen führen.

Nach der Fixierung erster Szenen und Szenenfolgen sind bei den Proben immer wieder Interessierte dabei, die mit der Gruppe über das Gesehene reden, ihre Eigenerfahrung einbringen und so zum weiteren Verlauf beitragen.

"Es dürfte sich nach einem ersten, eindrucksvollen Probeneindruck wohl um das ehrgeizigste und für unsere Gegenwart relevanteste Programm handeln, das diese durch ihre konsequente Arbeit beeindruckende Gruppe

bislang abgeliefert hat ",[238] schreibt etwa ein bei solch einer Probe anwesender Kritiker.

Im November 1978 erfolgt die Premiere des Stückes im Grazer "Haus der Jugend".

"In komischer Verkleidung erstarrte da die Trink-Brüderchen-trink-Gemütlichkeit zum alltäglichen Berg-und-Tal-Chauvinismus, gern zitierte Volksweisheiten wurden sprichwörtlich ihrer völkischen Substanz entlarvt und zu alpenländischen Klängen marschierte kabarettistisch verfremdet die Blut- und Bergbodenideologie über die Bühne ".[239]

"Liedassoziationen, Klischee-Wendungen, angerissene Bildvorstellungen aus dem Schatzkästlein der alpenländischen Bergsteigerwelt: auch die scheinbar harmlosen Grundlagen faschistischer Tendenzen kommen in ihren Szenen in komischer Brechung zu Wort ".[240]

"Mit fast kabarettistischen Waffen werden die reaktionären Kräfte getroffen, die hierzulande oft auf eine 'älplerisch'-hinterwäldlerische Weise daherkommen ".[241]

Man hat viel zu lachen, doch: *"Das Programm erzeugt Betroffenheit, das Lachen bleibt einem im Hals stecken. Diese 'Szenen aus einem Rechts-Staat' geben Anlass zum Nachdenken und zur Diskussion* ".[242]

"Ein hochgerissener rechter Arm, ein Bühnenbild von Frauen hinter Gittern, ein gewalttätiger Ton in der Stimme, ein paar Wortassoziationen, wie zum Beispiel

Siegfried, Siegmund, Sieglind, Sieg Heil, lassen auch die
nicht vergessen, die darüber nur gelesen haben ".[243]

„(Dieses Stück) demontierte mit unverhohlener Sinnes-
lust die dümmlich vermarkteten und praktizierten Kli-
schees eines zur Marionettenhaftigkeit erstarrten Hei-
matbewusstseins, das nationale Töne und Hymnen träl-
lert. Mit dieser Produktion hat sich die Gruppe ihre Le-
gitimation endgültig erspielt ".[244]

Die Produktion wird einige Male in Graz gezeigt und
geht dann - vom Bühnenbild her leicht reduziert, sprich:
verkleinert – auf Tournee durch Österreich.

Cef) Grazer Spaziergänge
Ein satirisch-ironischer Blick auf jene Stadt,
die in diesem Jahr ihren 851. Geburtstag feiert

Als dritte theatralische Auseinandersetzung zum Thema
"Faschismus-Konservatismus" setzte sich die Gruppe -
unmittelbar nach der "Grüß Gott"-Produktion - kurzfristig zum Ziel, eine kabarettistische Revue über das gesellschaftspolitische Bewusstsein und die Macher desselben
in der Stadt ihres Wirkens zu erstellen.

Dabei wurde wesentlich anders vorgegangen als bei den
bisherigen Produktionen. Während die ersten fünf Stücke

vorrangig im Probenprozess entstanden, setzte sich die Gruppe diesmal zuerst gemeinsam an den Tisch und schrieb vorab Sketches, Szenen, kabarettistische Schlagzeilen und ähnliches und fügte diese zu einem abendfüllenden Programm zusammen.

Erst damit - also mit der fertigen "Literatur" - ging es an die Proben, wobei hier natürlich gewisse Momente (Worte, Sätze, Szenen) ihre Umformung, ihre Umgruppierung erfuhren.

Sinn und Zweck dieser Arbeit war es, sich einerseits über jene lustig zu machen, sie zu karikieren und zu entlarven, die gesellschaftliches Verhalten entscheidend prägen.

Und sich andererseits mit einem Medium kritisch auseinanderzusetzen, das nach Meinung der Gruppe viel an politischer Wirkung verloren hatte, dem Kabarett.

So entsteht denn ein Programm, das weit über die übliche Nutzung des Genres hinausreicht, wo in der Regel die vorgetragene, gesprochene Pointe alles ist, während das Spiel, die Darstellung, die Form, die Theatralik vergessen wird.

Ein Programm, das kritisch-böse, satirisch-entlarvende Inhalte mittels sinnlich-ansprechender Formen transportiert und vermittelt. Oder - wie es eine Kritikerin formuliert: *„Ein witzig-bissiges Schau-Spiel über Leute, die hierzulande das Sagen haben, und ihre raffinierten Me-*

thoden der Machtbehauptung. Reden dieser Leute werden zitiert, kommentiert, entschlüsselt, auf ihre Bedeutung hin überprüft – und entlarvt. Lokale Größen schrumpfen so zu kostümierten Party-Puppen".[245]

Während in den vorangegangenen Stücken die Auf- und Nachbereitung mit dem Publikum eine wesentliche Rolle spielt, ist es bei dieser Produktion vor allem die Lust der Darsteller, sich mit der Thematik und Form auseinanderzusetzen, sich auch in einem etwas anderen Metier zu behaupten.

Wobei das Hintergrundwissen, das Wissen um die Dinge von denen gesprochen wird (und auch das Wissen um das Gegenüber, das Publikum) von selbstverständlicher Voraussetzung ist.

So gibt es denn auch diesmal weder Programmheft noch Gespräche oder Diskussionen. Das satirische Spiel um die Macht und die Mächtigen dieser Stadt ist von so sinnlicher Klarheit, dass es keinerlei erklärender Zugaben bedarf.

„Am neuen Programm ... besticht zuallererst wieder die künstlerische Perfektion jedes einzelnen".[246]

„Das Grazer 'theaterarbeiterkollektiv', eine exzellente Gruppe fernab tradierter Schauspielpraktiken, formuliert in anspruchsvollen, satirisch-ironischen Sketches unter dem Titel 'Grazer Spaziergänge' jene Zeugenaussagen, deren gesellschaftspolitischer Wahrheitsgehalt

regionale, aber auch überregionale Gültigkeitsbereiche umfasst".[246a]

„Das Programm ist geschickt aufgebaut (und erlangt durch) die künstlerische Kraft der Schauspieler (seine volle) Wirkung. Die Kompromisslosigkeit im künstlerischen Bereich und die kompromisslose Konfrontation mit der Realität, das macht die Arbeit dieser Gruppe eben so interessant und hebt sie auf das Niveau des Überdurchschnittlichen".[246b]

Wie widersprüchlich Kritik sein kann, konnte die Gruppe bei dieser Produktion ebenfalls erfahren.

Während Stefan Makk die "Grazer Spaziergänge" negativ beurteilt und nur den Schlusssong der Revue gut findet - *"Wirklich beeindruckte an diesem Abend allein der Song 'In dieser ehrwürdigen alten Stadt' zum Schluss des Programms. Da war's dann auch ganz still im Publikum"*[247] - ist Reinhard P. Gruber von der Produktion sehr angetan und bekrittelt nur eben diesen Schlusssong –
„Nur schade, dass man den Abend mit einem moralinsauren, einem Bertolt Brecht mehr schlecht als recht nachempfundenen Liedchen beschloss".[248]

Das Stück wird einige Male im Grazer Haus der Jugend wiederholt. Tourneen und Gastspiele sind - vor allem wegen des starken Lokalbezuges, der außerhalb von Graz schwer nur verständlich wäre – mit dieser Produktion keine vorgesehen.

Ceg) NOVEMBER 1918
Luxemburg, Liebknecht und die
Sozialdemokratie

Im Laufe des Jahres 1978 verlassen weitere drei Mitglieder die Arbeits- und Wohngemeinschaft 'theaterarbeiterkollektiv'. Aus den unterschiedlichsten Gründen. Zwar gibt es immer wieder auch inhaltliche Spannungen, Diskussionen um arbeitsteilige Prozesse, um Verantwortlichkeit, doch entscheidend für "Absprünge" sind letztendlich ökonomische Gründe, fehlende Subventionierungen, eine relativ ungewisse Zukunft.

Dafür stoßen aber auch immer wieder - vor allem auf Grund des "Sehens", des "Erlebens" der Gruppe - neue, politisch interessierte Theatermacher dazu - trotz der unbefriedigenden, unsicheren Bezahlung.

Die Verkleinerung des "harten Kerns" wirkt sich aber nicht nachteilig auf die Qualität der Gruppe aus. Im Gegenteil:

„Seit seiner Gründung hat das 'theaterarbeiterkollektiv' zwar immer weniger feste Ensemblemitglieder - sich aber in der Relevanz seiner Aussagen und der Durchschlagskraft seiner Ideen umgekehrt proportional dazu gesteigert".[249]

Deutlich zeigen sollte sich das bei der nächsten Produktion, dem Stück "November 1918", das über zwei Jahre im Repertoire der Gruppe blieb, beinah hundert Mal in ganz Österreich, in der Schweiz und in Deutschland gespielt wurde und - in der Regel - überall auf Begeisterung stieß.

Der Grund, sich thematisch dem Kriegsende und der darauf folgenden Revolution vom November 1918 (sowie der so genannten "Goldenen" 20er-Jahre) anzunehmen, hängt wieder mit mehreren Momenten zusammen.

Einerseits mit der zuvor gewählten Problematik "Hitlerfaschismus", die ohne Berücksichtigung der Vorgänge von 1918 unverständlich bleibt.

Und andererseits, weil die Gruppenmitglieder - die sich stark der Arbeiterbewegung verbunden fühlen – intensiver deren Entwicklung, unterschiedliche Haltungen in ihr, kennen lernen wollten.

Dies hängt wieder mit der schon bei der allerersten Produktion sich bewährten Methode zusammen: Schnittstellen, Bruchstellen in der Geschichte aufzugreifen, an denen sich Entwicklungen, Tendenzen, Haltungen leichter ablesen, analysieren und interpretieren lassen als an historisch "ruhigen" Zeiten. Und eben der November 1918 ist für die Gruppenmitglieder solch ein Schnitt- und Scheidepunkt.

Die Vorarbeiten zur Produktion "November 1918" sind äußerst intensiv und vielfältig. Dies ist auch deshalb möglich, weil sich das Ensemble für diese Produktion nur aus drei Personen zusammensetzt.

Neben einem umfangreichen literarischen Studium, werden vor allem Originaldokumente der Zeit begutachtet, werden Ton- und Filmaufzeichnungen aus der Zeit aufgearbeitet, werden Haltungen, Gesten, Bewegungen der Menschen jener Zeit (je nach ihrer Klassen- und Standzugehörigkeit) studiert ...

Das "Gelernte" und Erkannte wird zu losen Komplexen zusammengefügt, die parallel dazu in Probensituationen als Improvisationsvorgaben dienen:

Der Kaiser und seine Generäle - Militarismus - Aufstand/Erhebung - Die Macht des Geldes - Ebert kontra Liebknecht - "Große" Reden (ohne Publikum) - Widerstand - politisches Verhalten - Niederschlagung von Aufständen - Machtergreifung der Faschisten - etc.

So entsteht - in der Wechselwirkung von theoretischer Wissens- und Bewusstseinsaneignung und praktischer Erprobung - eine Szenenfolge, die kurz vor dem Beginn des Ersten Weltkrieges (mit der Bewilligung der Kriegskredite durch die rechte SP-Führung) einsetzt und bis zur Niederschlagung des letzten Aufstandes durch die Reaktion und der damit verbundenen Möglichkeit der Machtergreifung durch Hitler reicht.

Mit Schwerpunkt "November 1918", den damaligen Auseinandersetzungen, der revolutionären Situation, und der entscheidenden Frage um die künftige Entwicklung der Sozialdemokratie (ein Thema, das vier Jahre später -

in einer völlig anderen Form - mit der Auseinandersetzung um den "Februar 1934", den Bürgerkrieg in Österreich, wieder aufgegriffen wurde).

Seine Erstaufführung erlebt das Stück "November 1918" Mitte Mai 1979 wieder im Grazer "Haus der Jugend".

Die Bühne ist reduziert auf das Wesentlichste: zwei kleine, niedere, sich gegenüberstehende Podeste, die von einem mächtigen runden, schmutzig-roten Tuch zugedeckt sind, das die Spielfläche begrenzt.

Auf den Podesten spielen sich die Szenen "der Oberen, der Macher" ab, davor (also: darunter) die Volksszenen.

Bedeutender als die Bühne sind die verwendeten Requisiten, die dramaturgisch-darstellerische Funktion haben und zu Partnern der Akteure werden.

So signalisiert ein Blechkübel nicht nur den Spielort "Kasernenhof". Dieser Kübel wird auch zur Kriegstrommel. Über den Kopf des "Kriegers" gestülpt vermittelt er das gehirnlose Wesen, und mit einem Bein in ihm stehend und so gehend die menschliche Zerstörung, den Kriegskrüppel.

Dieser Kübel wird aber auch zum Thron des Kaisers in seiner doppelten Wortbedeutung, wird zur Sammelbüchse für Bettler oder zum Spucknapf der Reichen.

Ähnlich verhält es sich mit den anderen - sparsamst verwendeten - Requisiten. Sie sind nicht Selbstzweck und schmucker Moment, der kurz einmal auftaucht, sondern aktive, dramaturgisch genutzte Elemente.

So wird zum Beispiel die Erdkugel - ein großer, bemalter Hüpfball - die anfangs zwischen Kaiser, Junkern und Klerus hin und her geschoben wird, später zum "reitbaren" Untersatz, auf dem der Kaiser zu seinen Generälen hüpft, und dann - in der revolutionären Phase - wird eben dieser Kugel unter dem Hintern des Kaisers von den aufständischen Massen die Luft entzogen, die pfeifend entweicht und den verdatterten Kaiser "zu Boden sinken" lässt.

Die Spielweise des Ensembles für diese Produktion ist einerseits von einer starken Körperlichkeit, von chorisch-choreographischen Bewegungsabläufen bestimmt. Und andererseits wird sie von einer raschen, knappen, temporeichen Bildfolge beherrscht.

Da das Bühnenbild ein bewusst spärliches ist, nicht von der szenischen Darstellung ablenkt, keine "Möglichkeit der Flucht ins ästhetisch isolierte Abschweifen" gegeben ist, stehen die Akteure und ihre instrumentarischen Mittel (Sprache, Gestus, Haltung, Körper, Bewegung, Ausdruck) im Zentrum des Geschehens.

Zum Beispiel wird die Begeisterung breiter Schichten für den 14er-Krieg, das Hurra, mit dem die Massen in das Schlachten ziehen, durch ein beeindruckendes Bild geschaffen: mangels an Masse (bei drei Darstellern) verlagert sich „die Größe" von der Breite in die Höhe.

Die Akteure stehen aufrecht aufeinander, übereinander. Schmal, schlank ... aber unheimlich groß und mächtig.

Der oberste Akteur gibt Kommandos, schreit seine Begeisterung raus, erteilt dem "Untersten" seine Befehle ...

Allmählich erschöpft sich die Euphorie. Die oberen Figuren sinken langsam in sich zusammen, sodass gegen Ende des Krieges der unterste Akteur Leichenberge vorn Schlachtfeld nach Hause, in die Heimat schleppt.

Schon nach der Premiere ist die Begeisterung für das Stück bei Publikum und Kritik gleichermaßen groß:

„Eine perfekte dramatische Collage brachte das Grazer Theaterarbeiterkollektiv zur Uraufführung: 'November 1918 - Rosa Luxemburg, Karl Liebknecht und die Sozialdemokratie'. Geschichte spannend und sehenswert".[250]

"Das Theaterarbeiterkollektiv hat sich gründlich mit einem tristen Kapitel deutscher Geschichte befasst und es in einer dynamischen, auch die Komik nicht ausschließenden Inszenierung lebendig gemacht".[251]

„Die in lebendige Choreographie umgesetzte Collage von scharfzüngigen Liedern Erich Mühsams und Kurt Tucholskys, von Originalreden Liebknechts, Luxemburgs und Eberts zeigt das 'theaterarbeiterkollektiv' auf der Höhe seines theatralischen Spektrums. Exakt und beklemmend aggressiv gelingt die szenische Auflösung".[252]

Nach einigen weiteren Aufführungen in Graz und Gast-spielen in steirischen Städten und Gemeinden, wird die Gruppe zu einem zweimaligen Auftritt im Rahmen der Internationalen Theaterwoche "Spectrum" in Villach ein-geladen, wo das Stück ebenfalls für Aufmerksamkeit sorgt:

„Auch im Rahmen des an bedeutenden Akzenten nichtar-men 'Spectrums' setzte die junge Gruppe ihren eigen-ständigen und durch die entschiedene Parteinahme für die revolutionäre Arbeiterbewegung wichtigen Akzent. Durch einfallsreiche Verkleidungen, vor allem, was die Verfremdung militarischer 'Schmuckstücke' betrifft, er-möglichten die mit vollem Einsatz spielenden Akteure dem Publikum den Zugang zu einer grundsätzlich ande-ren Geschichtsschreibung, als sie in bürgerlichen Schul-büchern zu lesen steht. Die Montage der Texte ist auch dramaturgisch überzeugend und zeigt anschaulich und exemplarisch die Entwicklung der Klassenkämpfe in Deutschland vor 1918 und den Verrat der rechten Sozi-aldemokratie an der proletarischen Revolution". [253]

„In einer vortrefflichen Auswahl von Texten über die Auseinandersetzung, in die der arbeitende Mensch da-mals hilflos verstrickt war, wurden die Ereignisse dieses schicksalhaften Monats des Jahres 1918 aufgerollt. In schonungsloser Weise wurde das Verhalten der Herr-schenden - Kaiser, Kirche und Kapital — und die Reak-tion der Beherrschten dargestellt. Das Grazer Ensemble

erwies sich auch diesmal als prädestiniert für diese Art Theater. Mit sparsamem Einsatz von Mitteln erreichte es den größtmöglichen dramatischen Effekt".[254]

Nach dem Villacher "spectrum" wurde das Stück "November 1918" auch bei den Internationalen Jugendtheatertagen in Wien gezeigt.

„Die stärksten Attraktionen dieses Festivals: am letzten Tag das großartige antifaschistische 'Theaterarbeiterkollektiv' aus Graz mit 'November 1918'".[255]

In der Folge stand mit der Produktion eine Tournee durch die Schweiz mit einer einwöchigen Gastspielserie in Zürich auf dem Programm.

Weiters Auftritte im süddeutschen Raum und eine mehrtägige Gastspielserie in Innsbruck.

„Was in den Jahren zwischen 1912 und 1919 ... gesagt und getan worden ist, erscheint in wichtigen Ausschnitten, im Zitat, satirisch verfremdet, bisweilen handgreiflich brutal ausgespielt. Die Methode hat ihre Meriten, man wird nicht mit leerem Wortgeklingel abgespeist. In einer gekonnten Bühnenrealisierung schildert die Gruppe 'Theaterarbeiterkollektiv' das Scheitern einer revolutionären Bewegung ... Ein Programm, das den Zuschauer keinen Augenblick kalt lässt, das ihn packt".[256]

„Mit sparsamsten Mitteln - die preußische Pickelhaube ist eine Gugelhupfform und ein Metalltrichter - werden aus Reden, Zeitungszitaten, Akten und Dichterworten die

Ereignisse rund um die deutsche Novemberrevolution le-
bendig. Mit großem Engagement und viel, viel Ta-
lent".[257]

„Hervorragend stellen die drei Mitglieder des Grazer
'Theaterarbeiterkollektivs' die Rolle der deutschen Sozi-
aldemokratie in der Zeit vom Ausbruch des ersten Welt-
krieges bis zur Ermordung von Karl Liebknecht und Rosa
Luxemburg dar".[258]

Nach weiteren Auftritten im Wiener Schlachthof
"Arena", in steirischen, salzburgischen und oberösterrei-
chischen Städten und Gemeinden, erfolgt im Frühjahr
1980 für eine Arbeiter-Jugendorganisation eine Gastspielserie quer durch Österreich, mit Auftritten in der
Bundeshauptstadt Wien, in den Landeshauptstädten Kla-
genfurt, Linz und Salzburg und in anderen Städten und
Gemeinden.

Nach vereinzelten Gastspielen in den verschiedensten
Bundesländern wird das Stück das letzte Mal (gemeinsam mit zwei anderen "tak"-Produktionen) im Rahmen
der Großausstellung "Arbeiterkultur in Österreich - 1918
bis 1934" in der Wiener Koppreiter-Remise gespielt.

„In der Remise tragen sich saueregurkenzeitliche Mirakel
zu: Mitten im menschenleeren Hochsommer ist die kleine
Bühne Schauplatz beachtlicher Publikumsaufmärsche
und mehr als beachtlicher Begeisterung. Die freilich
nicht weiter verwundert, denn das Gastspiel des Theater-
arbeiterkollektivs bot prächtigen Agitprop. In einer

selbsterarbeiteten und -inszenierten Collage dokumen-
tieren die drei Schauspieler die unselige Entwicklung
Deutschlands vom teutonischen Geplärr Wilhelms II. bis
zur Katastrophe des Ersten Weltkrieges und zur Ermor-
dung Rosa Luxemburgs. Der Säbel, mit dem der glorrei-
che Willem sein fatales Faktotum Hindenburg rasseln
ließ, kam von Krupp und wurde vom Klerus gesegnet.
Das Theaterarbeiterkollektiv montiert in das mörderi-
sche Geplärr dieser Protagonisten des Untergangs die
warnenden Gegenstimmen: August Bebel, Karl Lieb-
knecht, Rosa Luxemburg, Erich Mühsam, Karl Kraus,
Kurt Tucholsky. Sehr gute Arbeit, ehrliches, aggressives,
empörtes und noch dazu gut gespieltes Agitationsthea-
ter".[259]

„Das Team gestaltet seine Sicht der vielfach kritisierten
Rolle Eberts vor Kriegsbeginn zu einer dynamisch-pla-
kativen Schau, deren technische Perfektion die Zitate voll
zur Wirkung brachte. Mit pantomimischen Elementen in
Form 'lebender Bilder', grotesker Verzerrung, Entfrem-
dungseffekten und bösem Spott werden den Zuschauern
die dunklen Kapitel deutscher Geschichte deutlich ge-
macht, die 'nationale Sache' als Heroenwahn der Herr-
schenden, Hetze von Kriegsgewinnlern und skrupellose
Opferung der Masse des Volkes entlarvt".[260]

Zwischen der Premiere des Stückes "November 1918"
und der letzten Aufführung der Produktion liegt aller-

dings eine entscheidende Änderung innerhalb der Seinsweise der Gruppe: der Weggang aus Graz, die Übersiedlung nach Salzburg.

Kurzer Einschub
Weggang aus Graz - Übersiedlung nach
Salzburg

*„Nachdem das 'theaterarbeiterkollektiv' mehr als drei
Jahre lang in der steirischen Landeshauptstadt tätig war,
dort sieben Produktionen erarbeitete und diese mit großem Erfolg im gesamten Bundesgebiet, aber auch in der
Schweiz und in der BRD zeigte, einzelne Arbeiten und
Szenenfolgen im ORF zu sehen waren, war die Gruppe
im Spätsommer 1980 gezwungen, Graz zu verlassen. Keinerlei finanzielle Unterstützung der Kulturzuständigen
von Stadt und Land, sowie das Fehlen eines eigenen Pro-
ben- und Aufführungslokales waren die wesentlichen
Gründe".*[261]

Dies eine Stellungnahme der Gruppe. Die Grazer Tages-
zeitungen berichten unter Überschriften wie *"Ungewöhnliches Theater ausgehungert"* oder *"Armutszeugnis
für Politiker"* von der bevorstehenden Übersiedlung.

*„Das 'Theaterarbeiterkollektiv' verlässt Graz! Kein
Raum, kein Geld ... Dabei haben die ambitionierten*

Schauspieler mit ihren ungewöhnlich zupackenden The-
aterabenden immer und überall Aufsehen erregt, wo sie
spielten ... Aufrüttelndes Alternativtheater ... das nun in
Salzburg stattfinden wird".[262]

"Nach sieben selbst geschriebenen, kollektiv erarbeite-
ten Produktionen muss sich die Gruppe aus Graz verab-
schieden, weil systemkritisches Theater hierorts nicht er-
wünscht ist".[263]

"Trotz der positiven Reaktionen von vielen Seiten hatten
sich die Kulturreferenten von Stadt Graz (VP-Stadtrat
Pammer) und Land Steiermark (VP-Landesrat Jung-
wirth) immer taub gestellt, wenn es um finanzielle Unter-
stützung ging".[264]

Die Übersiedlung nach Salzburg wird möglich, weil ein
altes Mühlen-Anwesen im Stadtteil Gnigl Erbteil eines
Gruppenmitgliedes wurde: ein Anwesen, bestehend aus
verschiedenen landwirtschaftlichen Räumlichkeiten, einem großen Wohntrakt mit etwa vierzig Zimmern und
der Mühle selbst, die in drei Stockwerken einige hundert
Quadratmeter Raum bietet.

Aus diesen Räumlichkeiten soll ein Jugend- und Kulturzentrum und eine Theaterwerkstatt werden, eine Art
"Kulturhotel".

Was sich nach beinah zweijährigen Versuchen, Investiti-
onen, Verhandlungen und Aktivitäten aber letztendlich

doch nicht realisieren ließ. Darüber aber im nächsten Abschnitt mehr.

Ceh) Wir sind so frei
eine satirisch-ironische Collage aus dem
Land der Krone, des Bacher, des Dalma und
anderer großer Söhne

Nach der Übersiedlung von Graz in die Salzburger Kunstmühle - und nach den damit verbundenen (umfangreichen) Arbeiten - widmete sich die Gruppe wieder einem satirisch-kabarettistischen Thema bzw. der satirisch-kabarettistischen Vermittlung des Themas, denn das Thema selbst ist ein eher trauriges: der Einfluss der Werbung und der Massenmedien, die Entpolitisierung und Manipulierung ... kurz: das Vorgaukeln von all den Freiheiten, die wir in unserem Lande angeblich haben.

In Salzburg kommt ein Ensemble-Mitglied der Wiener "Komödianten" zur Gruppe. Zu viert wird in bewährter Weise - nämlich in wechselseitiger Ergänzung und Fortführung von theoretischer Aufarbeitung und praktischer Erprobung - an der Produktion gearbeitet.

Wobei dieser Prozess am neuen Ort noch einfacher fällt, da nun Lebens- und Arbeitsweise auch räumlich nicht mehr getrennt sind, die Probenräumlichkeiten unmittelbar an die Wohnräumlichkeiten anschließen.

Beim Frühstück wird über Inhaltliches diskutiert, werden mögliche Textvorlagen entwickelt ... und wann immer es Zeit ist, dies praktisch zu erproben, wird einfach in den nächsten Raum gewechselt und dies versucht.

Vom Thema her werden die verschiedensten Aussagen öffentlicher Medien und gesellschaftlicher Meinungsbildner und -macher gesammelt, gewertet und neu interpretiert.

Headlines, Schlagzeilen, Reden, Kolumnen und Glossen werden auf ihren Gehalt hin überprüft und derart zusammengestellt, dass Hintergründe und Zusammenhänge erkennbar werden, dass Gesagtes entlarvt und Behauptetes als nur für bestimmte Schichten und Gruppierungen nützlich sichtbar wird.

„Wir sind so frei ... ist eine szenische Collage, in der die Freiheiten unserer gesellschaftlichen Gegenwart - mit den Mitteln der Satire und der Ironie - gründlich hinterfragt werden. Dabei geht es gar nicht um die oberflächlichen Erscheinungsformen dieser angeblichen Freiheiten, sondern um die Hinterfragung eines gesellschaftlichen Systems, das solche Freiheiten erst ermöglicht bzw. mit Naturnotwendigkeiten erzeugt. Ins Schussfeld der Kritik geraten vor allem jene Kreise, die unsere Seinsweise als 'ewig, gottgewollt und unveränderbar' und unser gegenwärtiges Gesellschaftssystem als 'bestes aller

Systeme', an dem nie und nimmer zu rütteln ist, darstellen. Aber auch jene Institutionen, denen es um die Aufrechterhaltung dieser Verlogenheit geht (Zeitungen, ORF, Werbung, etc.), werden - unter Benutzung genau jener dümmlichen Formen, die sie nur allzu oft für die Vermittlung ihrer Inhalte gebrauchen - auf Ursachen und Zusammenhänge ihrer 'Meinungsmache' hin überprüft ". [265]

So entsteht denn „*eine medienkritische Revue ... deren Angriffsziel, in einer auf Aktion, Raumnutzung und plakative Großform abzielenden Kabarettsatire, nichts weniger als die gesamte Unterhaltungsindustrie ist ".* [266]

Oder, wie es die Gruppe selbst definiert: „*Ein witzig-bissiges Schauspiel über ein System, das Freiheiten mehr und mehr zu Unfreiheiten werden lässt; über Menschen, die innerhalb dieses Systems das Sagen haben; und über ihre raffinierten Methoden der Machtbehauptung ".* [277]

Nach der Premiere für die Salzburger SPÖ in einer Turnhalle wird die Produktion öfters in Salzburg gezeigt. Für Lehrer und Lehrlinge ebenso wie im Rahmen von antifaschistischen Festen, Friedensdemonstrationen oder kritischen Stadtteil-Begegnungen.

Anschließend stehen eine Reihe von Gastspielen quer durch Österreich auf dem Programm. Dabei wird das Stück in "klassischen" Theaterräumen ebenso gespielt wie in Hallen, in Jugendzentren, auf Straßen, Plätzen und Höfen.

„Hier war keine der 'altbewährten' Kabarettbühnen am Werk, bei denen der Zuschauer - eingehüllt in die Sicherheit der Masse – im Parkett sitzt und schmunzelt. Nein. Der Zuschauer wurde mit den Mitteln der Satire und den plakativen Formen eines neuen Theaters aufs Äußerste gefordert. Der Spaß spielte sich im Bauch und im Kopf ab ... Sehenswert, wie die Darsteller ihre Ästhetik beherrschen".[278]

„Aus Lachen wird Erkenntnis ... Das Lachen - Anlass dazu gibt es genug - gefriert gar oft, schlägt in eine Erkenntnis um, die nachdenklich macht".[279]

„Es geht dabei um 'Freiheiten', die unserem politischen System eigen sind. Warum eigentlich immer nur meckern, wie fehlerhaft es ist - also endlich einmal die Freiheiten hervorheben: etwa die Freiheit, den Arbeitsplatz verlieren zu dürfen, oder die Freiheit, dass sogar Nazis bei uns kandidieren dürfen, oder ... ".[280]

„Dem Theaterarbeiterkollektiv gelang es, mit seinen gezielten Pointen das zahlreiche Publikum zu (erkenntnisreichen) Lachstürmen hinzureißen. Hauptangriffspunkte der "TAK-1er": Neonazis, die Rüstungsindustrie, die Sozialpartnerschaft, Kleinbürger- und Spießertum, die Medien und die Kirche".[281]

„Von der Sozialpartnerschaft über den Schrebergarten der heimischen Massenmedien werden Pointen 'entliehen', der Neonazismus, die umgreifende Entdemokratisierung aufs Korn genommen. Manchmal blieb einem das

Lachen im Halse stecken ob der zugrunde liegenden Tat-
sachen".[282]

„Unter dem Titel 'Wir sind so frei' gestalteten die Schau-
spieler eine brisante und hochaktuelle Show zu Proble-
men wie Neonazismus, Friedenskampf, Bürokratisierung
oder Entdemokratisierung".[283]

Mit der Produktion war die Gruppe neuerlich bei den Internationalen Jugendtheatertagen in Wien vertreten:
„Fraglos gehörte der Auftritt des 'theaterarbeiterkollek-
tivs' zu den erfreulichsten Höhepunkten des Festivals.
Sowohl was die künstlerische Formung wie auch die in-
haltliche Aufbereitung höchst aktueller Fragen be-
traf".[284]

**Cei) DIE HAKEN ZUSAMMEN
DAS KREUZ GESCHLAGEN
Schöne Grüße vom heimischen Faschismus
eine szenische Bestandsaufnahme**

Angesichts der ständigen Zunahme rechtsradikaler und
neofaschistischer Gruppierungen und öffentlicher Äußerungen dieser und auf Wunsch und Drängen antifaschis-
tischer, friedensorientierter Vereine und Organisationen,
beschäftigte sich die Gruppe das Jahr 1981 hindurch neuerlich mit dem Thema "Neofaschismus und Rechtsradikalismus".

Und schafft dazu zwei "Kurzproduktionen" ("Ruhe, Ordnung, Zucht" und "Grüße der Barbaren"), die letztendlich unter dem Titel "Die Haken zusammen - das Kreuz geschlagen. Schöne Größe vom heimischen Faschismus ... eine szenische Bestandsaufnahme" zusammen gefasst werden.

Die Produktion ist inhaltlich wie formal ein völlig neuer Versuch, an das Thema heranzugehen und es aufzubereiten.

Einerseits wurde versucht, eine non-verbale, körperbetonte, choreographisch bestimmte und beherrschte - von einer Geräuschkulisse und Lichteffekten unterstützte - Darstellungsform zu finden, die die Barbarei und Unmenschlichkeit faschistischen Denkens und Handelns dem Zuschauer mit Schrecken, Angst und Beklemmnis näher bringt.

Und andererseits wurde eine Form gesucht, welche die Zitate, Aussagen und Haltungen rechtsradikaler Personen und Organisationen in ihrer ganzen Bedeutung entlarvt bewusst machen.

Zu diesem Zwecke wurde einerseits eine Vielzahl an Literatur gesammelt, studiert und interpretiert. Vor allem Studien und Untersuchungen über rechtsradikale Tendenzen in Österreichs Gegenwart wurden dabei berücksichtigt.

Und wurde andererseits im täglichen Training und in den Proben ein körperlich-bildhafter Gestus entwickelt, der Macht und Ohnmacht, Gewalt und Gewaltanwendung, einstige wie künftighin drohende Gefahren drastisch (und ohne Worte) vor Augen führt.

So entstand letztendlich ein Stück, in dem die Barbarei, die Brutalität und Unmenschlichkeit eines Systems gezeigt wird, das gar nicht so wenige Personen und Organisationen in unserem Lande (zwar unter neuem Namen, aber doch) gerne wieder hätten.

Ausgehend von zwei Hitler-Zitaten werden in einer relativ dunkel gehaltenen Bühne in die Horror-Darstellungen faschistischer Gewaltanwendungen Aussagen, Texte, Zeitungsmeldungen rechtsradikaler Gruppierungen verknüpft. Authentisch, Wort für Wort. Und somit auf ihre tatsächliche Bedeutung hin interpretiert.

Der Schrecken wird als dramaturgisches Mittel benutzt, um abzuschrecken und aufzuklären. Die Horrorvision wird bildhaft bis ins Extrem ausgespielt, um das hinter den Worten stehende zu verdeutlichen und bewusstzumachen.

„Erschreckende Visionen tun sich da auf und wirken so unheilgeschwängert und finster wie der in Dunkel getauchte Saal mit einem atemlosen, erschreckt auf jede Bewegung auf der Bühne reagierenden Publikum - irgendwie oder irgendwo spürte jeder eine auf der Lauer liegende Gefahr, unbestimmt, nicht auszuloten, aber so

bestimmt vorhanden wie der neben, hinter, vor einem sit-
zende Nachbar".[285]

„In präziser Ballung prägen die Darsteller das Porträt
des Faschismus, beschwören Unterdrückung, Grauen,
Menschheitsfeindlichkeit herauf".[286]

„Nazivergangenheit und -Gegenwart, hohe FPÖ-Funkti-
onäre und ANR-Schlägertrupps, Verharmlosung und re-
ale Gefahr stehen verdichtet beieinander und machen
Angst. 'Aufhören, aufhören' möchte man dem Darge-
stellten am liebsten entgegenschreien".[287]

Ob - oder gerade wegen - dieser beängstigenden Bildern
vermittelt sich der von der Gruppe angestrebte Inhalt:

„Knappster Text, beredteste Gestik und Mimik dazu,
Phrasen von gestern und heute entlarvend mitsamt jenen,
von denen sie stammen. Theatralisch voll wirksam, wer-
den damit Tatsachen unterbreitet, Sachverhalte bloßge-
legt, Gedanken herausgefordert".[288]

„Da werden nicht 'interessante' Psychogramme' ge-
zeigt, da wird nicht individualisiert, da wird nicht unter
dem Deckmäntelchen der 'Objektivität' beschönigt ...
Ausgehend von zwei Hitlerzitaten, die den charismati-
schen Anspruch auf Terrorherrschaft mit 'Zucht' und
'Ordnung' als Maximen verdeutlichen, wird mit Zitaten
gezeigt, dass die alten Nazis noch immer solche sind,
auch wenn sie inzwischen 'Persönlichkeiten' sind, wie
Friedrich Peter, Jörg Haider oder Otto Scrinzi. Was

diese Herren mit wohlüberlegtem Duktus von sich geben,
plärren jene Jugendlichen hinaus, die in der schwarzen
Wichs von ANR und NDP sich als die neuen Henker füh-
len".[289]

„Als besonders wertvoll erweist sich, dass schon zur Ein-
stimmung in diese Szenenfolge als Tonkulisse die Stimme
Hitlers nicht irgendeine, sondern die entscheidende
Kampfansage ins Publikum schmettert: Gegen den Mar-
xismus, gegen die kämpfende Arbeiterklasse und ihre Or-
ganisationen. Damit wird von allem Anfang an der Klas-
sencharakter des Faschismus bewusst gemacht, bedürfen
spätere Einzelszenen keiner dann die Eindringlichkeit
gefährdender Kommentierung mehr".[290]

„Mit archaischen Mitteln, auch die Ästhetik des Faschis-
mus durchschaubar machend, zeigt die Gruppe, dass die-
ser 'neue' Faschismus nicht die Spinntisiererei von eini-
gen wenigen ist, sondern dass dieses Denken von maßge-
benden Organisationen nicht nur durch aufmunterndes
Zuzwinkern unterstützt wird. Ein kompromissloses Stück
wider die Nazis, wider die alten und die neuen".[291]

„Ein inhaltlich wie in der künstlerischen Umsetzung zu-
tiefst beeindruckender Bühnenabend. Vorbildliche, en-
gagierte Theaterarbeit ... Fortschrittliche Veranstalter -
wo immer - sollten auf diese "TAK"-Produktion nicht
verzichten".[292]

Das Stück wurde 1981 bei zahlreichen antifaschistischen
Veranstaltungen und Friedensfesten in ganz Österreich

vorgestellt, erlebte aber auch Aufführungen in Jugendzentren, für Gewerkschafts- und Arbeitervereinigungen,
in Schulen und bei Lehrlingen.

Von der Aufregung, die dieses Stück in Bad Ischl hervor-
rief, wurde an anderer Stelle bereits berichtet. Auf die damaligen Auseinandersetzungen in den Medien hat ein
mehr als siebzigjähriger Aufführungsbesucher einen Le-
serbrief an die "Ischler Wochenrundschau" geschrieben:

*"Mich hat der Inhalt und die künstlerische Darstellung
tief beeindruckt. Es hat in mir wieder die Erinnerung an
die unendlichen Greueltaten des Faschismus wachgeru-
fen: Greueltaten, die ich als Soldat im letzten Krieg als
Flieger und Fallschirmjäger an allen Fronten des Krieges kämpfend, zum Teil mit eigenen Augen gesehen und
erlebt habe. Nie werde ich das Leid vergessen, das der
Faschismus unschuldigen und wehrlosen Menschen zu-
gefügt hat. Ich habe mir damals geschworen, immer und
überall gegen den Faschismus anzugehen. Das ist der
Grund, warum mich das Stück so erschütterte. Es ist ein
unbequemes aber ehrliches Stück und es steht in der Tradition eines Heinrich Heine, eines Karl Kraus, eines Carl
von Ossietzky und eines Kurt Tucholsky, deren Warnun-
gen wir zwar gelesen, aber nicht beachtet haben".*[293]

Zweiter Einschub
Weggang aus, Rückkehr nach Salzburg

Die Pläne um den Ausbau der Salzburger Kunstmühle zerschlagen sich.

„Mit der Kunstmühle klappte es nicht so recht. Zäh war das Mahlen, das Feilschen mit den Politikern um die paar Schilling Subvention. Dazu stellten die Damen und Herren aus Rathaus und Landtag noch eine Reihe furchtbarer Bedingungen: 'Kirchenchor, Pfadfinder, Xanxverein ... in eurer Mühle muss alles Platz haben, alles! Sonst ...'. Also ließen wir es."[294]

Die Gruppenmitglieder steckten viel Herzblut in das Projekt „Gnigler Kunstmühle". Nicht nur, dass das riesige Anwesen bewohn- und bespielbar gemacht wurde. Es gab auch immer wieder Begegnungsfeste, Kulturfeste, Friedensfeste im und um das Haus. Und vor allem gab es zahlreiche Neugestaltungspläne, Pläne zum Ausbau der Mühle zum städtischen Kulturzentrum. Nicht nur, dass mit einem befreundeten Architekten konkrete Pläne erstellt wurden. Auch gab es immer wieder Besprechungen mit den politischen Entscheidungsträgern von Stadt und Land, auf deren finanzielle Hilfe man angewiesen gewesen wäre. Aber leider ... siehe oben.

Die Gruppe verlässt mit Beginn des Jahres 1982 die Kunstmühle und arbeitet eineinhalb Jahre ohne festen Sitz. In Wien, in Salzburg, in Graz ... macht Friedenstheater, Kindertheater, Arbeitslosentheater.

Und kehrt Mitte 1983 in die Mozartstadt zurück, wo eine kleine Wohngemeinschaft bezogen wird und die Arbeiten für die Produktion "Februar 1934 - Der Bürgerkrieg in Österreich" beginnen.

Davor wird im Dramatischen Zentrum in Wien mit einigen neuen Darstellern das Friedensstück "Schwein oder nicht Schwein" erarbeitet und einstudiert.

In Salzburg wird den Sommer über "Theater mit Kindern für Kinder" gemacht. Einzelne Mitglieder wirken an Produktionen an anderen Bühnen mit. Ein Arbeitslosen-Projekttheater entsteht, Konzepte für Lehrlingsorganisationen werden erstellt, etc.

Cej) SCHWEIN ODER NICHT SCHWEIN
das Unbehagen zwischen den Kriegen

Anfang Jänner 1982 übersiedelt ein Teil des "theaterarbeiterkollektivs" für einige Zeit nach Wien, wo im Dramatischen Zentrum mit einigen neuen Darstellern das Stück "Schwein oder nicht Schwein" erarbeitet wird.

Gemeinsam mit dem Wiener Autor Gerald Grassl, der für diese Produktion eine lose Folge von Szenen und Motiven geschrieben hat.

Im gemeinsamen, dreimonatigen Arbeitsprozess dienen diese Szenen und Motive als Vorlagen für Improvisations- und Formfindungsmomente, werden dabei um und neu geschrieben, gekürzt oder erweitert, in der Reihenfolge neu gewertet und zusammengestellt, etc.

Das Stück selbst ist eine Auftragsarbeit für eine österreichische Jugend-Arbeiterorganisation, in deren Kulturwochen die Produktion im April in den verschiedensten Österreichischen Bundesländern vorgestellt werden soll.

Die Erfahrungen aus dieser Österreich-Tournee sollen dann verarbeitet werden, ehe die Produktion anlässlich der großen Friedensdemonstration Mitte Mai in Wien seine endgültige Form und öffentliche Präsentation erfahren soll.

Inhalt und Thema der Produktion ist nichts Geringeres als "der Friede". Da die Produktion (bzw. Teile davon) einerseits auch auf Straßen und Plätzen gezeigt werden soll und da sie andererseits bei Friedensdemonstrationen und Friedensfesten zu Solidarität und Miteinander beitragen soll, werden einerseits große, plakative, dem Straßentheater entsprechende Formen verlangt und gesucht, wird auf psychologische Ausprägungen des Problems, auf eine exakte, ins Detail gehende Analyse der Friedensgefährdung verzichtet, und wird andererseits von Beginn an versucht, eine lustvolle Vermittlung des Problems zu erreichen, Formen des Spaßes, der Unterhaltung, des Genusses.

So bildet denn auch eine zentrale Szene aus Grassls Motivvorgabe das prägende Gerüst der Produktion. Eine Szene, die sich wie ein roter Faden durch das Stück hindurch zieht, um die herum das weitere Geschehen gruppiert wird:

Ronnie und seine Eisenhändler. Sechs große, überdimensionierte Figuren. Witzig-clownesk in ihrer Zeichnung. Makaber in ihrer Ausprägung.

Die Gesichter zu Fratzen, zu Totenschädeln verkommen. Clowns des Endes und des Untergangs ... sich aber dagegen wehrend, wild um sich schießend ... und deshalb so gefährlich.

„Obwohl sie schon stark leidend ist, hat Mutter Amerika Ronnies Geburt gerade noch geschafft - aber sie vermodert, ihr Unterleib verfault, sie stinkt. Ronnie weiß freilich, päng-päng, ein Rezept: 'Nur eine Radikalkur kann uns helfen!' Ronnie und seine Eisenhändler machen sich ans Werk. Ihr Motto ist: Wer zuerst schießt, hat immer recht. Nur, allzu auffällig, allzu brutal darf nicht geschossen werden, nötig sind Strategien, die den Tod mit Phrasen und Poesie verkaufen und dem Napalm Veilchenduft beimischen".[295]

Die Figurenzeichnung im Stück erinnert einerseits an artistische Zirkusnummern, an clowneske Spielstile und andererseits an eine neue Typisierung im Sinne alter Volkstheatertraditionen.

Mutter Amerika, eine große, auf Stelzen daherkommende, aber alte, abgetakelte, verbrauchte und abgenutzte "Dame".

Ronnie, ihr Letztgeborener, der Zirkusdirektor in hohen Stiefeln, mit Peitsche, seine Eisenhändler wie ein Dompteur dressierend, sich von diesen aber auch sein Zirkusprogramm diktieren lassend.

Der Zirkustrommler, ein Schwarzer, letztes Glied in der Kette, Ausgestoßener und Abschaum, aber brav den Takt zum Geschrei der Artisten schlagend ...

„Mit clownhaften Elementen wird eine Theaterform realisiert, die im Brechtschen Sinn Spaß macht. Was allein bei dieser kurzen Vorführung (bei einer Pressekonferenz - Anmerkung des Verfassers) *über Ronnys Eskapaden und den Amerika-Alptraum gezeigt wurde, waren äußerst bemerkenswerte Ansätze eines hierzulande neuen theatralischen Zugangs zu diesem wichtigen Thema".*[296]

„Es ist ein Friedenstheater, das nicht nur ästhetischen Spaß macht, sondern auch aktiviert, das Publikum in Bewegung bringt".[296a]

Gek) FEBRUAR 1934
Der Bürgerkrieg in Österreich

Noch während verschiedener "Kleinprojekte" im Herbst/Winter 1982/83 entschließt sich die Gruppe, als nächstes Thema Ursachen, Voraussetzungen, Verlauf und Wirkung des "Februar 1934" in Österreich aufzuarbeiten und in ein Stück zu fassen, das spätestens 1984 - anlässlich des 50. Jahrestages dieses Ereignisses – erstaufgeführt werden sollte.

Für diese Arbeit wird ein Salzburger Politologe, Filmemacher und Fotograf gewonnen, der sich der Gruppe anschließt.

Die einzelnen Beteiligten und Gruppenmitglieder setzen sich vorerst isoliert, jeder für sich, mit dem Thema auseinander, treffen sich dazwischen immer wieder zum gemeinsamen Gedankenaustausch, ehe sie Mitte des Jahres 1993 in Salzburg eine kleine Wohngemeinschaft errichten, einen Proben- und Aufführungsraum im Theaterkeller des Volkshauses erhalten und kontinuierlich gemeinsam am Thema bzw. an der Produktion weiterarbeiten.

"Februar 1934" ist sowohl vom zeitlichen Aufwand, von der Arbeitsintensität wie dann - in der Folge - vom bühnentechnisch-inszenatorischen Einsatz her die wohl aufwendigste und intensivste Produktion der Gruppe.

Nicht nur, dass die Vorarbeiten rund ein Jahr lang andauerten und in dieser Zeit eine Vielzahl an Literatur, an historischen Dokumenten, an Fotomaterial gesammelt, "ausgegraben", gewertet und zusammengestellt wurde, dass es viele Gespräche mit Zeitzeugen gab ... Auch wurde - wie im Abschnitt Cc bereits erwähnt - zur eigentlichen Hauptproduktion ein breit gefächertes Begleitprogramm erstellt und umfangreiches Dokumentationsmaterial geschaffen und herausgegeben.

Und vom formal-inszenatorischen Anspruch her nahm die Produktion eine Dimension an, die weit über das bisherige Maß hinausging. Denn in einer multimedialen "Dia-Ton-Licht-Text-Szenen-Collage" sollten - ganz im Sinne eines Erwin Piscator (oder auch Artauds) - alle theatergerechten Medien, die dem Transport des Inhaltes dienlich und die Sinne der Zuseher anzusprechen in der Lage sind, eingesetzt und genutzt werden, um das Thema "kulinarisch" schmackhaft zu machen.

Inhalt, Form und Anliegen der Inszenierung „Februar 1934 – Der Bürgerkrieg in Österreich" beschreibt die Gruppe folgendermaßen:

„Die Produktion 'Der Bürgerkrieg in Österreich' setzt bei 1918 ein und versucht Ursachen und Zusammenhänge, die zum Februar 34 führten, aufzuzeigen, sowie die unmittelbaren Auswirkungen der Februar-Ereignisse auf die weitere Entwicklung Österreichs zu vermitteln. Dabei wird auf zwei Aspekte besonders eingegangen: Auf

die Restaurierung der konservativen Kräfte nach 1918,
ihre allmähliche Stärkung und schließlich ihr brutales
Vorgehen, sowie auf die verabsäumten Möglichkeiten
der Sozialdemokratie, auf das Versagen der sozialdemo-
kratischen Führungsschicht. Neben der sinnlichen Ver-
mittlung eines historischen Abschnittes will die Produk-
tion Fragen und Perspektiven für unsere Gegenwart und
Zukunft aufbereiten, demonstriert an eben jenem histori-
schen Abschnitt. Etwa jene des Quantität-Qualitäts-Ver-
hältnisses in der Arbeiterbewegung, jene des autoritären
Führungsstils in der SP, der sich in der Entpolitisierung
breiter Arbeiterschichten äußert, jene des Vorgehens ge-
genüber faschistoiden Erscheinungsformen, etc.

Formal versteht sich die Produktion 'Der Bürgerkrieg in
Österreich' als Mischung aus theatralischen Elementen,
aktionistischen Formen, Diaprojektionen und Licht- und
Bühneneffekten. Kommentierende Texte wechseln mit ly-
rischen Passagen, Spielszenen stehen neben Originaldo-
kumenten, historische Lichtbilder neben zeitgenössi-
schen.

Dem Zuschauer wird 'gezeigt, vermittelt, erläutert', er
wird aber nauch unmittelbar ins Geschehen einbezo-
gen. "[297]

Als "Spielvorlage" für die Produktion dient Ilja Ehren-
burgs literarischer Bericht "Der Bürgerkrieg in Österreich". Auszüge aus diesem Bericht werden - ergänzt um
einige andere historisch-literarische Momente - mittels

Tonbandaufzeichnung in eine zweistündige Geräuschkulisse eingebettet, die während der Produktion durchläuft.

Dieses "Grundgerüst" wird ergänzt um Rundum-Diapro-
jektionen, um szenische Darstellungen, um aktionistische
Momente, um Schattenspiele, Lichteffekte, etc.

*„Die Produktion als solche ist nur schwer zu beschrei-
ben. Da wird nicht Theater um des Theaters willen gespielt, da werden Inhalte vermittelt, da wird Partei genommen. Der Zuschauer wird gefordert, Kopf und Bauch
werden gleicherart beansprucht. Kabarettistische Elemente wechseln mit harten, die historische Wirklichkeit
in all ihrer Brutalität zeigenden Bildern. Dichtung und
Ästhetik gehen Hand in Hand mit Dokumentarischem.
Historisches geht direkt in Heutiges über, etwa wenn zu
Heimwehrzitaten jetzige Marschierer- und Schlägerty-
pen der rechtsradikalen Szene gezeigt werden oder zu
Tucholskys 'Sozialdemokratischem Parteitag' gegenwärtige Arbeiterführer auftreten".*[298]

*„Theatralische Szenen wechseln mit Diaprojektionen,
kabarettistische Elemente mit brutal ausgespielten historischen Augenblicken. Geräuschkulissen, Lichteffekte,
aktionistische Formen verselbständigen sich nie, sondern sind derart eingesetzt, dass sie stets das Geschehen
konsequent weitertreiben, es kommentieren, es dialektisch ergänzen. Ein Geschehen, das in Ansätzen zum Lachen verführt, das im nächsten Moment dem Zuschauer
aber wieder Schweißausbrüche auf die Stirne treibt, ihm*

246

Angst einflößt, ihn persönlich trifft. Ein Geschehen, das
nicht kalt lässt, sondern das unmittelbar zugreift, das di-
rekt anspricht, das packt."[299]

„Was im Februar 1934 in Österreich geschah, ist be-
kannt. Einige tausend Arbeiter, besonders in Wien, in
Oberösterreich und in der Steiermark, setzten dem im
Vormarsch befindlichen Austro-Faschismus bewaffneten
Widerstand entgegen. Vier Tage lang kämpften diese Ar-
beiter einen im vorhinein zum Scheitern verurteilten
Kampf ... und unterlagen. Dieser Kampf dient dem thea-
terarbeiterkollektiv als Basis für seine Produktion 'Der
Bürgerkrieg in Österreich'. Aber der Gruppe geht es in
der genannten Produktion selbst weniger um diese vier
Kampftage, als vielmehr um die Voraussetzungen, um die
Ursachen dieses Kampfes; um die Hintergründe der sich
Jahre vorher schon abzeichnenden Niederlage der Arbei-
terschaft. Und es geht der Gruppe - wie immer - um die
Gegenwart; im konkreten Fall um die Möglichkeit des
Lernens aus der eigenen Geschichte. Und das eine wie
das andere gelingt den Theaterarbeitern einmal mehr
ganz hervorragend."[300]

„Am Schluss des Stückes, das mit der 'Dankbarkeit' der
deutschen Faschisten - die in ein Land einmarschieren
können, das bereits vom 'Marxismus' befreit ist - endet,
bleiben denn auch die Zuschauer betroffen auf ihren
Plätzen sitzen. Keiner rührt sich. Die gesehenen Bilder,

das Gehörte, das eben Erfahrene, das Erlebte ist von ei-
ner derartigen Dichte, dass keiner sich erhebt. Die Dar-
steller kommen auf die Bühne: 'Nie wieder Faschismus.
Nie wieder Krieg'. Und man weiß: Hier wurde mehr ge-
spielt als nur Theater.''[301]

Vorabaufführungen der Produktion erfolgten - in Verbindung und Ergänzung mit Lesungen, Vorträgen, Gedich-
ten zum Thema – bereits im November 1983 im Theaterkeller des Salzburger Volkshauses.

Nach jeder dieser Aufführungen kam es zu Diskussionen
und Gesprächen. Produktive Anregungen flossen in die
szenische Weiterarbeit ein, die bis Ende Jänner 1984 dauerte, ehe dann das Stück (bis einschließlich April 84) auf
Tournee quer durch Österreich ging.

Das Stück wurde von Vorarlberg bis Wien, von Oberösterreich bis Kärnten in zahlreichen Städten und Gemeinden gespielt. In riesigen Hallen, in üblichen Theerräu-
men, in Turnsälen ... aber auch in kleineren Arbeiterver-
einslokalen und Jugendzentren.

Die Reaktionen auf das Stück waren in der Regel überall
etwa gleich: Betroffenheit bei der älteren wie jüngeren
Generation.

„Ein Wechselspiel der Gefühle, der Ängste, der Hoff-
nung, der Wut. Aber nicht droben, auf der Bühne, son-
dern drunten, im Zuschauerraum, wo sich diese Gefühle
einstellen. 'Der Bürgerkrieg in Österreich', einmal mehr

eine großartige Produktion des theaterarbeiterkollektivs. "[302]

„Diese szenische Montage aus dokumentarischem Bild- und Textmaterial, Literatur und Musik ließ hautnah miterleben, was Austrofaschismus bedeutet. "[303]

„Mittels szenischer Momente, Diaprojektionen, literarischen Texten, Licht- und Geräuscheffekten vermittelt diese Aufführung eindrucksvoll die Geschehnisse in Österreich vor, während und nach den Wiener Februartagen des Jahres 1934. "[304]

„Mittels Text-Dia-Montage, theatralischen Einlagen, aktionistischen Formen, die das Publikum mit einbeziehen und phantasievollen Bühneneffekten gelingt eine beeindruckende szenische Darstellung dieses schicksalhaften Abschnittes unserer Republikgeschichte. "[305]

„Eine hervorragend gelungene Inszenierung ... durch intelligente und durchdachte Umsetzungen, durch eine Vielfalt an Formen, durch die Beherrschung einer hierzulande ungewohnten Theaterästhetik. "[306]

„Wenn es in Österreich eine tatsächlich alternative Theatergruppe gibt, eine Formation, die sich sowohl inhaltlich, aber auch ästhetisch und organisatorisch wohltuend vom herrschenden Staats- und Stadttheaterbetrieb abhebt, so ist dies zweifelsohne das 'theaterarbeiterkollektiv' aus Graz, das sich gegenwärtig in der Festspielstadt Salzburg niedergelassen hat. Dies hat diese Gruppe

249

schon bisher mit einer Reihe sehenswerter Arbeiten be-
wiesen und dies beweist die Gruppe erneut mit der zuletzt
geschaffenen, ganz hervorragenden Produktion 'Der
Bürgerkrieg in Österreich'. "[507]

Cel) Paragraph 144
Frauen im 34er-Jahr

Wie schon beschrieben, kam es im Rahmen der Auseinandersetzung mit dem "Februar 1934" zu einer Reihe
von „Neben- und Kleinproduktionen" durch die Gruppe.

So wurden literarische Texte zum Thema zusammengestellt, aufbereitet und gelesen. Anna Seghers "Weg durch
den Februar" stand ebenso auf dem Programm wie eine
szenisch aufbereitete Lesung von Brechts "Koloman-
Wallisch-Kantate". Historische Dokumente wurden gemeinsam mit Augenzeugenberichten interpretiert und
vorgetragen. Gemeinsam mit Historikern wurden interessante Bücher zum Thema vorgestellt.

Unmittelbar nach den Vorabaufführungen der Hauptproduktion "Der Bürgerkrieg in Österreich" im November
1993 fragte sich die Gruppe auch, was in jenen schick-
salshaften Tagen eigentlich die Frauen machten, die in
kaum einer Dokumentation und Darstellung (Koloman

Wallisch's Frau in Anna Seghers Erzählung ausgenommen) vorkommen. Und begann, dazu Recherchen anzustellen und eine Produktion zu schaffen.

„Eine Auseinandersetzung mit dem Februar 1934 in Österreich muss zwangsläufig unvollständig bleiben, wenn dabei die Rolle der Frau unberücksichtigt bleibt. Ob nun die Frauen der kämpfenden Arbeiter; Frauen, die neben den Fenstern des Marx-Hofes standen und den Männern die Gewehre reichten; ob Frauen, die bei den Kämpfen ums Leben kamen oder anschließend an die Februar-Ereignisse verhaftet und ins Gefängnis geworfen wurden; ob Frauen, die sich in der Folge der Februar-Tage aus Verzweiflung das Leben nahmen oder mit dem 'Makel', die Witwe eines zum Tode verurteilten 'Verräters' zu sein, weiterleben mussten: sie alle werden in kaum einer Darstellung des 'Februar 1934' erwähnt. Mit der Produktion '§ 144' will das theaterarbeiterkollektiv einerseits die Rolle der Frau in der Ersten Republik (speziell in der Zeit des 34er-Aufstandes), andererseits den Kampf der Frauen um ihre Rechte (demonstriert am Beispiel des § 144, der die Frauenproblematik in der Ersten Republik wesentlich mitbestimmte) szenisch vermitteln. "[308]

Bei ihren theoretischen Vorarbeiten und Auseinandersetzungen stößt die Gruppe auf einen authentischen Fall, der aufgegriffen wird und um den herum collageartig Szenen der Zeit montiert werden.

„Basierend auf einer wahren Begebenheit, erarbeitete die Gruppe eine Szenenfolge, in deren Mittelpunkt die Problematik um den Paragraphen 144 gestellt wurde. Eine Arbeiterfrau, schwanger, verliert bei den Februarkämpfen ihren Mann. Als Witwe eines 'Roten' verliert sie in der Folge auch Arbeit und Wohnung. Bar jeglicher Sicherheit, gestellt auf sich alleine, kämpft die Frau ihren Kampf und kommt zur Entscheidung, keinen Hungerkrüppel in die Welt zu setzen. In eine Welt, geprägt von Elend und Not, Bürgerkrieg und Faschismus".[309]

Das Stück ist ein Mix aus realistischen Szenen, aus historisch-literarischen, balladenhaften Einfügungen und aus dokumentarischen Erklärungen. Aus Momenten, die sich - im Sinne einer epischen Darstellung - dialektisch bedingen und ergänzen, um nicht in eine historisch-individuelle Einzelschicksalsdarstellung, in eine Milieuschilderung der Zeit abzugleiten.

Als diesbezügliches Beispiel sei der Schluss des Stückes erwähnt, wenn die Arbeiterfrau hinter Tüchern in einer schemenhaften Schattendarstellung mit der Stricknadel den Schwangerschaftsabbruch vornimmt, sich die Tücher langsam rot färben und dazu die päpstliche Enzyklika Pius des XI. verlesen wird.

„Die neueste Produktion des 'theaterarbeiterkollektivs' beschreibt mit drastischen stilistischen Mitteln eine Situation, die außergewöhnlich ist: Eine junge Arbeiterfrau,

schwanger, verliert während des Kampfes der österrei-
chischen Arbeiterschaft gegen die Christfaschisten im
Februar 1934 ihren Mann. Als Uneinsichtige, 'Nicht-Be-
reuende', verliert sie in der Folge auch Arbeit und Woh-
nung. Der § 144 hindert sie, ihre Schwangerschaft legal
zu unterbrechen. 'Christliche' Ärzte weisen sie ab, so-
dass sie letztendlich den Eingriff selbst vornimmt, um
nicht einen 'kleinen Krüppel' in die Welt setzen zu müs-
sen, dem der Hunger vom ersten Moment schon aus den
Augen schaut".[310]

„Wir erfahren in diesem tak-Stück einiges über die Situ-
ation der Frauen in der Ersten Republik; viel über das
(bisher kaum dokumentierte) Verhalten von Frauen im
Februar 34; und noch mehr über den heuchlerischen Pa-
ragraphen 144, der in Österreich jährlich tausende
Frauen zu Mörderinnen werden ließ".[311]

Obwohl die Medienkritik über dieses Stück durchaus positiv ist – *„Die Spielweise, eine Balance zwischen Rea-*
lismus und Stilisierung schafft Präzision ... Eine Theater-
arbeit, die trotz der historischen Ansiedlung aktiviert,
Emotionen weckt und Parteilichkeit erzwingt ... Die Um-
setzung des theoretischen Anspruches in theatralisch äs-
thetische Formen gelingt dem 'theaterarbeitetkollektiv'
einmal mehr gekonnt"[312] – wird es (zwischen Tournee-
auftritten mit der Produktion "Der Bürgerkrieg in Österreich") Ende April 1984 nur zweimal in Salzburg im
Rahmen des "Februar-34-Komplexes" vorgestellt.

Der Grund ist der, dass gerade in jener Zeit in der Öffentlichkeit eine breite Diskussion um das Thema "Schwangerschaftsabbruch" einsetzte. Eine Diskussion, die sich aber nicht um die Geschichte eines Paragraphen drehte, sondern - relativ unsachlich - die heutige Situation um Schwangerschaft, Verhütung und Abbruch aufgriff. Eine Diskussion, in der heutige Frauen, die von ihrem Recht Gebrauch machen, als Mörderinnen beschimpft wurden.

In eben dieser Situation kamen die Gruppenmitglieder zur Überzeugung, dass dafür das historisch angesiedelte Stück nicht die entsprechende Form darstelle und entschlossen sich, ein neues, ein heutiges Stück zum Thema zu schaffen.

Cem) JUNGFRAU, MUTTER ODER HURE
ein herzergreifendes Melodram um Sex, Schwangerschaft, Verhütung, Unterbrechung

Zur Motivation für diese Arbeit sei vorweg aus einem Statement der Gruppe zitiert:

„Zuletzt beschäftigte sich das theaterarbeiterkollektiv mit dem Themenschwerpunkt 'Februar 1934' und schuf dazu eine Reihe von Arbeiten. Zuletzt die Produktion '§ 144 ... Frauen im 34er-Jahr'. Während der Auseinandersetzung mit dieser Thematik, setzte in der Öffentlichkeit

eine heftige Diskussion um die Schwangerschaftsunter-
brechung ein, initiiert von der Aktionsgruppe 'Geborene
für Ungeborene', unterstützt von der 'Aktion Leben', reaktionären Ärzten, heuchlerischen Seelsorgern, den Herren vom Cartellverband, bis hin zu offen neofaschisti-
schen Gruppen. Im Vordergrund agierten junge adrette
Leute, höhere Töchter und Söhne aus 'gutem Hause', die
hochherzig 'positive Maßnahmen für die Sache des Lebens' forderten. Dahinter aber verging kaum ein Tag, an
dem nicht Frauen, die von ihrem Recht gebrauch machten, als Mörderinnen beschimpft wurden, an dem nicht
Schwangerschaftsunterbrechungen mit den Massenmor-
den der Nationalsozialisten verglichen wurden ... In eben
dieser Situation entschlossen wir uns, der Produktion
'Paragraph 144 ... Frauen im 34er-Jahr' eine zweite folgen zu lassen; allerdings eine, in der die Frauenproblematik (insbesondere jene der Sexualität, Schwangerschaft, -verhütung, -unterbrechung) stärker gegenwarts-
bezogen behandelt und in der mit den Formen der Ironie
und des Spottes, der Satire und Groteske gearbeitet werden sollte. Denn eine wirklich ernsthafte Auseinandersetzung mit jenen - scheinbar längst überholten - Typen, die
einem patriarchalisch-hierarchischen Mann-Frau-Den-
ken nachweinen, schien uns einfach nicht möglich. Wer
die Club-2-Diskussion mit Dr. Müller-Hartburg, dem
Sprachrohr der reaktionären Ärzteschaft, dem adretten
jungen Dämchen der 'Geborenen', der Frau Volkspartei-

Fleming miterlebt hat; wer Herrn Geißler zum Thema gehört hat; wer die Stellungnahmen des Heiligen Vaters und seiner Gefolgschaft zu Sexualität und Schwangerschaft kennt ... wird uns diesbezüglich sicher recht geben".[313]

Entsprechend diesem Anspruch wird von der Gruppe eine Arbeits- und Vorgehensweise gewählt, die sich von Beginn weg parallel in zwei Richtungen bewegt.

Einerseits wird in den unterschiedlichsten Medien intensiv nach Material gesucht: nach Stellungnahmen, Glossen, Kolumnen, Meldungen zum Thema, aber auch nach Berichten über Kindesmisshandlungen und Kindestötungen. Diese Informationen dienen sowohl als praktische Arbeitsunterlage, werden aber auch zu einer Informations- und Dokumentationsmappe zusammengefügt und bei den Aufführungen des späteren Stückes verteilt.

Andererseits wird gleichzeitig nach den im vorangegangenen Statement erwähnten satirisch-bösen, witzig-grotesken Formen gesucht, wird im praktischen Arbeitsprozess eine Ästhetik angestrebt, die zu erkenntnisreichem Lachen verführt, die die Haltungen und Aussagen frauenfeindlicher Gruppierungen entlarvt und der Lächerlichkeit preisgibt.

Bei dieser Formenfindung kristallisiert sich schon recht bald heraus, dass im Zentrum einer revuehaft-grellen Show eine einzelne Protagonistin zu stehen hat, die sich mit den Mitteln der Ironie und des Spottes gegen eine männerdominierte, frauenfeindliche Welt zur Wehr setzt.

Und dass männliche Darsteller nur Staffage, "Stichwortgeher", "reaktionäres Beiwerk" bilden sollten.

Zur Motivation für die Auseinandersetzung mit der Thematik und zur Frage der Formenwahl einige Auszüge aus Pressevorankündigungen, Zeitungsinterviews und ähnlichem:

„Schon seit Monaten kommt es in Österreich (wie auch in anderen westeuropäischen Ländern) zu heftigen Auseinandersetzungen um das Thema Schwangerschaftsabbruch. Konservative bis rechtsradikale Figuren und Gruppierungen sehen in der 1975 erfolgten Liberalisierung des Paragraphen 144 eine geradezu ideale Möglichkeit, offensiv gegen ein erkämpftes Recht der arbeitenden Bevölkerung (insbesondere der arbeitenden Frauen) aufzutreten. Kaum ein Tag vergeht, an dem nicht Frauen, die von ihrem Recht Gebrauch machen wollen, psychisch tyrannisiert werden. Darauf reagiert nun das 'theaterarbeiterkollektiv' mit der Produktion 'Jungfrau, Mutter oder Hure' Die engagierte Gruppe gestaltet daraus ein 'herzergreifendes Melodram' über Sex, Schwangerschaft, Verhütung, Unterbrechung. Ein Stück, das weit über die Problematik des Schwangerschaftsabbruches hinausgeht und versucht, das entsprechende Umfeld, die Geschichte des Abbruches mit einzubeziehen. So

entstand dann auch kein trübes Jammerbild über die 'ar-
men Frauen', sondern vielmehr eine szenische Montage
über jene, die meinen, über Frauen, ihr Tun, ihr Sein,
ihre Funktion bestimmen zu müssen. Eine Frau steht 90
Minuten auf der Bühne und wehrt sich mit Mitteln der
Ironie, der Groteske, des Spottes gegen ihr Benutztwer-
den. Sie wehrt sich gegen ihre Ausbeutung im Bett, in der
Familie, in der Gesellschaft; gegen Rollenzwänge und
Klischeeverhalten. Sie wehrt sich selbst gegen so über-
mächtige Gegner wie 'Jean-Paul Trawoytilla' oder die
Heilige Zwangsbeglückung. Und ihre Gegenwehr provo-
ziert Spaß, bei ihr wie bei den Zusehern. Denn ihr Weh-
ren ist nicht Krampf, sondern Kampf. Ein Kampf mit
Köpfchen, Witz und Spaß. Ein Kampf, der unterhält: die
Lachmuskeln wie die Gehirnwindungen, den Bauch wie
den Kopf".[314]

„Frage (der Interviewerin): *Ich habe einige Proben von*
euch gesehen und habe mich köstlich amüsiert. Das
Ganze ist derart witzig-böse, dass man permanent lacht,
vor allem über Männer, über Patriarchen. die wir ja alle
zum Großteil aus persönlicher Erfahrung kennen. Wie
kommt ihr bei einem so ernsthaften Thema wie 'Schwan-
gerschaftsabbruch' zu solchen Formen?

Antwort (der Stückprotagonistin): *Weil die Argumente*
der Abtreibungsgegner, so brutal sie sich oft auswirken,
einfach lächerlich und dumm sind. Aber selbst Frauen,
die die rücksichtslose Haltung des eigenen - oft auch ach

so 'linken' - Partners in Fragen der Sexualität und Ver-
hütung kennen, werden uns sicher recht geben, wenn wir
meinen, dass ein hochroter Männerkopf, also das 'Vor-
geführtbekommen' von eigenen Verhaltensmustern, oft
mehr bewirken kann als wochenlange hochintellektuelle
Auseinandersetzungen um die Frage des 'Sich-benutzt-
Fühlens', der 'sexuellen Ausbeutung' ... Außerdem
scheint es einfach wichtig, sich in dieser Frage nicht
ständig selbst kaputt zu machen, nicht immer nur zu jam-
mern, sondern auch lachen zu können über diese angeb-
lich 'ach so starken und tollen Männer'. Ein Lachen also
nicht über Schwächere, was ja das Genre des bürgerli-
chen Lustspieles a la Löwinger ausmacht, sondern ein
Lachen über jene, die gerne über uns bestimmen möch-
ten. Auch weil ich weiß, dass unser Verständnis von La-
chen ja nicht irgendwo im Bauch hängen bleibt, sondern
seinen Weg zum Kopf findet ... Wenn all diese Typen ein
wenig mehr ihr eigenes Tun in jeder Vorgeschichte eines
Abbruchs hinterfragen würden, wenn über Schwanger-
schaftsabbruch wirklich diskutiert wurde, wenn es so was
wie Aufklärung gäbe, wenn sie all ihre 'Verantwortung',
die sie dem Drei-Monats-Fötus gegenüber aufbringen,
tatsächlich lebenden Kindern gegenüber zeigen würden
... dann wäre das Thema 'Schwangerschaftsabbruch'
wohl schon längst kein Thema mehr. Und genau da grei-
fen wir in dem Stück an, werden - was ich bei vielen 'Lin-
ken' in dieser Frage vermisse, weil sie sich im Endeffekt
nur 'verteidigen' gegen den Psychoterror - offensiv.

Nicht wir Frauen sind Mörderinnen, die Mörder sind sie. Sie, die uns alle permanent abzutreiben versuchen; sie, die unser wie das Leben unserer Kinder zu zerstören bemüht sind. Und das ganze eben in eine Form verpackt, die nur witzig und böse sein kann. So böse und dabei lächerlich-witzig und dumm, wie sie eben selbst sind, die Herren Wojtyla und König und Mock und Uterus und Moralin und Meier und wie sie sonst noch heißen".[315]

Beinah ein halbes Jahr lang arbeitet die Gruppe - vor allem in einem intensiven praktischen Probenprozess, bei dem die inhaltlich gestellten Anforderungen ihre letztendlich gültigen Ausformulierungen erfahren - an der Produktion, ehe diese im Oktober 1984 in der Salzburger Arbeiterkammer ihre Erstaufführung erfährt, anschließend mehrmals im Theaterkeller des Salzburger Volkshauses gezeigt wird und schließlich auf Tournee quer durch ganz Österreich und den süddeutschen Raum geht.

Die Produktion "Jungfrau, Mutter oder Hure" wird vom Erfolg, von der Aufführungszahl (über hundert Vorstellungen), von der Aufmerksamkeit der Öffentlichkeit und von der Begeisterung der Zuschauer wie der Kritik her zum wohl bedeutendsten Stück der Gruppe.

Und was die Deckung von Form und Inhalt, die Anwendung der Ästhetik zum Transport des Themas und der Aussage betrifft, einmal mehr zu einem demonstrativen Beispiel dafür, was freie Theaterarbeit sein und bewirken kann: Dass der gestellte Anspruch an die Funktion des

Theaters sich vor allem in der politischen Haltung zeigen und beweisen muss. Dass die Frage der Form und des Spielstils nichts dogmatisch Vorbestimmtes sein kann, sondern sich am gestellten Thema zu messen und an der Vermittelbarkeit des gewählten Inhaltes zu orientieren hat. Wie eben das dem theaterarbeiterkollektiv mit dieser Produktion gelingt - in der von der Gruppe völlig neue, bisher noch nie erprobte Stilelemente eingesetzt werden - ist beispielhaft für die Arbeit freier Gruppen.

„Das theaterarbeiterkollektiv hat schon bisher mit seinen hervorragenden Produktionen bewiesen, was zeitbezogenes, gesellschaftskritisches Theater bedeutet. Und es beweist es nachdrücklich mit seiner eben fertiggestellten Arbeit, dem revuehaften Stück 'Jungfrau, Mutter oder Hure'. Was die Gruppe da an wirklich außergewöhnlichem, kritischem Theatergenuss bietet, besitzt für österreichische Bühnenverhältnisse Seltenheitswert".[316]

„Eine großartige Produktion erarbeitete das theaterarbeiterkollektiv mit seiner Revue 'Jungfrau, Mutter oder Hure'. Eineinhalb Stunden fesselndes, packendes Theater, eine kaum zu überbietende Komödiantik und eine faszinierende schauspielerische Leistung."[317]

„Das Theaterarbeiterkollektiv hat sich für die Form der Groteske entschieden, zeigt sein Stück 'Jungfrau, Mutter oder Hure' in grellen Schlaglichtern, überhöht die Realität zur Karikatur ... Sie spielen ihre Revue zu diesem Thema mit irrwitzigem Tempo, anderthalb Stunden, ohne

Pausen, ohne Langeweile und ohne Karlauer. Besonders beeindruckend ist, wie die Protagonistin von einer Rolle in die andere schlüpft ... begeisterter Applaus".[318]

„Im Zuschauerraum wird es dunkel. 'Je t'aime' erklingt. Keuchen, Schnaufen, Stöhnen. Dann: ein Aufschrei. Eine Frau erscheint auf der Bühne, das Haar zersaust, die Bluse zerrissen. Und mit dem Auftauchen dieser Frau beginnt eine unerbittliche Auseinandersetzung um ihre Ausbeutung, um die Ausbeutung und Benutzung von Frauen grundsätzlich. Eine Auseinandersetzung, die neunzig Minuten lang fasziniert, den Zuschauer begeistert, ihn zu Lachstürmen hinreißt, ihn wieder erkennen und erkennen läßt".[319]

„Man lacht über Situationen, die man kennt, die historisch längst überwunden sein sollten und doch unsere Wirklichkeit bestimmen. Zu witzig sind die Situationen, die dargestellt werden: Sexualität, Liebe, Schwangerschaft, Erziehung. Aber stets weiß man, worüber man lacht. Und gar oft bleibt einem das Lachen im Halse stecken ... Dies alles gelingt dem theaterarbeiterkollektiv durch eine intelligente Texterstellung, einen klugen dramaturgischen Aufbau und besonders durch eine gekonnte theatralisch-ästhetische Umsetzung ... durch eine hervorragende darstellerische Leistung der Protagonistin, die durch die Beherrschung ihrer Mittel einen Abend lang den Zuschauer fesselt und fordert, ihn unterhält und einbezieht".[320]

„Da geht es um Sex, Schwangerschaft, Verhütung, Abtreibung und um jene Bereiche, die unmittelbar damit zu tun haben: um Männer und um eine von Männern dominierte Gesellschaft. Dazu bemüht das tak die Form der Revue, das Ironisch-Groteske, das Sarkastisch-Böse. Nicht die individuelle Ausprägung des weiblichen Benutztseins erscheint wichtig, sondern die gesamtgesellschaftlichen Zusammenhänge der Unterdrückungsmechanismen ... Der Protagonistin des Stückes gelingt dieses Aufzeigen ganz hervorragend, durch die faszinierende Beherrschung ihrer schauspielerischen Mittel: ihres Körpers, ihrer Sprache, ihrer Ausdruckskraft, ihrer Komödiantik ... Denn während der neunzig Minuten entsteht nicht ein Leerlauf, nicht eine Minute Langeweile, sondern gekonnte Unterhaltung, Spaß, Lust. Lust zur Emanzipation, Lust zur Selbstbestimmung".[321]

„Eine deftig-direkte Aufführung, provokant und ohne Blatt vor dem Mund ... spritzig-witzig ... mit viel Elan werden Weiblichkeitsklischees und Männerposen zerpflückt ... Lachsalven und viel Applaus".[322]

„Lebendig und komödiantisch werden die verruchten, aggressiven und naiven Register weiblichen Seins gezogen ... Zynische Frauenärzte bekommen ihr Fett ab. Und der Papst als unverdrossen Reisender ward selten so clownesk und bissig in Szene gesetzt".[323]

„Das Stück ist eine tolle Abrechnung mit der heuchleri-
schen Politik um Sexualität, Aufklärung, Schwanger-
schaft, Verhütung, Unterbrechung. Das Publikum war
begeistert".[324]

Die Gruppe ist mit diesem Stück von Oktober 84 bis Juli
85 unterwegs. Es wird mehrmals in der Bundeshauptstadt, in verschiedenen Landeshauptstädten, Bezirksstädten, aber auch in kleineren Gemeinden des Bundesgebie-
tes und mehrmals im süddeutschen Raum gezeigt.

In großen Sälen wie in kleineren Clubräumlichkeiten, an
mehreren Universitäten aber auch in Jugendzentren und
Arbeiterlokalen, in großen Festzelten (siehe Bludenz im
Abschnitt Cc) wie in klassischen Theaterräumlichkeiten.

Die Nachfrage nach der Produktion ist so groß, dass für
Herbst/Winter 85 und Winter/Frühjahr 86 bereits Aufführungsserien fixiert sind. Doch dazu sollte es nicht
mehr kommen ... (siehe nächstes Kapitel).

Cen) KRIEG DEM KRIEGE
Lieder und Gebete zwischen den Schlachten.
Denen von gestern und von heute.

Während die Gruppe "theaterarbeiterkollektiv" mit dem
Stück "Jungfrau, Mutter oder Hure" ab Herbst 1984 unterwegs ist, entstehen Ideen, Pläne und Anregungen für
neue Themen und Projekte.

Zwei Bereiche sind es, die die Gruppe für die nächste Zeit auswählt und an denen gearbeitet wird:

Anlässlich des Ereignisses "Vierzig Jahre Frieden" soll unter dem Titel "Krieg dem Krieg" ein Antikriegsspektakel entstehen, in dessen Zentrum die Texte Kurt Tucholskys gerückt werden sollen.

Und dann will man unter dem Titel "Hollarödudeljö" einen Heimatabend der völlig anderen Art gestalten.

Für beide Produktionen gibt es bald nach der Ideenpräsentation Interessenten für Spiel- und Aufführungsserien. So soll zum Beispiel der "Heimatabend" im Rahmen der Steirischen Kulturinitiative im Frühjahr 86 mehrfach gezeigt werden. Und für das Antikriegsspektakel interessieren sich Antifaschistische Vereine und Friedensorganisationen.

Am Stück "Krieg dem Krieg" wird mit Beginn des Jahres theoretisch wie praktisch gearbeitet. Parallel zur Gastspielserie von "Jungfrau, Mutter oder Hure".

Und im Juni 85 erlebt die Produktion auch noch ihre Erstaufführung.

„Nachdem das theaterarbeiterkollektiv zuletzt mit seinem Frauenstück eine Produktion schuf, bei der man aus dem Lachen gar nicht mehr herauskam, präsentierte die Gruppe nun eine Arbeit, die voll des Grauens, die unter die Haut geht, die - im wahrsten Sinne des Wortes todernst. Denn beim neuen Stück geht es um Krieg, um die

265

Vernichtung, um die Zerstörung der Welt. Gespielte Sze-
nen, voller Gewalt und Brutalität, stehen neben Diapro-
jektionen, die die Zerstörung, die den Tod zeigen. Im Mit-
telpunkt des Grauens steht der Pazifist Kurt Tucholsky,
dessen Worte die Bilder und Szenen anklagen, verdam-
men, entlarven, Eine Arbeit, die fesselt und abschreckt,
die berührt und doch abstößt, der man sich beinah ohn-
mächtig hingibt und die doch so etwas wie Hoffnung
weckt. Und wenn's nur die ist, dass es noch Chancen des
Entkommens gibt, dass es noch nicht zu spät ist". [325]

"Während in der Festspielstadt Salzburg die letzten Vor-
bereitungen für das diesjährige Spektakel getroffen wer-
den, die Geschäftswelt sich für die dicken Umsätze rüstet,
die Medien nur mehr für Herrn Karajan und Freunde
ihre Spalten öffnen, zeigt das theaterarbeiterkollektiv,
diese engagierte, seit einigen Jahren in der Mozart-Stadt
sesshafte Gruppe, sein neuestes Stück, das Antikriegs-
spektakel 'Krieg dem Krieg'. Ein Stück, das mindestens
ebenso wichtig ist, wie all die Jedermänner und Zauber-
flöten, weil es ein Stück ist, das mit der Wirklichkeit zu
tun hat. Einer Wirklichkeit, die für uns alle, auch für die
Karajans und Brandauers, bald schon tödlich enden
könnte. Wenn ... ja, wenn wir dieser Entwicklung der
Wirklichkeit, der zunehmenden Kriegsgefahr, der Bedro-
hung der Menschheit, nicht entsprechend entgegentreten.
Auch mit den Mitteln der Kunst. Die neueste Arbeit des
theaterarbeiterkollektivs ist nur schwer zu beschreiben.
Das ist kein übliches Theaterstück, das ist weit mehr.

Eine Collage aus Spiel und Wirklichkeit, eine Mischung aus Aktionismus und Dokumentation, eine Vision der Zukunft. Bilder, dem Auge kaum mehr erträglich, Geräusche, im Ohr noch stundenlang weiter schreiend, wechseln mit den, vor mehr als fünfzig Jahren schon geschriebenen Worten Tucholskys. Zitate, Reden von Menschen, die das Sagen haben, werden in ihrer ganzen Bedeutung, in all ihren Folgemöglichkeiten brutal entlarvt. Die Wirklichkeit wird nicht oberflächlich dargestellt, der Teppich wird hochgehoben, man blickt darunter, zeigt Ursachen und Zusammenhänge, vermittelt eindrucksvoll, wohin die Scherzchen Ronald Reagans, die zunehmende Verhärtung der Fronten, das riesige Waffenpotential, der hysterische Antikommunismus, der Fremdenhass, Autoritätshörigkeit, der Ruf nach dem starken Mann ... eines Tages führen werden, wenn ... ja, wenn ... ".[326]

„Krieg dem Kriege nannte der vehemente Kämpfer gegen Krieg und Militarismus, Kurt Tucholsky, eines seiner Gedichte. 'Krieg dem Krieg' nennt das theaterarbeiterkollektiv seine letztgeschaffene Produktion ... die klar macht, wie sehr die mahnenden Worte Tucholskys heute noch Gültigkeit haben ... Angeprangert wird in dem Stück nicht die Vergangenheit, angeprangert werden die gegenwärtigen Auseinandersetzungen, gemahnt wird vor heutigen Hetzern und Kriegstreibern, gewarnt wird vor dem nächsten großen, dem wohl endgültig letzten aller Kriege. Mittels einer Vielfalt wirksamer szenischer Mo-

mente, durch den gezielten Einsatz von Bildern und Pro-
jektionen, mittels einer Angst einflößenden Geräuschku-
lisse wird dem Zuschauer die Gefährlichkeit der heutigen
Situation brutal vor Augen geführt. Aussprüche, Meldun-
gen, Zitate, Zeitungsberichte – als Überschriften bzw.
Untertitel bruchstückartig in die Bilder montiert – unter-
streichen und verdichten das Gesehene. Die Worte Tuch-
olskys enthüllen, gehen an die Wurzel, machen Zusam-
menhänge klar ... Während die szenischen Momente, die
Bilder und Geräusche auf das Gefühl des Betrachters zie-
len und seine Emotionen wachrütteln, richten sich die
Tucholsky-Worte an seinen Verstand. Zwei Stunden lang
gelingt diese Wechselwirkung von Seele und Kopf dem
theaterarbeiterkollektiv ganz großartig. Die Zuschauer
werden von Visionen und tatsächlichen Barbareien ge-
quält, werden bis zur Schmerzgrenze einbezogen und ge- ·
fordert, eh der Sinn des Erlebten, des so drastisch Ge-
zeigten, mit den Worten Tucholskys klargemacht wird:
Militarismus und Pazifismus sind zwei Geistesverfassun-
gen. Eine Brücke gibt es nicht. Entscheidet euch!".[327]

Wie gesagt: dieses Stück erlebt noch seine Erstaufführung. Die für Herbst geplante Tournee kommt aber nicht
mehr zustande.

Die Produktion "hollarödudeljö" wird nur auf dem Papier
skizziert und erlebt einzig einige Formfindungsproben,
ehe das Projekt im Schreibtisch landet.

Das Stück "Jungfrau, Mutter oder Hure" wird im Juli 1985 letztmals aufgeführt, Zusagen für spätere Aufführungsserien müssen zurückgezogen werden. Denn das theaterarbeiterkollektiv beendet mit August 85 seine Tätigkeit.

Der letztendlich ausschlaggebende Grund ist ein 'banaler': die Protagonistin des "Frauen-Stückes", eine der letzten aus dem ursprünglich harten Kern der Gruppe, ist schwanger und bekommt im Oktober 85 ein Kind. Ein anderes Mitglied der Gruppe - ebenfalls aus dem eigentlichen Gründungsstamm kommend - ist der Vater. Die beiden beschließen zu heiraten und ihre Tätigkeit in der freien Gruppe zu beenden.

Damit wird auch die Arbeit der Gruppe als solche beendet. Wenngleich der letztendlich entscheidende Grund für die Auflösung der freien Gruppe "theaterarbeiterkollektiv" der ist, dass zwei der letzten Mitglieder aus dem harten Kern der Gruppe - in Erwartung eines Kindes - sich zu Heirat und Rückzug entschlossen haben, so muss objektiv betrachtet gesagt werden, dass die Gruppenauflösung auch eine zwangsläufige Erscheinung der Zeit ist.

Bei Beibehaltung des eingenommenen gesellschafts- und kulturpolitischen Standpunktes, des Anspruches an die Funktion des Theaters, hätte sich die Gruppe - trotz vorhandener Folgeaufträge - in der veränderten Wirklichkeit sicherlich nicht mehr allzu lange gehalten oder hätte an der gesellschaftlichen Realität, den 'neuen' Bedürfnissen der Menschen, vorbeiproduziert.

Denn spätestens Mitte der 80er-Jahre verlieren die letzten Reste der 68er-Bewegung ihre Wirkung. Die antiautoritäre Phase hat sich erschöpft. Ein unübersehbarer Rückzug in die Privatheit findet statt. Antifaschistische Organisationen und Friedensbewegung lösen sich auf oder treten nur mehr sporadisch in Aktion. An den Unis wird es ebenso ruhig wie an den Schulen. Arbeitnehmerorganisationen treten immer leiser und verzichten stetig mehr auf "Politisierung" ihrer Mitglieder, auf die politische Auseinandersetzung. Das Interesse an Politik, an gesellschaftlicher Veränderung ist nicht mehr von Bedeutung.

Persönliches Weiterkommen und individuelle, familiäre Zufriedenheit sind gefragt, was sich letztendlich in einer starken, stetig zunehmenden gesellschaftlichen Anpassung äußert.

Cf) Geld und/oder Leben
Die Finanzen, der Teilungsprozess, das
Überleben einer freien Gruppe

Die Einnahmen der Gruppe setzten sich aus mehreren Momenten zusammen.

Einerseits gab es so was wie eine "Grundsubventionierung" durch das Bundesministerium für Unterricht und Kunst (Kleinbühnensubvention), sowie "Zusatzsubventionierungen" für besondere Leistungen (ebenfalls vom Bundesministerium für Unterreicht und Kunst).

Und andererseits kamen Einnahmen über den Verkauf von Auftrittsserien, über Gastspiele, über Eintrittserlöse, über Fernsehaufzeichnungen, etc. zustande.

Unmittelbar nach Gruppengründung und Vorstellung der Produktion "Friede den Hütten, Krieg den Palästen" wurde dem Ensemble vom BMfUK für 1978 ein Jahresstipendium von 100.000 Schilling gewährt. Mit 1979 wurde die Gruppe dann in das "Österreichische Kleinbühnenkonzept" aufgenommen (beides, das Stipendium 1978 wie die Aufnahme in das Kleinbühnenkonzept übrigens auf Engagement des späteren Grazer Bürgermeisters Alfred Stingl, der damals Jugendstadtrat in Graz war … also er hat die Gruppe unterstützt und nicht der Grazer Kulturstadtrat), was für die Zukunft eine Jahressubvention von 135.000 Schilling garantierte.

Zu dieser Grundsubvention kamen bei sehr vielen Produktionen Zusatzsubventionen für "außergewöhnliche Inszenierungen", für "besonders zeitgenössisches Theaterschaffen", etc., die in der Regel zwischen 20.000 und 30.000 Schilling lagen.

Für die Fernsehaufzeichnung von "Friede den Hütten" wurde zum Beispiel der Gruppe ein Honorar in der Höhe von 100.000 Schilling bezahlt.

Der Großteil der Einnahmen kam jedoch über die zahlreichen Gastspiele - und hier insbesondere über den Verkauf von Aufführungsserien an verschiedene Institutionen - zustande.

Je nach Aufwendigkeit der Produktion, nach Veranstalter und Veranstaltungsort lagen die Honorare pro Gastspiel zwischen 10.000 und 25.000 Schilling.

Da das Dasein der Gruppe von der Funktion einer Arbeits- und Wohngemeinschaft bestimmt war, gab es für die Mitglieder keine Fixlöhne oder -gehälter. Von den Einnahmen wurden die Produktionskosten ebenso wie die gemeinsamen Lebenshaltungskosten bestritten.

Wenn ein Gruppenmitglied zusätzliche - über die Gemeinschaftsinteressen hinausgehende - finanzielle Mittel benötigte, wurde dies in der Gruppe gemeinsam diskutiert, bewertet und entschieden.

Zwar gab es in der Anfangsphase, als der Stamm der Gruppe ein relativ großer war, diesbezüglich einige Probleme. Doch mit der Verkleinerung des Ensembles funktionierte diese Arbeits- und Lebensweise auch finanziell recht gut, auch wenn die Gruppe nie "im Überfluss" lebte und sich immer wieder einmal existentielle Probleme bemerkbar machten.

Im ersten Halbjahr nach Gruppengründung gingen einzelne Ensemblemitglieder noch "außertheatralischen" Erwerbsquellen nach.

Später gab es zwar vereinzelt gruppenexterne aber doch "künstlerische" Tätigkeiten einzelner Mitglieder. Die Einnahmen aus diesen Tätigkeiten (wie etwa die schon erwähnten Literaturpreise oder das Literaturstaatsstipendium) flossen ausnahmslos in die Arbeits- und Wohngemeinschaft ein.

Zum Schluss dieser Skizzierung einer "Freien Theatergruppe" sei aus einem Magazin-Interview zitiert, das ein Gruppenmitglied etwas mehr als ein halbes Jahr vor Gruppenauflösung gab und das deutlich macht, dass es - bei allen Schwierigkeiten - Lust und Spaß an produktiver gesellschaftlicher Auseinandersetzung sind, die von Brecht im Nachtrag zum "Kleinen Organon" beschriebene *„Entfesselung der Produktivität, die Lernen in Vergnügen und Vergnügen in Lernen verwandelt"*[328] ist, die das Wirken, das Tun in einer freien Gruppe nicht nur so spannend und interessant, sondern für manchen kritischen Theatermacher zur einzigen alternativen Möglichkeit gegenüber dem etablierten, hierarchisch strukturierten Staats- und Stadttheater macht.

„Natürlich gab es in den mehr als sieben Jahren enorme Probleme, Ängste ums Dasein, um die Existenz, ums Überleben. Dann die Schwierigkeiten um die gruppeninternen wie politischen Findungsprozesse, die vor allem am Anfang existentieller Natur waren, als im 'theaterarbeiterkollektiv' eine Vielzahl junger Schauspieler und Regisseure mitwirkten, die völlig unterschiedlicher sozialer wie politischer Herkunft waren. Oder einfach immer wieder die Hinterfragung der Wirksamkeit unserer Theaterarbeit, der menschlichen wie politischen, wenn man das überhaupt trennen kann: Dass du versuchst, Denkanstöße zu liefern, Menschen zu motivieren, ihnen Kraft zu geben ... Und dann siehst den ganzen Mist, der um dich herum passiert, merkst, dass du mit deiner Theaterarbeit allein nichts veränderst und fragst dich halt immer wieder: 'wozu eigentlich?'. Also Schwierigkeiten und Probleme waren stets genug da. Und die bleiben auch sicher. Aber es ist einfach so, dass die Arbeit als solche, der damit verbundene Spaß all diese Probleme aufhebt. Vor allem natürlich, wenn man an die andere Möglichkeit denkt, nämlich wieder reinzugehen in den bürgerlichen Theaterbetrieb, wo du auf Grund der Öko-Struktur dieser Häuser als Schauspieler einfach der letzte Dreck bist".[329]

SCHLUSSBETRACHTUNG
Bedeutung und Wirkung des "Freien Theaters" in seinem historisch-politischen Kontext

Wie in dieser Arbeit schon öfters ausgeführt, ist die Entwicklung des "Freien Theaters", die Gründung "Freier Theatergruppen" nicht von Zufällen und Launen bestimmt, sondern stets eine bewusst radikale Entscheidung, die von politischer Haltung bestimmt und verbunden ist mit der Hinterfragung der Funktion der Kunst grundsätzlich, des Theaters im besonderen.

Aus diesem Grunde auch wäre es falsch und unrichtig, bei der Definition des Begriffes "Freies Theater" vorrangig von ästhetischen Momenten, von Spielstilen, von Formmomenten oder aber auch von organisatorischen Strukturen auszugehen.

Deshalb auch die breite Ausholung im ersten Teil dieser Arbeit, der intensive Versuch, die gesellschaftspolitische Funktion des Theaters, seine Funktion und Wirkungsmöglichkeit im Sinne von Bewusstseinsveränderungen zu hinterfragen und zu definieren.

Das institutionalisierte Staats- und Stadttheater kann - als Institution des gesellschaftlichen Überbaus, von der Gesellschaft finanziert und subventioniert - aus ökonomisch wirtschaftlichen wie aus gesellschaftspolitischen Gründen heraus keinerlei ernsthaftes Interesse an entscheidenden Veränderungen haben.

Wohl ist das bürgerliche Theater - entsprechend seinem Auftrag als Bildungsinstitution - bestrebt, in einem moralisch-idealistischen Sinne zur Humanisierung der Gesellschaft beizutragen, doch kann ihm keinesfalls - im Sinne etwa der theaterpolitischen Konzeptionen eines Brechts (und damit des Freien Theaters) - daran liegen, gesellschaftliche Prozesse erkenn- und durchschaubar zu machen, die Lust auf Veränderung zu wecken, einen revolutionären Willen (a la Piscator) beim Zuschauer herbeizuführen.

Eben das aber ist das entscheidende Kriterium, an dem sich Freies Theater messen lässt.

Strukturellen wie ästhetisch-formalen Experimenten und Veränderungen ist das bürgerliche Theater grundsätzlich nicht abgeneigt, auch wenn diese auf Grund der Schwerfälligkeit des Apparates und der Erwartungshaltungen der Abonnenten nur zögernd durchzusetzen sind.

Unmöglich jedoch ist, dass das bürgerliche Theater jene gesellschaftliche Seinsweise in Frage stellt, deren Bedingungen und Spielregeln es seine Existenz verdankt, die diese Existenz erst ermöglichen.

Die inhaltliche Aktivierung der Zuschauer zur Umgestaltung der Verhältnisse wäre ein unaufhebbarer Widerspruch in sich.

Insofern kann solch eine Aktivierung (wie wir sie in der vorliegenden Arbeit von Brecht und Piscator bis zu Dario

Fo und Arianne Mnouchkine finden) nur außerhalb des bestehenden bürgerlichen Theaters erfolgen, also in einer Freien Theaterarbeit.

Das zeigt aber auch, dass eben der Inhalt, die Thematik, die Ansprache der Menschen mit gesellschaftspolitisch relevanten Themen, die Darstellung der Welt, der Gesellschaft als veränderbar zu vermitteln ... der Maßstab ist, an dem sich Freies Theater sowohl gegenüber dem institutionalisierten Staats- und Stadttheater aber auch gegenüber formalen Experimenten nichtinstitutionalisierter Bühnen werten und vergleichen lässt.

Natürlich ist Theater im weitesten Sinne immer "politisch". Die Verschleierung der Wirklichkeit wie ihre Verzerrung, das Vertrösten und Beschwichtigen mittels Theater, die Flucht in Formalismen und ästhetische Spielereien ... ist ebenso Politik wie der Versuch, mittels des Theaters zu gesellschaftlicher Veränderung zu motivieren.

Freies Theater bezieht aber - im Unterschied zum bürgerlichen Theater und jenen Gruppierungen, die sich nicht "politisch" verstehen (wenn solch ein Verständnis auf Grund des Vorangesagten überhaupt möglich ist) - Stellung, nimmt Haltungen ein, ergreift Partei, engagiert sich für die Sache der gesellschaftlichen Umgestaltung. Zum Teil weit über die reine Kunst hinaus.

Freies Theater will die Welt durchschaubar machen, will Vorgänge erklären, will den Menschen Handlungskompetenzen zuweisen.

Dieser - entscheidende - Anspruch ans Theater und seine Funktion bestimmen erst die Wahl der Mittel: die zur Auswahl stehenden inhaltlichen Themen, die ästhetischen Vermittlungsformen, die organisatorischen Strukturen.

Ist dieser Anspruch an die Funktion des Theaters, die eingenommene politische Haltung, das eigentlich entscheidende (und alle anderen Bereiche bestimmende) Unterscheidungskriterium, so äußern sich konsequenterweise +auch in allen Detailbereichen Differenzierungen zwischen etabliertem und freiem Theater.

Inhaltlich wird beim freien Theater Wert auf gesellschaftspolitisch relevante Themen gelegt; auf Bereiche, die das politische Bewusstsein des Zielgruppenpublikums voranzutreiben in der Lage sind, die zum Kampf um gesellschaftliche Veränderungen animieren, die Lust dazu wecken.

Das sind einerseits historisch interessante Abschnitte, an denen sich politische Entwicklung, politisches Eingreifen und damit entsprechendes Verhalten für die Gegenwart und Zukunft ablesen lässt, an denen das Publikum „lernen" kann.

Das sind andererseits aber auch politisch hochbrisante, das Zielgruppenpublikum unmittelbar berührende und betreffende, die Gegenwart beherrschende Themen.

Und nicht – wie im etablierten Theater - ein Angebot quer durch den Gemüsegarten (ein bisschen Boulevard, ein bisschen Klassik, ein bisschen Avantgarde), um (meist nur gefühlsmäßig erfasste) Bedürfnisse eines (Abonnenten)Publikums zu befriedigen, um dem Anspruch einer bürgerlichen Gesellschaft nach "Bildung" (im herrschenden Sinne) gerecht zu werden.

Organisatorisch wird beim freien Theater der Versuch unternommen, dem antagonistischen Widerspruch des Begriffes "Arbeit-Freizeit" in Form einer kollektiven Lebensweise, in der sich Arbeit und Freizeit durchdringen und sich so gegenseitig aufheben, entgegenzutreten.

Dies zeigt sich äußerlich im Zusammenleben einer homogenen Gruppe, in einem gemeinsamen Anliegen und Wollen, in einem gemeinsamen Arbeits- und Lebensstil.

In der Praxis schlägt sich dies in einem kollektiven, gemeinschaftlichen Gruppentun einerseits und in projektbezogener Tätigkeit andererseits nieder.

Literarisch vorgeprägtes Rollenstudium wird zugunsten der historisch- materialistischen Hinterfragung der Gewordenheit der gesellschaftlichen Verhältnisse (und der adäquaten szenischen Abbildung dieser) aufgegeben.

Auf der Basis von Gruppenarbeit und Projektstudium wird ein kollektiver Arbeitsprozess ohne hierarchische Strukturen angestrebt. So soll sich jeder Beteiligte jene kritisch geprüften Fähigkeiten und Kenntnisse aneignen können, die Entfremdungsmomente der Arbeit gegenüber ausschließen.

Theaterarbeit wird als ganzheitlich lustvoller Prozess verstanden, der von den Beteiligten gemeinsam getragen und vollzogen wird. Und nicht als Fremdbestimmung "körperlich Arbeitender" durch einige wenige "geistig Tätige", wie dies auf Grund der ökonomischen Strukturen und Verhältnisse am Staats- und Stadttheater in der Regel notwendig ist, weil nicht selten ein Gastregisseur, der das Ensemble nicht oder kaum kennt, innerhalb kürzester Zeit seine Konzeption eines Stückes durchzubringen hat.

Da sich das Freie Theater nicht den ökonomischen Zwängen eines bürgerlichen Bildungsapparates und eines die Vielfalt fordernden Abonnentenpublikums aussetzt (was sich selbst in kleineren bürgerlichen Theaterhäusern in teilweise mehr als zwanzig Produktionen pro Spielzeit äußert), arbeitet es ohne Produktionsdruck (was finanziellen Druck und Marktzwänge zwar nicht aufhebt, aber doch eine intensivere künstlerisch-ideologische Auseinandersetzung mit dem gewählten Thema erlaubt).

Dies äußert sich - in der Gegenüberstellung mit dem bürgerlichen Theater - auch in der Suche nach den Formen, im Anstreben eines dem gewählten Thema adäquaten Spielstils. Einer Ästhetik, die sich von Produktion zu Produktion neu zu beweisen hat insofern, als sie das gewählte inhaltliche Thema sinnlich zu transportieren und zu vermitteln in der Lage ist.

Während der Schauspieler des bürgerlichen Theaters - den Bestimmungen des freien Marktes ausgesetzt und damit dem Konkurrenzprinzip unterworfen - sich in der Regel damit zufrieden gibt, warenästhetische Bestimmungen anzunehmen, kommt es im Freien Theater zur ständigen Hinterfragung der ästhetischen Mittel.

Während am bürgerlichen Theater auf Grund der Zwänge und Strukturen, auf Grund des Produktionsdruckes kaum Wert auf die Aus- und Weiterbildung künstlerischer Originale gelegt wird ("Ausstrahlung", äußerliche Merkmale, etwas Besonderes an sich haben ... beim einzelnen Schauspieler vielfach genügen, um sich vom anderen zu unterscheiden), wird beim Freien Theater die regelmäßige und konsequente Weiterbildung der Ausdrucks- und Vermittlungsmittel in Form des täglichen Trainings (dem inhaltliche Orientierungsmomente zu Grunde liegen) vorangetrieben. Wobei diese Ästhetik sich nicht vorrangig an psychologischen Zeichnungen, an individualistischen Personendarstellungen, der Vermittlung persönlicher Sorgen und Nöte ... misst, sondern an der gesellschaftlichen Haltung der dargestellten Personen. Was zwischen Menschen und Menschengruppen unter ganz bestimmten historisch-politischen Bedingungen vorgeht, dient der Erprobung und Erforschung der Darstellungsmöglichkeiten, der sinnlichen Vermittlung solcher Vorgänge.

In diesen entscheidenden Unterscheidungen zwischen institutionalisiertem Staats- und Stadttheater und Freiem Theater zeigt sich aber auch die große Problematik Freier Gruppen:

Als Bestandteil des gesellschaftlichen Überbaus ist das Theater (besonders das Freie Theater) auf eine starke Kommunikation zwischen Bühne und Publikum angewiesen. Theater allein kann die Welt nicht verändern. Zwar kann (und soll) es die Lust auf Änderung wecken, allerdings bedarf es dazu einer entsprechenden gesellschaftlichen Bereitschaft.

Dann, wenn das gesellschaftspolitische Bewusstsein ein relativ ausgeprägtes ist, wenn die Organisationen der Arbeitnehmer, der Studenten und Lehrlinge, der antifaschistischen Bewegung, der Friedensbewegung, etc. bewusstseinspolitisch aktiv sind, wenn eine breite Bereitschaft zu politisch-gesellschaftlicher Umwälzung und Veränderung gegeben ist ... dann hat auch das Freie Theater in seiner kulturpolitischen Funktion seinen gesellschaftlichen Stellenwert und seine Bedeutung.

Wenn allerdings die allgemeinen Sozialisationsbedingungen und Kommunikationsstrukturen dem zuwider laufen, wenn sich Freies Theater gegen die grundsätzlichen Tendenzen zu behaupten hat, verliert es zwangsläufig seine Funktion. Weil eben Theater alleine nichts bewirken kann. Dies zeigt uns - wie diese Arbeit nachzuweisen versucht - die jüngste Geschichte des Freien Theaters: Es erreichte seine Hochblüte dann, wenn die gesellschaftspolitische Auseinandersetzung eine intensive war und Diskussionen um gesellschaftliche Veränderungen breit stattfanden, wie dies in den Zwanzigerjahren bis 1933 und dann wieder in der Folge des Jahres 1968 bis etwa Anfang der 80er-Jahre der Fall war.

Und es verliert seine Wirkung in Zeiten politischer Ruhe und gesellschaftlichen Stillstandes.

Insofern kann - überspitzt formuliert - behauptet werden, dass Freies Theater im zuvor skizzierten Sinne in einer spätkapitalistisch-bürgerlichen Welt eine "Zeiterscheinung" ist. Und nur dann von Bedeutung, wenn gesellschaftspolitische Probleme sich in breiten Schichten politisch äußern und einer Lösung zutreiben. Während das bürgerlich institutionalisierte Bildungstheater in einer bürgerlichen Gesellschaft "zeitlos" ist, da es - im Unterschied zum Freien Theater - einzig dem Amüsement und der so genannten Bildung im bürgerlichen Sinne verpflichtet ist.

Zum Schluss dieser Arbeit sei - im Zusammenhang mit dem Vergleich zwischen dem etablierten bürgerlichen Theater und dem Freien Theater - nochmals der Kritiker

Peter von Becker genannt, der - die Hamburger Theaterszene mit anders arbeitenden, alternativen Ensembles vergleichend - mit einem einzigen Satz den entscheidenden Unterschied zwischen zwei unterschiedlichen Systemen festhält (siehe Zitat [155]):

„Die Berliner Schaubühne und, zum Beispiel, das Pariser-Vincenner Théàtre du Soleil unterscheiden sich von Schauspielhaus, Thalia oder Kammerspielen eben nicht wegen der 'besseren' einzelnen Intendanten, Regisseure, Schauspieler, Dramaturgen oder Stücke, sondern wegen vollkommen anderer Arbeitsbedingungen und theatralischer Ziele".

Anmerkungen, Literaturhinweise

[1] Hensel, Georg: Spielplan. Der Schauspielführer von der Antike bis zur Gegenwart. Band 1. München 1992, S. 17.

[2] Hoffmann, Hilmar: Kultur für alle. Perspektiven und Modelle. Frankfurt a. M. 1981, S. 51.

[3] Kant, Immanuel: Kritik der Urteilskraft. In: Werke in zwölf Bänden. Theorie-Werkausgabe. Bd. X, S. 462,

[4] Eckermann, J. Peter: Gespräche mit Goethe. Hrsg. L. Geiger. Leipzig o.J., S. 410.

[5] Lessing, Gotthold E.: Hamburgische Dramaturgie. In: Lessings Werke in 6 Bänden. Hrsg. Th. Matthias. Leipzig o.J., Bd 4, S. 9.

[6] Schiller, Friedrich: Die Schaubühne als moralische Anstalt betrachtet. In: Friedrich Schiller, Sämtliche Werke, Bd V, München 1967, S. 823.

[7] Engels, Friedrich: Brief an M. Kautsky (London, 26.11.1885). In: Marx, Engels, Lenin: Über Kultur, Ästhetik, Literatur. Hrsg. Hans Koch. Leipzig 1975, S. 630.

[8] Schiller, Friedrich: Die Schaubühne ... a.a.0., 5. 828.

[9] Melchinger, Siegfried: Geschichte des politischen Theaters. Velber 1971, S. 118.

[10] Mann, Thomas: Der Künstler und die Gesellschaft. In: Thomas Mann. Das essayistische Werk in 8 Bdn., Frankfurt 1968, Bd. 3, S. 346.

[11] Ebd., S. 346 f.

[12] Grimm, Wilhelm: Von wegen Freiheit. In: H.M. Enzensberger: Georg Büchner, Ludwig Weidig; Der Hessische Landbote. Texte, Briefe, Prozessakten. Frankfurt
a.M. 1974, S. 40.

[13] Engels, Friedrich: Brief an Ferdinand Lassalle. In:
Marx, Engels, Lenin: Über Kultur, Asthetik, Literatur.
Hrsg. Hans Koch. Leipzig 1975, S. 429.

[14] Abusch, Alexander: Humanismus und Realismus in
der Literatur. Leipzig 1975, S. 15.

[15] Engels, Friedrich: Brief an Karl Marx. In: Marx, Engels, Lenin: Über Kultur, Ästhetik, Literatur. Hrsg.
Hans Koch, Leipzig 1975, S. 399.

[16] Mayer, Hans: Georg Büchner und seine Zeit. Dritte
Auflage. Frankfurt a.M. 1977, S. 423.

[17] Brecht, Bertolt: Auch die Kunst muß ... In: Bertolt
Brecht: Gesammelte Werke in 20 Bänden. Bd. 18.
Schriften zu Literatur und Kunst 1. Frankfurt a.M. 1967,
S. 218.

[18] Lessing, Gotthold E.: Hamburgische Dramaturgie.
In: Lessings Werke in 6 Bänden. Hrsg. Th. Matthias.
Bd. 4. Leipzig o.J., S. 24.

[19] Peymann, Claus: Kunst und Leben. In: Theater heute,
Heft 9, September 1979, S. 50.

[20] Peymann, Claus: Theater muss extrem sein, Widerstand leisten (Hans Dieter Seidel im Gespräch mit den
Stuttgarter Theatermachern). In: Theater 1978, Jahresheft Theater heute, S. 160.

[21] Ionesco, Eugéne: Argumente und Argumente. Schriften zum Theater. Neuwied, Berlin 1962, S. 87.

[22] Ionesco, Eugéne: Berliner Manifest. In: Akzente 1962, Heft 2, S. 116.

[23] Hildesheimer, Wolfgang: Wer war Mozart? — Becketts 'Spiel' - Über das absurde Theater. Frankfurt a.M. 1966, S. 93.

[24] Frisch, Max: Der Autor und das Theater. In: Max Frisch, Öffentlichkeit als Partner. Frankfurt a.M. 1967, S. 71.

[25] Ebd.

[26] Kohlhase, Norbert: Dichtung und politische Moral. Eine Gegenüberstellung von Brecht und Camus. München 1965, S. 21.

[27] Camus, Albert: Der Mensch in der Revolte. Reinheck 1969, S. 22.

[28] Ebd., S. 225,

[29] Hegel, Georg W. F.: Vorlesungen über Ästhetik 1. Theorie - Werkausgabe, Bd. 13. Frankfurt a.M. 1970, S. 317.

[30] Ebd., S. 207.

[31] Ebd., S. 373.

[32] Lukács, Georg: Über die Besonderheit als Kathegorie der Ästhetik. Neuwied 1967, S. 348.

[33] Lukács, Georg: Die Eigenart des Ästhetischen. 1. Halbband. Ästhetik, Teil 1. Werke, Band 11. Neuwied/Berlin 1963, S. 834.

[34] Ebd., S. 842.

[35] Lenin, Wladimir Iljitsch: Parteilichkeit. In: Marx, Engels, Lenin: Über Kultur, Ästhetik, Literatur. Hrsg. Hans Koch, Leipzig 1975, S. 468.

[36] Brecht, Bertolt: Politik auf dem Theater. In: Bertolt Brecht. Gesammelte Werke in 20 Bänden. Band 16. Schriften zum Theater 2. Frankfurt a.M. 1976, S. 774.

[37] Brecht, Bertolt: Kleines Organon für das Theater. In: Bertolt Brecht. Gesammelte Werke in 20 Bänden. Band 16. Schriften zum Theater 2. Frankfurt a.M. 1976, S. 676 f.

[38] Piscator, Erwin: Das politische Theater (Neubearbeitung von F. Gasbarra). Reinhek 1963, S. 134.

[39] Marx, Karl: Thesen über Feuerbach. In: Marx, Engels, Lenin: über Kultur, Ästhetik, Literatur. Ausgewählte Texte. Hrsg. Hans Koch. Leipzig 1975, S. 24.

[40] Zetkin, Clara: Über Literatur und Kunst. Berlin 1955, S. 100.

[41] Marx, Karl; Engels, Friedrich: Manifest der Kommunistischen Partei. In: Werke, Bd. 4, Berlin 1959, S. 464.

[42] Hoffmann, Hilmar: Kultur für alle. Perspektiven und Modelle. Frankfurt a.M. 1981, S. 183.

[43] Ebd.

[44] Hoffmann, Ludwig. Hoffmann-Ostwald Daniel: Deutsches Arbeitertheater 1918—1933. Dritte Auflage. Bd. 1. Berlin 1977, S. 17.

[45] Hoffmann, Hilmar: Kultur für alle, Perspektiven und Modelle. Frankfurt a.M. 1981, S. 55.

[46] Ebd.

[47] Kändler, Klaus: Drama und Klassenkampf. Beziehungen zwischen Epochenproblematik und dramatischem Konflikt in der sozialistischen Dramatik der Weimarer Republik. Berlin/Weimar. 1974, S. 16.

[48] Brecht, Bertolt: Das Interesse an Kunst. In: Gesammelte Werke in 20 Bänden. Band 18. Schriften zu Literatur und Kunst 1. Frankfurt a.M. 1967, S. 257.

[49] Brecht, Bertolt: Kleines Organon für das Theater. In: Gesammelte Werke in 20 Bänden. Band 16. Schriften zum Theater 2. Frankfurt a.M. 1967, S. 662 (= Vorrede).

[50] Ebd., S. 661 (= Vorrede).

[51] Brecht, Bertolt: Offener Brief an den Schauspieler Heinrich George. In: Bertolt Brecht. Schriften zum Theater. Band 3. Berlin/Weimar 1964, S. 11 f.

[52] Kändler, Klaus: Drama und Klassenkampf. Berlin/Weimar 1974, S. 27.

[53] Walden, Herwarth: Über allen Gipfeln: Die metergroßen Dichter der Gegenwart. In: Der Sturm, 15. Jg., 2/1924, S. 69.

[54] Lukács, Georg: Größe und Verfall des Expressionismus. In: Georg Lukács: Schicksalswende. Beiträge zu einer neuen deutschen Ideologie. Berlin 1948, S. 231.

[55] Brecht, Bertolt: Über experimentelles Theater. In: Bertolt Brecht. Schriften zum Theater. Band 3. Berlin/Weimar 1964, S. 96.

[56] Kändler, Klaus: Drama und Klassenkampf. Berlin/Weimar 1974, S. 373 f.

[57] Piscator, Erwin: Über Grundlagen und Aufgaben des proletarischen Theaters. In: Der Gegner, 1920/21, Nr. 4.

Zitiert nach: Hoffmann: Deutsches Arbeitertheater. Band 1. Berlin 1977, S. 68.

[58] Ebd., S. 69 f.

[59] Jacobsohn, Siegfried: Die Schaubühne. Geleitwort. In: Die Schaubühne. Erste Nummer. September 1905. Zitiert nach einem Faksimile-Druck in: Die Weltbühne, 21. Jg., Nr. 48, 30. 11. 1966.

[60] Ebd.

[61] Mehring, Franz:. Ästhetische Streifzüge. In: Franz Mehring. Gesammelte Schriften. Band 11. Berlin 1961, S. 225.

[62] Jhering, Herbert: Aufgaben der Theaterkritik. In: H. Jhering. Der Kampf ums Theater und andere Streitschriften - 1918 bis 1933. Berlin 1974, S. 14.

[63] Ebd.

[64] Ebd.

[65] Kändler, Klaus: Drama und Klassenkampf. Berlin/Weimar 1974, S. 338.

[66] Piscator. Erwin: Die Gründung der Jungen Volksbühne. Eine programmatische Erklärung. In: Die Rote Fahne, 13. Jg., Nr. 275, 23. 11. 1930.

[67] Brecht, Bertolt: Über sozialistischen Realismus. In: Bertolt Brecht, Schriften zu Literatur und Kunst, Band 2, Berlin/Weimar 1964, S. 361.

[68] Piscator, Erwin: Das politische Theater. Berlin 1929, S. 27.

[69] Fiebach, Hans-Joachim: Die Darstellung kapitalistischer Widersprüche und revolutionärer Prozesse in Erwin Piscators Inszenierungen 1920 bis 1931, Diss., Berlin 1965, S. 120.

[70] Piscator, Erwin: Das politische Theater. Berlin 1929, S. 128.

[71] Ebd.

[72] Fiebach, Hans-Joachim: Die Darstellung ... (a.a.0.), Diss., Berlin 1965, S. IV (= Vorwort).

[73] Piscator, Erwin: Grundlinien der soziologischen Dramaturgie. In: Das politische Theater. Berlin 1929, S. 129 ff.

[74] Ebd.

[75] Ebd.

[76] Ebd.

[77] Ebd.

[78] Brecht, Bertolt: Über experimentelles Theater. In: Bertolt Brecht, Gesammelte Werke, Bd. 15, Frankfurt a.M. 1967, S. 289 f.

[79] Mäde, Hans-Dieter. Püschel, Ursula: Zu Gorki und Brecht. In: Dramaturgie des Positiven. Berlin 1973, S. 22.

[80] Strehler, Giorgio: Begegnung mit Bertolt Brecht. In: Für ein menschliches Theater. Berlin 1977, S. 80.

[81] Berghaus, Ruth: Die Bedeutung Brechts. In: Ingeborg Pietsch, Werkstatt Theater, Gespräche mit Regisseuren, Berlin 1975, S. 34.

[82] Hoffmann, L. u. Hoffmann-Ostwald, D. : Deutsches Arbeitertheater 1918—1933, 1. Bd., Berlin 1977, S. 31.

[83] Brecht, Bertolt: Volkstümlichkeit und Realismus. In: Bertolt Brecht, Schriften zu Literatur und Kunst, Bd. 2, Berlin/Weimar 1966, S. 66 f.

[84] Kändier, Klaus: Drama und Klassenkampf. Berlin/Weimar 1974. S. 198.

[85] Hoffmann, L. u. Hoffmann-Ostwald, D.: Deutsches Arbeitertheater 1918-1933, 1. Bd., Berlin 1977, S. 34.

[86] Ebd., S. 44.

[87] Piscator, Erwin: Über die Aufgaben der Arbeiterbühne. In: Das Arbeiter-Theater. Zitiert nach: Deutsches Arbeitertheater 1918-1933, a.a.O., S. 325.

[88] Piscator, Erwin: Über Grundlagen und Aufgaben des proletarischen Theaters. In: Der Gegner, 1920/21, Nr. 4. Zitiert nach: Deutsches Arbeitertheater 1918-1933, a.a.O., S. 70.

[89] Jhering, Herbert: Der Volksbühnenverrat. In: Der Kampf ums Theater. Berlin 1974, S. 246.

[90] Ebd., S. 247.

[91] Kändler, Klaus: Drama und Klassenkampf. Berlin/Weimar 1974, S. 211.

[92] Nestriepke, Siegfried: Das Theater in der Arbeiterkulturbewegung. In: Sozialistische Bildung, 4/1930. Zitiert nach: Klaus Kändler, Drama und Klassenkampf, S. 177.

[93] Jhering, Herbert: Der Volksbühnenverrat. A.a.0., 5. 255.

[94] Piscator, Erwin: Das politische Theater. Berlin 1929, S. 50 f.

[95] Volkshühnen-Vorstand: Distanzierung. In: Erwin Piscator. Das politische Theater. Berlin 1929, S. 102.

[96] Jhering, Herbert: Der Volksbühnenverrat. A.a.0., S. 257.

[97] Hoffmann, Hilmar: Kultur für alle. Perspektiven und Modelle. Frankfurt a.M. 1981, S. 57.

[98] Brecht, Bertolt: Neue Technik der Schauspielkunst II. In: Bertolt Brecht, Schriften zum Theater 6, Frankfurt a.M. 1964, S. 174.

[99] Lehmann, Fritz: Brief an Kollegen (Wien, 24.7.1945). In: Wilhelm Peilert. Roter Vorhang - Rotes Tuch. Das Neue Theater in der Scala. (In Sachen, 5. Jg. 1979 - 3.-4. Ausgabe - Heft 8) S, 16.

[100] Daiber, Hans: Deutsches Theater seit 1945, Stuttgart 1976, S. 41.

[101] Pellert, Wilhelm: Opfer des Kalten Krieges — Vergessene Scala in Wien. In: Extrablatt, Nr. 2, Februar 1979, 3. Jg., S. 54.

[102] Pellert, Wilhelm: Roter Vorhang - Rotes Tuch, a.a.O., S. 6.

[103] Pellert, Wilhelm: Opfer des Kalten Krieges, a.a.O., S. 57.

[104] Peilert, Wilhelm: Roter Vorhang - Rotes Tuch, a.a.O., S. 98.

[105] Melchinger, Siegfried: Geschichte des politischen Theaters. Velber 1971, S. 87.

[106] Ebd., S. 93.

[107] Luft, Friedrich: Querschnitt durch die deutsche Kunst. In: Jahresring, Jahrbuch. Stuttgart 1954, S. 292.

[108] Brecht, Bertolt: Kleines Organon für das Theater. In: Gesammelte Werke 16, Schriften zum Theater 2. Frankfurt aM. 1967, S. 672 f.

[109] Floeck, Wilfried: Tendenzen des Gegenwartstheaters. Tübingen 1988, Seite X (= Vorwort).

[110] Völker, Klaus: Kann das Stadttheater noch verteidigt werden? In: Theater heute, 1972, Heft 6, S. 3.

[111] Schäfer, Erasmus: Kann das Stadttheater noch ... ebd.

[112] Weiß, Peter: Alle Zellen des Widerstandes miteinander verbinden. In: Kürbiskern 2/73, S. 318.

[113] Sichtermann, Barbara; Johler, Jens: Über den autoritären Geist des deutschen Theaters. In: Theater heute, 1968, Heft 4, S. 1.

[114] Bremer, Claus: Materialien zur Kollektivarbeit im Theater. In: Theater heute, 1969, Heft 4, S. 24.

[115] Vgl. "VietNamDiskurs", Tagebuch eines Konfliktes. Berliner Extradienst, 29. 1. 1969, S. 8 (= Arbeitspapier von der Inszenierung des Vietnam-Diskurs von Peter Weiß an der Berliner "Schaubühne").

[116] Hamm, Peter: Opposition - am Beispiel H.M. Enzensberger. Ein Vortrag. In: Kürbiskern, 1968, Heft 4, S. 583 f.

[117] Schütt, Peter: Kulturpolitische Aktionen und Aufgaben der demokratischen Opposition. In: Blätter für deutsche und internationale Politik, 1968, Heft 8, S. 10.

[118] Handke, Peter: Prosa, Gedichte, Theaterstücke, Hörspiele, Aufsätze. Frankfurt a.M. 1971, S. 311 f.

[119] Karsunke, Yaak: Die Straße und das Theater. In: Kursbuch 20, 1970, S. 65.

[120] Hüfner, Agnes (Hrsg.): Straßentheater. Frankfurt 1970, S. 298.

[121] Walser, Martin: Heimatkunde. Aufsätze und Reden. Frankfurt a.M. 1968, S. 77.

[122] Ebd., S. 80.

[123] Rischbieter, Henning: Theater und Politik. Möglichkeiten in der Gegenwart. In: Theater 1965 (Jahresheft Theater heute), S. 47.

[124] Hochhuth, Rolf: Guerillas. Reinbek 1970, S. 20.

[125] Wirth, Andrzej: Theaterkonzepte der Gegenwart. In: Tendenzen des Gegenwartstheaters. Wilfried Floeck (Hsg.). Tübingen 1988, S. 2.

[126] Brecht, Bertolt: Über eingreifendes Denken. In: Schriften zur Politik und Gesellschaft. Gesammelte Werke 20. Frankfurt a.M., 1967, S. 158.

[127] Schumacher, Ernst: Brechts Bedeutung für die Gesellschaft der 70er-Jahre. In: Kürbiskern 2/73, S. 396.

[128] Vgl. Artaud, Antonin: Das Theater und sein Double (1932), Frankfurt a.M. 1969.

[129] Vgl. Wirth, Andrzej: Das Theaterkonzept Grotowskis. In: Theater 1980 (Jahresheft Theater heute), S. 144 ff. Vgl. auch: Wirth, Andrzej: Theaterkonzepte der Gegenwart, a.a.O., S. 2 f.

[130] Strehler, Giorgio: Brecht - für welche Gesellschaft? In: Georgio Strehler. Für ein menschliches Theater. Berlin 1977, S. 86 f.

[131] Sartre, Jean Paul: Mythos und Wirklichkeit des Theaters. In: Jean Paul Sartre. Der Intellektuelle und die Revolution. Neuwied/Berlin 1971, S. 148.

[132] Müller, André: Über die Fortschrittlichkeit des Grässlichen, in: Kürbiskern 2/73. S. 354.

[133] Ebd., S. 357.

[134] Weiß, Peter: Alle Zellen des Widerstandes miteinander verbinden. In: Kürbiskern 2/73, S. 317.

[135] Ebd.

[136] Ebd., S. 318.

[137] Boal, Augusto: Theater der Unterdrückten. Frankfurt a.M. 1976.

[137a] Boal, Augusto: Über Brechts Bedeutung. In: Theater heute, Heft 12, Dezember 1978, S. 49.

[138] Floeck, Wilfried: Tendenzen des Gegenwartstheaters. Tübingen 1988, 5. X (= Vorwort).

[139] Wirth, Andrzej: Theaterkonzepte der Gegenwart. In: Tendenzen des Gegenwartstheaters, Tübingen 1988, S. 4.

[140] Schulz-Buschhaus, Ulrich: Dario Fos Revuetheater. In: Tendenzen des Gegenwartstheaters. Tübingen 1988, S. 69.

[141] Fo, Dario: Ein Gespräch mit dem Autor und Akteur. In: Theater heute, Heft 10, Oktober 1978, S. 4.

[142] Ebd., S. 3.

[143] Ebd.

[144] Schlocker, Georges: Theater in der Pulvermühle. In: Tendenzen, Nr. 88, 14. Jahrg., April/Mai 1973, S. 26.

[145] Floeck, Winfried: Tendenzen des Gegenwartstheaters. Tübingen 1988, 5. XI (= Vorwort).

[146] Vgl. Hüfner, Agnes: Brecht in Frankreich, 1930 - 1963. Verbreitung, Aufnahme, Wirkung. Stuttgart 1968.

[147] Floeck, Winfried: Das Théàtre du Soleil. In: Tendenzen des Gegenwartstheaters. Tübingen 1988, S. 22 f.

[148] Ebd., S. 32.

[149] Kruntorad, Paul: Artisten im Keller: ratlos? In: Theater heute, Heft 11, November 1978, S. 43.

[150] Ebd.

[151] Ebd., S. 43 f.

[152] Ebd., S. 46.

[153] Jäger, Gerd: Wie, warum funktioniert die Schaubühne? In: Theater 1973, Jahresheft "Theater heute", S. 14.

[154] Ebd., S. 15 f.

[155] Becker von, Peter: Ein Offenbarungseid des Staatstheaters? In: Theater heute, Heft 12, Dezember 1978, S. 1.

[156] Rischbieter, Henning: Die Schaubühne — eine Provokation für das Stadttheater. In: Theater 1973, Jahresheft Theater heute, S. 49.

[157] Ebd., S. 48 f.

[158] Vgl. Stein, Peter; Rueb, Franz; Steckel, Frank-Patrick: Positionen und Probleme am Halleschen Ufer. In: Kürbiskern 2/73, S. 335.

[159] Weiß, Peter: Alle Zellen des Widerstandes miteinander verbinden. In: Kürbiskern 2/73, S. 318.

[160] Vgl. Jäger, Gerd: Wie, warum funktioniert die Schaubühne. In: Theater 1973, Jahresheft Theater heute, S. 14.

[161] Vgl. Schultz, Uwe: Eine andere Qualität des Respekts (Mitbestimmung am TAT Frankfurt). In: Theater 1973, Jahresheft, S. 74. Vgl. Schultz, Uwe: Stolz, Zermürbung und erste Erfahrungswerte (Mitbestimmung am Schauspielhaus Frankfurt), ebd., S. 75.

[162] Jäger, Gerd: Wie, warum funktioniert die Schaubühne? In: Theater 1973, Jahresheft Theater heute, S. 17.

[163] Vgl. Henrichs, Benjamin: Freie Gruppen - zum Beispiel "Rote Rübe". In: Theater 1973, Jahresheft Theater heute, S. 125.

[164] Vgl. Geifrig, Werner: Das Jugendtheater kommt. In: Kulturarbeit, Hgb. Manfred Bosch, Frankfurt a.M. 1977, S. 214.

[165] Henrichs, Benjamin: Freie Gruppen ... a.a.O., S. 125.

[166] Jäger, Gerd: Wie, warum funktioniert ... a.a.O., S. 16.

[167] theaterarbeiterkollektiv: Interruptus — Szenen zum Mythos vom schwachen Geschlecht (Programmheft), Graz 1978, S. 26.

[168] theaterarbeiterkollektiv: Friede den Hütten — Krieg den Palästen (Programmheft), Graz 1977, S. 19.

[169] theaterarbeiterkollektiv: Interruptus, a.a.O., S. 26.

[170] Vgl. "Theaterpädagogischer Kongreß Berlin 1973", Vordokumentation (Redaktion: Peter Kock, Peter Simhandl, Jürgen Tamchina), Berlin 1973. Vgl. auch ver-

schiedene Diskussionsbeiträge zur "Schauspielerausbildung" in verschiedenen Fachzeitschriften (Theater heute 4/70, 11/70, 1/71, 2/71, 7/72, Jahresheft 1970; Die Deutsche Bühne 6/72, 4/73).

[171] theaterarbeiterkollektiv: Dokumentationsbroschüre 1 - die Jahre 1977 bis 1980, Graz 1980, S. 5 f.

[172] Ebd.

[173] Kruntorad, Paul (Red.): Theater - Freizeitangebot und Experiment. 1. Österreichgespräch. Wien 1979, S. 112.

[174] Ebd., S. 114.

[175] Ebd., S. 116 f.

[176] Vajdic, Gabriele: Jungfrau, Mutter oder Hure - ein Gespräch. In: Stimme der Frau, Nr. 11, November 1984, S. 12.

[177] theaterarbeiterkollektiv: Dokumentationsbroschüre 1 - die Jahre 1977 bis 1980, Graz 1980, S. 1.

[178] Ebd.

[179] Vgl. "Kleine Zeitung", Graz, vom 11. Juni und vom 22. Juni 1977.

[180] theaterarbeiterkollektiv: Die Kunst-Mühle. Salzburg 1980, S. 4.

[181] theaterarbeiterkollektiv: Dokumentationsbroschüre 1 - die Jahre 1977 bis 1980, S. 54.

[182] theaterarbeiterkollektiv: Interruptus, a.a.0., S. 26.

[183] Kemetmüller, Klaus: Theater als Existenzform – Grazer 'theaterarbeiterkollektiv' . In: Extrablatt, Nr. 3, März 1979, S. 70.

[184] theaterarbeiterkollektiv: Die Kunst-Mühle. Salzburg 1980, S. 4.

[185] Winter, Riki: Schöne Grüße vom heimischen Faschismus. In: theaterarbeiterkollektiv, Dokumentationsbroschüre 1, S. 36.

[186] Schmidt Bernd: Die Frau als Symbol der Unterdrücktheit. In: theaterarbeiterkollektiv, Dokumentationsbroschüre 1 (aus Kleine Zeitung), S. 23.

[187] Vom Werden politischer Bühnenkunst. In: theaterarbeiterkollektiv, Dokumentationsbroschüre 1, S. 34.

[188] Ebd.

[189] theaterarbeiterkollektiv: Friede den Hütten - Krieg den Palästen (Programmheft). Graz 1977, S. 21.

[190] Kemetmüller, Klaus: Theater als Existenzform – Grazer 'theaterarbeiterkollektiv'.In: Extrablatt, Nr. 3, März 1979, S. 71.

[191] Huemer, Peter: SPÖ-Theater in Bad Ischl. In: theaterarbeiterkollektiv, Dokumentationsbroschüre II - die Jahre 1980 bis 1983. Salzburg 1983, S. 46.

[192] Ebd., S. 45 ff.

[193] theaterarbeiterkollektiv: Dokumentationsbroschüre II - die Jahre 1980 bis 1983, Salzburg 1983, S. 14.

[194] Ebd.

[195] Vgl. theaterarbeiterkollektiv: Dokumentationsbroschüre III – die Jahre 1983 bis 1985, Salzburg 1985, S. 48 ff.

[196] Ogris, Horst: Büchner als Bannerherr. In: theaterarbeiterkollektiv, Dokumentationsbroschüre 1, S. 12.

[197] Melzer, Gerhard: Friede den Hütten. In: theaterarbeiterkollektiv, Dokumentationsbroschüre 1, S. 3.

[198] Schäffer, Eva: Zwingende Auseinandersetzung mit der Situation der Frau. In: tak, Dokumentationsbroschüre 1, S. 24.

[199] Schäffer, Eva: Ursachen und Wirkungen des Hitlerfaschismus. In: tak, Dokumentationsbroschüre 1, S. 29.

[200] Wagner, Eva: Die Lust am Widerstand. In: theaterarbeiterkollektiv, Dokumentationsbroschüre III, S. 42.

[201] Huber, Regina: Erkenntnisreiches Lachen. In: tak, Dokumentationsbroschüre III, S. 43.

[202] West, Arthur: Vom Gestern und Heute. In: tak, Dokumentationsbroschüre II, S. 52.

[203] Leitner, Reinhard: Theaterarbeiterkollektiv in Wien. In: tak, Dokumentationsbroschüre II, S. 52.

[204] theaterarbeiterkollektiv: Friede den Hütten - Krieg den Palästen (Programmheft), Graz 1977, S. 21.

[205] Schmidt Bernd: Politische Bildung als Theater. In: tak, Dokumentationsbroschüre 1, S. 29.

[206] Schäffer Eva: Das tak mit neuem Programm, In: tak, Dokumentationsbroschüre 1, S. 29.

[207] theaterarheiterkollektiv: Jungfrau, Mutter oder Hure. In: tak, Dokumentationsbroschüre III, S. 42.

[208] Brausam, Franz: Der Bürgerkrieg in Osterreich. In: tak, Dokumentationsbroschüre III, S. 14.

[209] Schmidt Bernd: Die Frau als Symbol der Unterdrücktheit. In: tak, Dokumentationsbroschüre 1, S. 23.

[210] Glawogger, Pit: Korrektur bürgerlicher Geschichtsschreibung. In: tak, Dokumentationsbroschüre 1, S. 44.

[211] H.S.: Aufbereitung der Geschichte. In: theaterarbeiterkollektiv, Dokumentationsbroschüre II, S. 51.

[212] West, Arthur: Vom Gestern und Heute. In: theaterarheiterkollektiv, Dokumentationsbroschüre II, S. 52.

[213] Temmel, Erich: Aus Lachen wird Erkenntnis. In: theaterarbeiterkollektiv, Dokumentationsbroschüre II, S. 15.

[214] theaterarbeiterkollektiv: Friede den Hütten - Krieg den Palästen (Programmheft). Graz 1977, S. 3.

[215] theaterarbeiterkollektiv: Dokumentationsbroschüre 1 - die Jahre 1977 bis 1980. Graz 1980, S. 3 f.

[216] Schäffer, Eva: Eine zukunftsweisende Gemeinschaftsarbeit. In: tak, Dokumentationsbroschüre 1, S. 3.

[216a] R.G.: Gutes Theater in Villach. In: theaterarheiterkollektiv, Dokumentationsbroschüre 1, S. 12.

[217] theaterarbeiterkollektiv: Interruptus - Szenen zum Mythos vom schwachen Geschlecht (Programmheft). Graz 1978, S. 2.

[218] Elis: Urgesellschaft kontra Konsum. In: theaterarheiterkollektiv, Dokumentationsbroschüre 1, S. 20.

[219] Schäffer, Eva: tak zeigt Frauenbild-Collage. In: theaterarbeiterkollektiv, Dokumentationsbroschüre 1, S. 19.

[220] F.O.: ... dem Manne untertan. In: theaterarheiterkollektiv, Dokumentationsbroschüre 1, S. 20.

[221] Schäffer, Eva: tak zeigt Frauenbild-Collage. In: theaterarbeiterkollektiv, Dokumentationsbroschüre 1, S. 19.

[222] theaterarbeiterkollektiv: Dokumentationsbroschüre 1 - die Jahre 1977 bis 1980. Graz 1980, S. 22.

[223] Schäffer, Eva: Zwingende Auseinandersetzung mit der Situation der Frau. In: tak, Dokumentationsbroschüre 1, S. 24.

[224] Biedermann, Wolfgang: Kulinarisches Alternativtheater. In: tak, Dokumentationsbroschüre 1, S. 25.

[225] Spies, Hansjörg: Dorn im Aug. In: theaterarbeiterkollektiv, Dokumentationsbroschüre 1, 5. 26.

[226] Schäffer, Eva: Zwingende Auseinandersetzung. In: tak, Dokumentationsbroschüre 1, S. 24.

[227] Ebd.

[228] Kemetmüller, Klaus: Theater als Existenzform – Grazer 'theaterarbeiterkollektiv'. In: Extrablatt, Nr. 3, März 1979, S. 70 f.

[229] theaterarbeiterkollektiv: Dokumentationsbroschüre 1 - die Jahre 1977 bis 1980. Graz 1980, S. 51.

[230] Biedermann, Wolfgang: Vom Phrasenbrüllen. In: tak, Dokumentationsbroschüre 1, S. 28.

[231] Schmidt, Bernd: Politische Bildung als Theater. In: tak, Dokumentationsbroschüre 1, S. 29.

[232] Parteder, Franz: Brecht und der Faschismus. In: tak, Dokumentationsbroschüre 1, S. 28.

[233] Biedermann, Wolfgang: Vom Phrasenbrüllen, a.a.O., S. 28.

[234] Schmidt, Bernd: Politische Bildung als Theater, a.a.O., S. 29.

[235] Brecht, Bertolt: Gegen Faschismus. In: Grüß Gott (Programmheft), theaterarbeiterkollektiv, Graz 1978, S. 28.

[236] Mann, Thomas: Die geheime Schwäche für den Faschismus. In: Grüß Gott, a.a.O., S. 19.

[237] West, Arthur: Vom Werden politischer Bühnenkunst. In: tak, Dokumentationsbroschüre 1, S. 34.

[238] Kemetmüller, Klaus: Mit der Sprache der Körper und der Bilder. In: tak, Dokumentationsbroschüre 1, S. 35.

[239] Winter, Riki: Schöne Grüße vom heimischen Faschismus. In: tak, Dokumentationsbroschüre 1, S. 36.

[240] Kemetmüller, Klaus: Mit der Sprache der Körper, a.a.O., S. 35.

[241] Parteder, Franz: Der Schoß ist fruchtbar noch. In: tak, Dokumentationsbroschüre 1, S. 36.

[242] Ebd.

[243] Winter, Riki: Schöne Grüße ... a.a.O., S. 36.

[244] Kemetmüller, Klaus: Theater als Existenzform. In: Extrablatt, Nr. 3, März 1979, S. 71.

[245] Schäffer, Eva: tak mit neuem Programm in Graz. In: theaterarbeiterkollektiv, Dokumentationsbroschüre 1, S. 38.

[246] Ebd.

[246a] Glawogger, Pit: Grazer Spaziergänge auf dornigen Wegen. In: tak, Dokumentationsbroschüre 1, S. 39.

[246b] Schäffer, Eva: tak mit neuem Programm, a.a.O., S. 38.

[247] Makk, Stefan: Das Übel an den Blättern gepackt. In: tak, Dokumentationsbroschüre 1, S. 39.

[248] Gruber, Reinhard P.: Satirische Graz-Bisse. In: tak, Dokumentationsbroschüre 1, S. 39.

[249] Kemetmüller, Klaus: Theater als Existenzform. In: Extrablatt, Nr. 3, März 1979, S. 70.

[250] theaterarbeiterkollektiv: Dokumentationsbroschüre 1 - die Jahre 1977 bis 1980, Graz 1980, S. 44.

[251] Schäffer, Eva: Neues vom 'theaterarbeiterkollektiv'. In: tak, Dokumentationsbroschüre 1, S. 44.

[252] Glawogger, Pit: Korrektur bürgerlicher Geschichts-schreibung. In: tak, Dokumentationsbroschüre 1, S. 44.

[253] West, Arthur: Spielfreude im Dienst der Aktualität. In: tak, Dokumentationsbroschüre 1, S. 45.

[254] theaterarbeiterkollektiv: Dokumentationsbroschüre 1, S. 45.

[255] Sichrovsky, Heinz: Interessant und repräsentativ. In: tak, Dokumentationsbroschüre 1, S. 46.

[256] theaterarbeiterkollektiv: Dokumentationsbroschüre 1, S, 47.

[257] Ebd.

[258] Ebd., S. 46.

[259] Sichrovsky, Heinz: Willem, Krupp und Hindenburg. In: tak, Dokumentationsbroschüre II, S. 50.

[260] H.S.: Aufbereitung der Geschichte. In: tak, Doku-mentationsbroschüre II, S. 51.

[261] theaterarbeiterkollektiv: Dokumentationsbroschüre II — die Jahre 1980 bis 1983. Salzburg 1983, S. 1.

[262] theaterarbeiterkollektiv: Dokumentationsbroschüre II, S. 1.

[263] Ebd.

[264] Frankfurter, Johannes: Ein ungewöhnliches Theater 'ausgehungert'. In: tak, Dokumentationsbroschüre II, S. 2.

[265] theaterarbeiterkollektiv: Dokumentationsbroschüre II, S. 10.

[266] Hove vom, Oliver: Die Kunstmühle mahlt schon. In: tak, Dokumentationsbroschüre 11, S. 7.

[277] theaterarbeiterkollektiv: Dokumentationsbroschüre II, S. 9.

[278] Ebd., S. 14.

[279] Temmel, Erich: Aus Lachen wird Erkenntnis. In: tak, Dokumentationsbroschüre II, S. 15.

[280] theaterarbeiterkollektiv: Dokumentationsbroschüre II, S. 12.

[281] Ebd.

[282] R.L.: Theaterarbeiterkollektiv in Wien. In: tak, Dokumentationsbroschüre II, S. 52.

[283] theaterarbeiterkollektiv: Dokumentationsbroschüre II, S. 13.

[284] Ebd.

[285] jhh: Schön langsam zurück in die Vergangenheit. In: tak, Dokumentationsbroschüre II, S. 45.

[286] West, Arthur: Vom Gestern und Heute. In: tak, Dokumentationsbroschüre II, S. 52.

[287] theaterarbeiterkollektiv: Dokumentationsbroschüre II, S. 31.

[288] West, Arthur: Vom Gestern und Heute, a.a.O., S. 52.

[289] Temmel, Erich: Wider Nazis — alt und neu. In: tak, Dokumentationsbroschüre II, S. 32.

[290] West, Arthur: Vom Gestern und Heute, a.a.O., S. 52.

[291] Temmel, Erich: Wider Nazis, a.a.O., S. 32.

[292] West, Arthur: Vom Gestern und Heute, a.a.O., S. 52.

[293] Schachner, L.: Die Haken zusammen. In: tak, Dokumentationsbroschüre II, S. 47.

[294] theaterarbeiterkollektiv: Dokumentationsbroschüre III - die Jahre 1983 bis 1985. Salzburg 1985, S. 1.

[295] Ebd., S. 3.

[296] Ebd., S. 2.

[296a] Ebd., S. 3.

[297] Ebd., S. 7.

[298] Brausam, Franz: Der Bürgerkrieg in Österreich. In: tak, Dokumentationsbroschüre III, S. 14.

[299] G.W.: Der Bürgerkrieg in Österreich. In: tak, Dokumentationsbroschüre III, S. 17.

[300] Ebd.

[301] Brausam, Franz: Der Bürgerkrieg in Osterreich. A.a.O., S. 14.

[302] G.W.: Der Bürgerkrieg in Osterreich. A.a.O., S. 17.

[303] theaterarbeiterkollektiv: Dokumentationsbroschüre III, S. 18.

[304] Ebd., S. 16.

[305] Ebd., S. 11.

[306] Ebd., S. 17.

[307] Ebd.

[308] Ebd., S. 21.

[309] Ebd., S. 20.

[310] Ebd., S. 25.

[311] Ebd.

[312] Ebd., S. 24 f.

[313] Ebd., S. 28.

[314] Wagner, Eva: Jungfrau, Mutter oder Hure. In: tak, Dokumentationsbroschüre III, S. 42.

[315] Vajdic, Gabriele: Jungfrau, Mutter oder Hure - ein Gespräch. in: Stimme der Frau, Nr. 11, November 1984, S. 12 f.

[316] Huber Regina: Erkenntnisreiches Lachen. In: tak, Dokumentationsbroschüre III, S. 43.

[317] theaterarbeiterkollektiv: Dokumentationsbroschüre III, S. 42.

[318] Temmel, Erich: Realität als groteske Revue. In: tak, Dokumentationsbroschüre III, S. 41.

[319] Wagner, Eva: Die Lust am Widerstand. In: tak, Dokumentationsbroschüre III, S. 42.

[320] Huber Regina: Erkenntnisreiches Lachen. In: tak, Dokumentationsbroschüre III, S. 43.

[321] Wagner, Eva: Die Lust am Widerstand. A.a.O., S. 42.

[322] theaterarbeiterkollektiv: Dokumentationsbroschüre III, S. 45.

[323] Ebd., S. 59.

[324] Ebd., S. 42.

[325] Helmi: Heute zwischen gestern und morgen. In: tak, Dokumentationsbroschüre III, S. 74.

[326] R.K.: Krieg dem Krieg. In: tak, Dokumentationsbroschüre III, S. 75.

[327] FFB: Die Angst zwischen den Kriegen. In: tak, Dokumentationsbroschüre III, S. 76.

[328] Brecht, Bertolt: Nachträge zum 'Kleinen Organen'. In: Bertolt Brecht. Gesammelte Werke in 20 Bänden. Bd. 16. Schriften zum Theater 2. Frankfurt a.M. 1967, S. 701.

[329] Vajdic, Gabriele: Jungfrau, Mutter oder Hure — ein Gespräch. In: Stimme der Frau, Nr. 11, November 1984, S. 12.